Oestreicher (Hrsg.) • Halbzeitanalyse GroKo 2013/17

Halbzeitanalyse GroKo 2013/17

Steuervereinfachung, Steuervermeidung und Steuerreform

Herausgegeben von
Dr. Andreas Oestreicher, Univ.-Prof., Steuerberater,
Georg-August-Universität Göttingen

Mit Beiträgen von

Prof. Dr. Georg Crezelius
Universität Erlangen
Of Counsel Linklaters LLP, München

Dr. Xaver Ditz
Flick Gocke Schaumburg, Bonn

Ernst Hüdepohl
Niedersächsisches Finanzministerium,
Hannover

Dr. Martin Lagarden
Henkel AG & Co. KGaA, Düsseldorf

Prof. Dr. Ralf Maiterth
Humboldt-Universität zu Berlin

Dr. Alois Th. Nacke
Richter am Bundesfinanzhof,
München

Dr. Daniela Nehls
Friedrich-Alexander-Universität
Nürnberg-Erlangen

Martina Ortmann-Babel
Ernst & Young GmbH, Stuttgart

Prof. Dr. Wolfram Scheffler
Friedrich-Alexander-Universität
Nürnberg-Erlangen

Nina Storck
PricewaterhouseCoopers AG,
Hannover

Berthold Welling
Bundesverband der Deutschen
Industrie e.V., Berlin

ISBN 978-3-482-66581-3

© NWB Verlag GmbH & Co. KG, Herne 2016
www.nwb.de

Alle Rechte vorbehalten.

Dieses Buch und alle in ihm enthaltenen Beiträge und Abbildungen sind urheberrechtlich geschützt. Mit Ausnahme der gesetzlich zugelassenen Fälle ist eine Verwertung ohne Einwilligung des Verlages unzulässig.

Druck: CPI books, Ulm

Vorwort

Der Koalitionsvertrag zwischen CDU, CSU und SPD für die 18. Legislaturperiode rückt die nachhaltige und generationengerechte Solidität der Staatsfinanzen in den Mittelpunkt der Steuerpolitik. Mit diesem Vertrag hat die Große Koalition sich dem Ziel der Vereinfachung des Steuerrechts und der Optimierung des Steuervollzugs verschrieben. Daneben sollen wirksame Maßnahmen gegen Steuerhinterziehung und Steuervermeidung getroffen werden. Drittens wird die Notwendigkeit gesehen, Länder und Kommunen finanziell zu entlasten – in diesem Zusammenhang wird das Erfordernis stabiler Einnahmen aus Grund-, Gewerbe- und Erbschaftsteuer adressiert.

Vor diesem Hintergrund besteht das Ziel des vorliegenden Buches in einer „steuerlichen Halbzeitanalyse" des Koalitionsvertrags der Großen Koalition. Die Beiträge zu diesem Buch beziehen sich auf die Gegenüberstellung von Geplantem und bisher Erreichtem. Den Auftakt bilden Darstellungen und Analysen zu aktuellen steuerlichen Reformen. Infolge des Urteils des BVerfG vom 17.12.2014 zur (erneuten) Verfassungswidrigkeit der Erbschaftsteuer wird die Große Koalition entgegen ihrer im Koalitionsvertrag geäußerten Absicht nicht länger an der derzeitigen Ausgestaltung des Erbschaft- und Schenkungssteuerrechts festhalten können. Neben möglichen Reformszenarien des Erbschaftsteuerrechts, stehen weitere Entwicklungen und alternative Reformansätze der Grundsteuer auf der Agenda.

Im Zusammenhang mit der Steuervereinfachung soll der Frage nachgegangen werden, ob angedachte Maßnahmen einen echten Gewinn darstellen oder bestehende Abläufe eher zu verschlimmern drohen. Thematisiert wird dabei das Spannungsverhältnis von Steuervereinfachung und Bekämpfung von Steuervermeidung, das nicht zuletzt auch in Verrechnungspreisfragen zutage tritt. Ferner wird diskutiert inwieweit Bestrebungen auf internationaler Ebene mit den Vereinfachungsabsichten des Gesetzgebers zu vereinbaren sind – eine kritische Auseinandersetzung mit diesem Instrumentarium ist ebenso Bestandteil des Buches wie der Austausch über denkbare Maßnahmen zur Bekämpfung des Umsatzsteuerbetrugs. Daher werden die hiermit verbundenen Fragen aus Sicht der Konzerne, der Finanzverwaltung, der Politik, der Rechtsprechung, der Beratung und der Wissenschaft analysiert.

Die Veröffentlichung geht zurück auf eine Vortragsreihe an der Georg-August-Universität Göttingen im Sommersemester 2015. Die Ringveranstaltung fand an drei Terminen im Mai, Juni und Juli statt und erstreckte sich auf insgesamt 10 Vorträge. Für ihre Beiträge im Rahmen der Vortragsreihe danke ich den Herren Prof. Dr. Georg Crezelius (Of Counsel Linklaters LLP), Dr. Xaver Ditz (Flick Gocke Schaumburg), Ernst Hüdepohl (Niedersächsisches Finanzministerium), Dr. Martin Lagarden MBA (Henkel AG & Co. KGaA), Prof. Dr. Ralf Maiterth (Humboldt-Universität zu Berlin), Dr. Alois Th. Nacke

(Richter am Bundesfinanzhof), Frau Martina Ortmann-Babel, (Ernst & Young GmbH), Prof. Dr. Wolfram Scheffler (Friedrich-Alexander-Universität Nürnberg), Frau Nina Storck (PricewaterhouseCoopers AG) und Berthold Welling (Bundesverband der Deutschen Industrie). Die Diskussionsleitung hat Herr Prof. Dr. Jens Blumenberg (Linklaters LLP und Georg-August-Universität Göttingen) übernommen. Hierfür gebührt ihm besonderer Dank.

Das vorliegende Buch richtet sich an die Studierenden der Fachgebiete Betriebswirtschaftliche Steuerlehre und Finanzwissenschaft, die sich im Rahmen ihrer akademischen Ausbildung mit aktuellen Fragen des internationalen Steuerrechts befassen wollen. Weitere Adressaten sind Unternehmen, Rechts- und Steuerberater sowie Vertreter der Wissenschaft und Verwaltung.

Bei der Organisation der Vortragsreihe wurde ich von meinen Mitarbeiterinnen und Mitarbeitern Frau Monika Rudolph sowie den Herren Gerrit Kimpel, M.Sc., und Sebastian Bause, M.Sc., unterstützt. Frau Luisa Prolingheuer, B.Sc., Frau Lena Steinhoff, B.Sc., Herr cand. rer. pol. Robin Krüger, Herr Jan Rieck, B.Sc., und Herr Gerrit Kimpel, M.Sc., übertrugen die Beiträge der einzelnen Autoren in ein einheitliches Format und waren für die Korrektur, die Register und die Gestaltung des Layouts verantwortlich. Allen Mitarbeiterinnen und Mitarbeitern sei an dieser Stelle herzlich gedankt.

Ein besonderer Dank gilt der Wirtschaftsprüfungsgesellschaft PricewaterhouseCoopers AG, die die Organisation und Durchführung der Vortragsreihe personell und finanziell unterstützt und auch den Druck dieses Tagungsbandes möglich gemacht hat. Dem NWB Verlag danke ich für die gute Zusammenarbeit.

Göttingen, im Juli 2016 *Andreas Oestreicher*

Inhaltsübersicht

Vorwort V

Inhaltsübersicht VII

Inhaltsverzeichnis IX

Verfasserverzeichnis XIII

Abbildungsübersicht XV

Abkürzungsverzeichnis XVII

1. Teil: Halbzeitanalyse GroKo 2013/17: Steuervereinfachung, Steuervermeidung und Steuerreform – Steuerreform 1

    I. Grundsteuer: Reformbedarf, Reformansätze und Reformauswirkungen 1

    II. Reformoptionen bei der Erbschaftsteuer 21

    III. Reform der Erbschaftsteuer – eine Bestandsaufnahme 37

    IV. Die aktuellen Steuervorhaben aus Sicht der deutschen Industrie .. 61

2. Teil: Halbzeitanalyse GroKo 2013/17: Steuervereinfachung, Steuervermeidung und Steuerreform – Steuervermeidung 73

    I. Reverse Charge zur Bekämpfung des Steuerausfalls bei der Umsatzsteuer 73

    II. Karussellgeschäfte und der Steuerbetrug bei der Umsatzsteuer 99

    III. Internationale Steuervermeidung, Verrechnungspreise und Betriebsstätten 115

3. Teil: Halbzeitanalyse GroKo 2013/17: Steuervereinfachung, Steuervermeidung und Steuerreform – Steuervereinfachung 139

I. Steuergesetzgebung als Anwendungsfall des Föderalismus – Betrachtungen anhand der aktuellen Gesetzgebungsvorhaben 139

II. Aktionen und Reaktionen des Gesetzgebers auf dem Gebiet der Unternehmensbesteuerung 169

III. Aktuelle Anforderungen an Verrechnungspreise in Unternehmen – Quo vadis Steuervereinfachung? 189

Literaturverzeichnis 215

Rechtsprechungsverzeichnis 235

Erlasse, Schreiben und (Rund-)Verfügungen der Finanzverwaltung 239

Richtlinien und Vorschläge auf EU-Ebene 241

Stichwortverzeichnis 243

Inhaltsverzeichnis

Vorwort V

Inhaltsübersicht VII

Inhaltsverzeichnis IX

Verfasserverzeichnis XIII

Abbildungsübersicht XV

Abkürzungsverzeichnis XVII

1. Teil: Halbzeitanalyse GroKo 2013/17: Steuervereinfachung, Steuervermeidung und Steuerreform – Steuerreform 1

I. Grundsteuer: Reformbedarf, Reformansätze und Reformauswirkungen 1
    1. Bedeutung einer Reform der Grundsteuer 2
    2. Reformbedarf 7
    3. Reformansätze 10
    4. Reformauswirkungen 13
    5. Schlussfolgerungen 19

II. Reformoptionen bei der Erbschaftsteuer 21
    1. BVerfG v. 17.12.2014 22
    2. Entwurf der Bundesregierung (ErbStG-E) 24
    2.1. § 13a ErbStG-E/Steuerbefreiung 24
    2.2. § 13b ErbStG-E/Begünstigungsfähiges Vermögen 28
    2.3. § 13c ErbStG-E/Verschonungsabschlag bei Großerwerben 31
    2.4. § 28a ErbStG-E/Verschonungsbedarfsprüfung 32

III. Reform der Erbschaftsteuer – eine Bestandsaufnahme 37
    1. Einführung 38
    2. Ermittlung der Erbschaftsteuerschuld 39
    3. Das Urteil des Bundesverfassungsgerichts 40
    4. Reformansätze 42
    5. Fazit 60

IV. Die aktuellen Steuervorhaben aus Sicht der deutschen Industrie 61
  1. Aktuelle Entwicklungen in der Steuerpolitik der
     18. Legislaturperiode 62
  2. Koalitionsvertrag mit Blick auf das Verfahren vor dem
     Bundesverfassungsgericht 62
  3. Erbschaftsteuerliche Bewertung als Schlüsselfrage? 62
  4. Kabinettentwurf Juli 2015 66
  5. BEPS 68
  6. Strafbefreiende Selbstanzeige 71
  7. Fazit 72

2. Teil: Halbzeitanalyse GroKo 2013/17: Steuervereinfachung,
Steuervermeidung und Steuerreform – Steuervermeidung 73

I. Reverse Charge zur Bekämpfung des Steuerausfalls bei der
   Umsatzsteuer 73
   1. Der Koalitionsvertrag 74
   2. Wirkungsweise des Reverse Charge-Mechanismus 75
   3. EU-rechtliche Grundlagen 79
   4. Entwicklung des Reverse Charge-Mechanismus im deutschen
      Umsatzsteuerrecht 81
   5. Ausgewählte Anwendungsfälle 84
   6. Zusammenfassung 97

II. Karussellgeschäfte und der Steuerbetrug bei der Umsatzsteuer 99
    1. Analyse der haftungsrechtlichen und umsatzsteuerlichen
       Instrumentarien 101
    2. Modell des klassischen innergemeinschaftlichen
       Umsatzsteuerkarussells 101
    3. Rechtsprechung zu diesen Umsatzsteuerbetrugsmodellen 103
    4. Verhältnis des Haftungsrechts zum Umsatzsteuerrecht 112
    5. Fazit 114

III. Internationale Steuervermeidung, Verrechnungspreise und
     Betriebsstätten 115
     1. Regelungen des Koalitionsvertrags zur Steuerpolitik 116
     2. Abgeschlossene Gesetzgebungsverfahren 117
     3. Geplante Gesetzgebungsverfahren 128
     4. Fazit 137

3. Teil: Halbzeitanalyse GroKo 2013/17: Steuervereinfachung, Steuervermeidung und Steuerreform – Steuervereinfachung 139

I. Steuergesetzgebung als Anwendungsfall des Föderalismus – Betrachtungen anhand der aktuellen Gesetzgebungsvorhaben 139
   1. Einleitung 141
   2. Die Länder im Gesetzgebungsverfahren 141
   3. Die Länder als Träger der Finanzverwaltung 143
   4. Gesamtbetrachtung 161
   5. Schlussfazit 168

II. Aktionen und Reaktionen des Gesetzgebers auf dem Gebiet der Unternehmensbesteuerung 169
   1. Einleitung 170
   2. Aktionen 172
   3. Reaktionen 180
   4. Ausblick weitere Reaktionen 185
   5. Fazit 186

III. Aktuelle Anforderungen an Verrechnungspreise in Unternehmen – Quo vadis Steuervereinfachung? 189
   1. Einführung 190
   2. Wurden wir rechts überholt? – BEPS und die OECD 194
   3. Beispiel 1 – Verrechnungspreisdokumentation 198
   4. Beispiel 2 – Immaterielle Wirtschaftsgüter 204
   5. Quo vadis Steuervereinfachung? 211

Literaturverzeichnis 215

Rechtsprechungsverzeichnis 235

Erlasse, Schreiben und (Rund-)Verfügungen der Finanzverwaltung 239

Richtlinien und Vorschläge auf EU-Ebene 241

Stichwortverzeichnis 243

Verfasserverzeichnis

Prof. Dr. Georg Crezelius
Universität Erlangen
Of Counsel Linklater LLP, München

Dr. Xaver Ditz
Steuerberater, Partner,
Lehrbeauftragter an der Universität Trier
Flick Gocke Schaumburg, Bonn

Ernst Hüdepohl
Ministerialdirigent
Niedersächsisches Finanzministerium, Hannover

Dr. Martin Lagarden MBA
Henkel AG & Co. KGaA, Düsseldorf

Prof. Dr. Ralf Maiterth
Humboldt-Universität zu Berlin

Dr. Alois Th. Nacke
Richter am Bundesfinanzhof, München

Dr. Daniela Nehls
Forschungsassistentin
Friedrich-Alexander-Universität Nürnberg-Erlangen

Martina Ortmann-Babel
Steuerberaterin, Partner
Ernst & Young GmbH, Stuttgart

Prof. Dr. Wolfram Scheffler
Friedrich-Alexander-Universität Nürnberg-Erlangen

Nina Storck
Steuerberaterin, Partner
PricewaterhouseCoopers AG, Hannover

Berthold Welling
Bundesverband der Deutschen Industrie e.V., Berlin

Abbildungsübersicht

Abbildung 1.I.1:	Aufkommen ausgewählter Steuerarten	2
Abbildung 1.III.1:	Ermittlung der Erbschaftsteuerschuld	39
Abbildung 1.III.2:	Beitrag der Vermögensarten zum Steueraufkommen	53
Abbildung 1.III.3:	Steuerbelastung im geltenden Recht (2012)	54
Abbildung 1.III.4:	Steuersätze und -satzsenkungspotential beim Niedrigtarifmodell	56
Abbildung 1.III.5:	Anteil Privatvermögen am Gesamterwerb im Erbschaftsfall	57
Abbildung 1.III.6:	Mittlere Steuerlastquote im Niedrigtarifmodell	58
Abbildung 1.III.7:	Steuerlastquoten (x) bei Niedrigtarifmodell für Erbschaften	59
Abbildung 1.IV.1:	Anzahl der Unternehmen nach Umsatzgrößenklassen	63
Abbildung 1.IV.2:	Unternehmen und sozialversicherungspflichtige Beschäftige (absolute Zahlen)	64
Abbildung 1.IV.3:	Unternehmen und sozialverischeurngspflichtige Beschäftige in Prozent	64
Abbildung 1.IV.4:	Kurzübersicht - Wann greift eine erbschaftsteuerliche Verschonung?	67
Abbildung 1.IV.5:	Kurzübersicht - Wann greift eine erbschaftsteuerliche Verschonung?	67
Abbildung 1.IV.6:	Sind die Unternehmen die richtigen Adressaten?	68
Abbildung 1.IV.7:	Steuerpolitische Druckstellen	68
Abbildung 1.IV.8:	Umsetzung der 15 Aktionspunkte in drei Umsetzungsphasen	68
Abbildung 2.I.1:	Schematische Darstellung des § 13a Abs. 14 Nr. 1 UStG	77
Abbildung 2.I.2:	Schematische Darstellung des § 13b UStG	79
Abbildung 2.I.3:	Überblick über die Ausprägungen des deutschen Reverse Charge-Verfahrens	86
Abbildung 2.III.1:	ZKAnpG vom 22.12.2014 - § 3c Abs. 2 EStG	118
Abbildung 2.III.2:	ZKAnpG vom 22.12.2014 - § 1 AStG	120
Abbildung 2.III.3:	Kroatiengesetz vom 25.7.2014 - § 50i EStG	123

Abbildung 2.III.4:	Schema zur Betriebsstättengewinn-verteilungsverordnung	125
Abbildung 2.III.5:	Schema zum dreiteiligen Dokumentationsansatz der OECD	131
Abbildung 2.III.6:	Musterformular für den CbCR	133
Abbildung 3.III.1:	Zentrale steuerpolitische Aufgaben laut Koalitionsvertrag	191
Abbildung 3.III.2:	Ausgewählte Positionen der chinesischen und indischen Finanzverwaltung im UN TP Manual	197
Abbildung 3.III.3:	BEPS-Ziele aus Sicht der Finanzverwaltungen	198
Abbildung 3.III.4:	Standpunkte zu den neuen Dokumentationsregeln	200
Abbildung 3.III.5:	Das bisherige Master-File Konzept von Henkel	201
Abbildung 3.III.6:	Das bisherige TP Dokumentationspaket	202
Abbildung 3.III.7:	Projektschritte zum neuen TP Dokumentationspaket	203
Abbildung 3.III.8:	TP Dokumentation im IP Kontext	205
Abbildung 3.III.9:	Henkels's Innovationsstragie	207
Abbildung 3.III.10:	Auftragsforschung bei Henkel	208
Abbildung 3.III.11:	Ausgewählte Positionen Chinas und Indiens zum Thema Auftragsforschung	210
Abbildung 3.III.12:	Fazit zur Umsetzung der neuen OECD Regeln im Kontext der BEPS-Aktionen 8 und 13	211
Abbildung 3.III.13:	Handlungsfelder beim Thema TP Dokumentation und der Lösung zwischenstaatlicher Steuerkonflikte	213

Abkürzungsverzeichnis

a.a.O.	am angegebenen Ort
a.F.	alte Fassung
Abb.	Abbildung
ABl.	Anwaltsblatt
Abs.	Absatz
ALB	Automatisierte Liegenschaftsbuch
AmtshilfeRLUmsG	Amtshilferichtlinien-Umsetzungsgesetz
Anm.	Anmerkung
AO	Abgabenordnung
AOA	Authorised OECD Approach
APA	Advance Pricing Agreement
Apr.	April
Art.	Artikel
AStBV	Anweisungen für das Straf- und Bußgeldverfahren
AStG	Außensteuergesetz
Az.	Aktenzeichen
BB	Betriebs-Berater (Zeitschrift)
BEPS	Base Erosion and Profit Shifting
Betr.	betreffend
BetrKV	Betriebskostenverordnung
BewG	Bewertungsgesetz
BFH	Bundesfinanzhof
BFHE	Entscheidungen des Bundesfinanzhofs
BGBl.	Bundesgesetzblatt
BIT	Bulletin for International Taxation (Zeitschrift)
BMF	Bundesministerium der Finanzen
BR-Drs.	Bundesratsdrucksache
BsGaV	Betriebsstättengewinnaufteilungsverordnung

bspw.	beispielsweise
BStBl.	Bundesteuerblatt
BT-Drs.	Bundestagsdrucksache
BuR	Business Research (Zeitschrift)
BVerfG	Bundesverfassungsgericht
bzgl.	bezüglich
BZSt	Bundeszentralamt für Steuern
bzw.	beziehungsweise
ca.	circa
CbC(R)	Country by Country(-Reporting)
CD	Compact Disc
CDU	Christlich Demokratische Union Deutschlands
CFO	Chief Financial Officer
CSU	Christlich-Soziale Union in Bayern
d. h.	das heißt
D/NI	Deduction/No Inclusion
DB	Der Betrieb (Zeitschrift)
DBA	Doppelbesteuerungsabkommen
DD	Double Deduction
ders.	derselbe
DG	Der Gemeindehaushalt (Zeitschrift)
diesbezgl.	diesbezüglich
DStR	Deutsches Steuerrecht (Zeitschrift)
DStZ	Deutsche Steuer-Zeitung
dt.	deutsch
EBITDA	Earnings before Interest Taxes Depreciation Amortization
EFG	Entscheidungen der Finanzgerichte (Zeitschrift)
EG	Europäische Gemeinschaft

EK	Eigenkapital
ELSTER	Elektronische Steuer-Erklärung
ErbStG	Erbschaftsteuergesetz
ErbStG-E	Erbschaftsteuergesetz-Entwurf
ErbStR	Erbschaftsteuerrichtlinien
EStG	Einkommensteuergesetz
etc.	et cetera
EU	Europäische Union
EuGH	Europäischer Gerichtshof
EUR	Euro
EWG	Europäische Wirtschaftsgemeinschaft
EWR	Europäischer Wirtschaftsraum
F&R	Funktions- und Risiko (Analyse)
F+E	Forschung und Entwicklung
FA	Finanzamt
FATCA	Foreign Account Tax Compliance Act
FAZ	Frankfurter Allgemeine Zeitung
FF	Fragen der Freiheit (Zeitschrift)
ff.	fort folgende
FG	Finanzgericht
FGO	Finanzgerichtsordnung
Fn.	Fußnote(n)
FR	Finanz-Rundschau (Zeitschrift)
FVG	Finanzverwaltungsgesetz
G20	Gruppe der zwanzig wichtigsten Industrie- und Schwellenländer
gem.	gemäß
GewStG	Gewerbesteuergesetz
GG	Grundgesetz

ggf.	gegebenenfalls
GmbH	Gesellschaft mit beschränkter Haftung
GmbHR	GmbH-Rundschau (Zeitschrift)
grds.	grundsätzlich
GroKo	Große Koalition
GrStG	Grundsteuergesetz
i.H.v.	in Höhe von
i.S.d.	im Sinne des
i.S.v.	im Sinne von
i.V.	in Verbindung
i.V.m.	in Verbindung mit
ifst	Institut Finanzen und Steuern
INF	Die Information für Steuerberater und Wirtschaftsprüfer (Zeitschrift)
inkl.	inclusive
insbes.	insbesondere
INSIKA	Integrierte Sicherheitslösung für messwertverarbeitende Kassensysteme
IP	Intellectual Property
ISR	Internationale Steuer-Rundschau (Zeitschrift)
IStR	Internationales Steuerrecht (Zeitschrift)
IT	Informationsträger
ITPJ	International Transfer Pricing Journal (Zeitschrift)
IWB	Internationale Wirtschaftsbriefe (Zeitschrift)
IWG	Immaterielle Wirtschaftsgüter
JStG	Jahresteuergesetz
KAGG	Gesetz über Kapitalanlagegesellschaften
KG	Kommanditgesellschaft

Abkürzungsverzeichnis

KGaA	Kommanditgesellschaft auf Aktien
KiStAM	Kirchensteuerabzugsmerkmal
KMU	kleine und mittelständische Unternehmen
KOM	Kommission
KÖSDI	Kölner Steuerdialog (Zeitschrift)
KStG	Körperschaftsteuergesetz
LLP	Limited Liability Partnership
LMF	Landesministerium der Finanzen
m.a.W.	mit anderen Worten
m.E.	meines Erachtens
m.N.	mangels Nachfrage
m.w.N.	mit weiteren Nachweisen
max.	maximal
Mio.	Millionen
Mrd.	Milliarden
MwStR	MehrwertSteuerrecht (Zeitschrift)
MwStSystRL	Mehrwertsteuersystemrichtlinie
n.F.	neue Fassung
NHTE	New High Technology Enterprise
No.	Nummer
Nr(n).	Nummer(n)
NRW	Nordrhein-Westfalen
o.V.	ohne Verfasser
OECD	Organisation für Economic Co-operation and Development
OECD-MA	OECD-Mterabkommen
OECD-MK	OECD-Musterkommentar
OHG	Offene Handelsgesellschaft

OP	Operation
qm	Quadratmeter
RC	Reverse Charge
RETT-Blocker	Real Estate Transfer Tax-Blocker
Rz.	Randziffer
S.	Seite
s.	siehe
SB	Sammelband
schw.	schweizerisch
SEStG	Gesetz über steuerliche Begleitmaßnahmen zur Einführung der Europäischen Gesellschaft und zur Änderung weiterer steuerrechtlicher Vorschriften
sog.	so genannt
SPD	Sozialdemokratische Partei Deutschlands
StÄnd-AnpG-Kroatien	Gesetz zur Anpassung des nationalen Steuerrechts an den Beitritt Kroatiens zur EU und zur Änderung weiterer steuerlicher Vorschriften
StGB	Städte und Gemeindebund
StuW	Steuer und Wirtschaft (Zeitschrift)
TNMM	Transactional Net Margin Method
TP	Transfer Pricing
Tz.(n)	Textziffer(n)
u.	und
u.a.	unter anderem
Ubg	Die Unternehmensbesteuerung (Zeitschrift)
UmwStG	Umwandlungssteuergesetz
UmwStG-E	Umwandlungssteuergesetz-Entwurf
UN	United Nation

Abkürzungsverzeichnis

UR	Urheberrecht
US	United States
US	United States
USA	United States of America
USt	Umsatzsteuer
UStAE	Umsatzsteuer-Anwendungserlass
UStDV	Umsatzsteuerdurchführungsverordnung
UStG	Umsatzsteuergesetz
v.	vom
v.H.	von Hundert
Vgl.	vergleiche
VoSt	Vorsteuer
VP	Verrechnungspreis(e)
VU	Verbundenes Unternehmen
VZ	Veranlagungszeitraum
WP I	Working Party I
WPG	Wirtschaftsprüfung
z. B.	zum Beispiel
ZErb	Zeitschrift für die Steuer- und Erbrechtspraxis (Zeitschrift)
ZEV	Zeitschrift für Erbrecht und Vermögennachfolge (Zeitschrift)
ZKAnpG	Zollkodexanpassungsgesetz
ZollkodexAnpG	Gesetz zur Anpassung der Abgabenordnung an den Zollkodex
zzt.	zurzeit

1. Teil: Halbzeitanalyse GroKo 2013/17: Steuervereinfachung, Steuervermeidung und Steuerreform – Steuerreform

I. Grundsteuer: Reformbedarf, Reformansätze und Reformauswirkungen

Prof. Dr. Wolfram Scheffler und Dr. Daniela Nehls, Friedrich-Alexander-Universität Nürnberg-Erlangen

1. Bedeutung einer Reform der Grundsteuer 2
   1.1. Finanzielle Bedeutung der Grundsteuer 2
   1.2. Diskussion um die Grundsteuer 3
   1.3. Komplexität einer Reform der Grundsteuer 5
   1.4. Weiterer Aufbau des Beitrags 6

2. Reformbedarf 7

3. Reformansätze 10

4. Reformauswirkungen 13
   4.1. Ermittlung der Aufkommens- und Belastungswirkungen 13
   4.2. Datengrundlage 14
   4.3. Aufkommenswirkungen 15
   4.4. Belastungswirkungen 16
       4.4.1. Unveränderter Hebesatz 16
       4.4.2. Aufkommensneutraler Hebesatz 17
       4.4.3. „Deckelung" der Belastung 18
   4.5. Möglichkeiten der IT-gestützten Abwicklung des Besteuerungsverfahrens 18

5. Schlussfolgerungen 19

1. Bedeutung einer Reform der Grundsteuer

1.1. Finanzielle Bedeutung der Grundsteuer

Die Grundsteuer ist eine Gemeindesteuer, deren Aufkommen den Gemeinden zusteht (Art. 106 Abs. 6 GG). Im Jahr 2013 betrug das Aufkommen aus Grundsteuer A und Grundsteuer B zusammen ca. 12,4 Mrd. €.[1] Bei einer Bevölkerung von 81,1 Mio. in Deutschland[2] bedeutet dies ein Pro-Kopf-Aufkommen von knapp 153 € im Jahr.

Der Anteil der Grundsteuereinnahmen an den gesamten Einnahmen der Gemeinden lag 2013 bei ca. 6 %.[3] Der Anteil der Grundsteuer an den gesamten Steuereinnahmen der Gemeinden betrug im Jahr 2013 ca. 15 %.[4] Vergleicht man das Grundsteueraufkommen mit dem Aufkommen anderer Steuerarten, zeigt sich, dass die Grundsteuer 2 % zum Gesamtaufkommen beiträgt. Die Grundsteuer steht damit an achter Stelle der aufkommensstärksten Steuerarten (Abbildung 1.I.1).[5]

Steuerart	Aufkommen 2013 in Mrd. €	Anteil am Gesamtsteueraufkommen	Rangplatz Beitrag zum Aufkommen
Einkommensteuer	226,4	36,53 %	1
Gewerbesteuer	43,0	6,94 %	4
Körperschaftsteuer	19,5	3,15 %	6
Grundsteuer	12,4	2,00 %	8
Grunderwerbsteuer	8,4	1,36 %	11
Erbschaft- und Schenkungsteuer	4,6	0,74 %	13

Abbildung 1.I.1: Aufkommen ausgewählter Steuerarten

---

[1] Vgl. BMF, Datensammlung zur Steuerpolitik, 2014, http://www.bundesfinanzministerium.de/Content/DE/Downloads/Broschueren_Bestellservice/2015-03-17-datensammlung-zur-steuerpolitik-2014.pdf?__blob=publicationFile&v=4, S. 13, 24.8.2015.

[2] Vgl. fortgeschriebene Ergebnisse auf Grundlage des Zensus 2011 zum Stand vom 30.9.2014, Statistisches Bundesamt, Bevölkerung auf Grundlage des Zensus 2011, 10.4.2014 https://www.destatis.de/DE/ZahlenFakten/GesellschaftStaat/Bevoelkerung/Bevoelkerungsstand/Tabellen/Zensus_Geschlecht_Staatsangehoerigkeit.html, 23.7.2015.

[3] Eigene Berechnung auf Grundlage von Statistisches Bundesamt, Fachserie 14 Reihe 2 2014, S. 8.

[4] Eigene Berechnung auf Grundlage von Statistisches Bundesamt, Facheserie 14 Reihe 4 2014, S. 11.

[5] Eigene Berechnungen auf Grundlage von Statistisches Bundesamt, Fachserie 14 Reihe 4 2014, S. 10.

1.2. Diskussion um die Grundsteuer

Sowohl politisch als auch fachlich wird seit vielen Jahren über eine Neugestaltung der Grundsteuer diskutiert, wobei die Diskussion zum Teil auch in Zusammenhang mit der Ausgestaltung der Gemeindefinanzierung geführt wird. Aufgrund der Rechtsprechung des Bundesfinanzhofs zur verfassungsrechtlichen Beurteilung der Bewertungsregeln (ausführlich in Abschnitt 2) werden Einheitswertbescheide und Grundsteuermessbescheide derzeit nur vorläufig festgesetzt.[6] Es gibt zahlreiche Reformvorschläge, die sich grundsätzlich folgendermaßen kategorisieren lassen:[7] (1) Reformmodelle, die keine Wertkomponente enthalten und rein flächenorientiert sind, (2) Reformmodelle, die eine Wertkomponente enthalten, aber den Wert des Grund und Bodens getrennt vom Gebäude ermitteln, und (3) Reformmodelle, die den Gesamtwert des Grundstücks verkehrswertorientiert ermitteln. Beispielhaft seien folgende Reformansätze genannt:

(1) Reformmodelle ohne Wertkomponente: Äquivalenzmodell der Bundesländer Baden-Württemberg, Bayern und Hessen,[8]
(2) Reformmodelle mit Wertkomponente, aber getrennter Ermittlung: Kombinationsmodell des Bundeslands Thüringen;[9] Besteuerung des Bodenrichtwerts in Kombination mit einer pauschalen Besteuerung des Gebäudes der Bundesländer Bayern und Rheinland-Pfalz aus dem Jahr 2004;[10] kombinierte Bodenwert- und Bodenflächenbesteuerung;[11] Modell der Bertelsmann Stiftung, das die Bodenver-

---

[6] Vgl. Oberste Finanzbehörden der Länder, Gleichlautender Erlass vom 19.4.2012 2012/0202480, BStBl. 2012 I, S. 490.

[7] Vgl. Spengel, C./Heckemeyer, J./Zinn, B., DB 2011, S. 10.

[8] Vgl. Arbeitsgruppe der Länder Baden-Württemberg, Bayern und Hessen, Eckpunkte für eine vereinfachte Grundsteuer, 8.2010, https://www.ihk-suhl.de/files/12E0F1D13D1/Modell%20Baden-W%C3%BCrttemberg,%20Bayern%20und%20Hessen, 24.8.2015. Das Land Baden-Württemberg fordert mittlerweile die Einführung einer verkehrswertorientierten Grundsteuer, vgl. Grüne Baden-Württemberg, Koalitionsvertrag von BÜNDNIS 90/DIE GRÜNEN Baden-Württemberg und SPD Baden-Württemberg für die 15. Legislaturperiode, Der Wechsel beginnt., 2011, http://www.gruene-bw.de/fileadmin/gruenebw/dateien/Koalitionsvertrag-web.pdf, S. 57, 24.8.2015. Im Koalitionsvertrag für die 19. Wahlperiode der hessischen Landesregierung wird für die Grundsteuer eine Reform gefordert, die das Erhebungsverfahren nicht unnötig verkomplizieren soll, vgl. Grüne Hessen, Koalitionsvertrag zwischen der CDU Hessen und BÜNDNIS 90/DIE GRÜNEN Hessen für die 19. Wahlperiode des hessischen Landtags 2014-2019, Verlässlich gestalten – Perspektiven eröffnen, 2014, http://www.gruene-hessen.de/partei/files/2014/02/HE_Koalitionsvertrag_2014-2018_final.pdf, S. 14, 24.8.2015.

[9] Vgl. Bundesland Thüringen, Reform der Grundsteuer, 1.2011, https://www.thueringen.de/imperia/md/content/tfm/grundsteuer_th_bericht_012011.pdf, 24.8.2015.

[10] Vgl. Bundesländer Bayern und Rheinland-Pfalz, Reform der Grundsteuer, 1.2004, http://www.bdsr.de/Doku/2000/17050_99/17064_y.pdf, 24.8.2015.

[11] Vgl. Apel, D./Kunze, R./Lehmbrock, M. et al., Reform der Grundsteuer, http://srl.de/dateien/dokumente/de/stellungnahme_srl-ausschusses_planungsrecht_grundsteuerreform.pdf, 23.7.2015.

kehrswerte mit einem Faktor für ihre Nutzungsintensität multiplizieren will;[12] Bodenwertsteuer;[13] Flächennutzungssteuer unter Berücksichtigung der versiegelten Flächen,[14]

(3) Reformmodelle mit Wertkomponente und Ermittlung eines einheitlichen Grundstückswerts: Verkehrswertmodell der Bundesländer Berlin, Bremen, Niedersachsen, Sachsen und Schleswig-Holstein;[15] Mietertragswertmodell des Wissenschaftlichen Beirats beim BMF;[16] nicht umlagefähige Mietsteuer.[17]

Teilweise wird auch für die Abschaffung der Grundsteuer plädiert.[18]

Eine Reform der Grundsteuer wird sowohl im Koalitionsvertrag der dritten Großen Koalition (seit 2013) als auch in den Koalitionsvereinbarungen der zweiten Großen Koalition (2005-2009) angestrebt. Während der Koalitionsvertrag vom 11.11.2005 für die Reform der Grundsteuer mit dem Vorschlag der Bundesländer Bayern und Rheinland-Pfalz aus dem Jahr 2004 ein konkretes Modell benennt,[19] fordert der Koalitionsvertrag vom 27.11.2013 die Länder lediglich zu einer raschen Einigung und einer zeitnahen Modernisierung der Grundsteuer auf.[20] Das Bundesland Bayern strebt darüber

---

[12] Vgl. Bertelsmann Stiftung, Eine nachhaltige Reform der Gemeindefinanzierung, 1.2011, https://www.wegweiser-kommune.de/documents/10184/17495/Reform_der_Gemeindefinanzierung.pdf/e7c52cd9-70b1-449e-90d2-ab9dc69c0e40, S. 17-21, 24.8.2015.

[13] Vgl. Dieterich, H./Josten, R., FF 1998; Lemmer, A., Zur Reform der Grundsteuer, 2004 sowie o.V., Grundsteuer: Zeitgemäß!, www.grundsteuerreform.net, 24.8.2015.

[14] Vgl. Bizer, K./Lang, J., Ansätze für ökonomische Anreize zum sparsamen und schonenden Umgang mit Bodenflächen, 2000.

[15] Vgl. Die Senatorin für Finanzen, Freie Hansestadt Bremen, Grundsteuer auf der Basis von Verkehrswerten, 2010, http://www.finanzen.bremen.de/sixcms/media.php/13/Machbarkeitsstudie_lang__22.pdf, 24.8.2015.

[16] Vgl. Wissenschaftlicher Beirat beim Bundesministerium der Finanzen, Reform der Grundsteuer, 12.2010, http://www.bundesfinanzministerium.de/Content/DE/Standardartikel/Ministerium/Geschaeftsbereich/Wissenschaftlicher_Beirat/Gutachten_und_Stellungnahmen/Ausgewaehlte_Texte/2011-01-11-reform-der-grundsteuer-anl.pdf?__blob=publicationFile&v=3, 24.8.2015 sowie Wissenschaftlicher Beirat beim Bundesministerium der Finanzen, SB 1982, S. 1974-1987.

[17] Vgl. Richter, W.F./Heckmann, J., StuW 2011, S. 331.

[18] Vgl. Kirchhof, P., Bundessteuergesetzbuch, 2011, § 2 Rz. 35-36; Schulemann, O., Reform der Grundsteuer, 2011, S. 17.

[19] Vgl. CDU, Koalitionsvertrag von CDU, CSU und SPD für die 16. Legislaturperiode, Gemeinsam für Deutschland – mit Mut und Menschkeit, 11.11.2005, https://www.cdu.de/sites/default/files/media/dokumente/05_11_11_Koalitionsvertrag_Langfassung_navigierbar_0.pdf, S. 82, 24.8.2015.

[20] Vgl. Presse- und Informationsamt der deutschen Bundesregierung, Deutschlands Zukunft gestalten – Koalitionsvertrag zwischen CDU, CSU und SPD – 18. Legislaturperiode, 17.12.2013, http://www.bundesregierung.de/Content/DE/_Anlagen/2013/2013-12-17-koalitionsvertrag.pdf?__blob=publicationFile&v=2, S. 93, 20.8.2015.

hinaus eine Regionalisierung der Grundsteuer an, sodass länderspezifische Besonderheiten berücksichtigt werden können.[21]

1.3. Komplexität einer Reform der Grundsteuer

Die Entscheidung für ein Reformmodell ist komplex, da zahlreiche grundlegende Überlegungen einzubeziehen sind: So ist hinsichtlich der Finanzverfassung des Grundgesetzes bspw. fraglich, ob die Gesetzgebungskompetenz bezüglich der Grundsteuer beim Bund oder bei den Ländern liegt.[22] Auch ist zu entscheiden, ob die Regelungen zur Grundsteuer regionalisiert werden sollen[23] und ob es zusätzlich zur Gemeindegrundsteuer eine Landesgrundsteuer geben sollte, wie dies in einigen anderen Staaten der Fall ist.[24] Bei der Ausgestaltung der Grundsteuer und ihrer Ermittlung muss ferner die Frage nach der steuerwissenschaftlichen Einordnung der Grundsteuer beantwortet werden: Soll die Grundsteuer der Leitidee Leistungsfähigkeitsprinzip oder der Leitidee Äquivalenzprinzip folgen und soll die Grundsteuer dementsprechend als Sollertragsteuer, Objektsteuer oder „Kopfsteuer" ausgestaltet werden?[25] Ferner bedarf es der Rechtfertigung einer eigenen Grundsteuer für Land- und Forstwirte wie die derzeitige Grundsteuer A[26] sowie die Auseinandersetzung mit der Frage nach einem grundsteuerlichen Existenzminimum, d. h. der Freistellung des durchschnittlichen Werts eines Einfamilienhauses von der Grundsteuer.[27] Bei der Entscheidung für eine wertorientierte Grundsteuer ist zu klären, ob eine Grundsteuer nur den Bodenteil oder auch den

---

[21] Vgl. Bayerisches Staatsministerium der Finanzen, Pressemitteilung, 29.5.2015, http://www.stmflh.bayern.de/internet/stmf/aktuelles/pressemitteilungen/22606/index.htm, 24.8.2015. Im Jahr 2001 reichten die Bundesländer Bayern und Hessen einen Gesetzesantrag ein, der insbesondere eine Verlagerung des Gesetzgebungsrechts für die Grundsteuer auf die Länder vorsah, vgl. BR-Drs. 306/01 vom 17.4.2001.

[22] Vgl. Becker, J., BB 2013, S. 861.

[23] Vgl. Bayerisches Staatsministerium der Finanzen, Pressemitteilung, 29.5.2015, http://www.stmflh.bayern.de/internet/stmf/aktuelles/pressemitteilungen/22606/index.htm, 24.8.2015.

[24] Vgl. Thöne, M., Regionalisierung von Steuern, 2014, http://www.vbw-bayern.de/Redaktion/Frei-zugaengliche-Medien/Abteilungen-GS/Wirtschaftspolitik/2014/Downloads/141024-vbw_FiFo_Steuerregionalisierung_FINAL.pdf, S. 50-55, 24.8.2015.

[25] Vgl. grundsätzlich und mit weiteren Nachweisen Tipke, K., Die Steuerrechtsordnung, 2003, S. 809-820; Seer, R. in: Tipke/Lang, Steuerrecht, 2015, § 16 Rz. 2-4 sowie für die Vermögen- bzw. Grundsteuer Hey, J., in: Hey/Maiterth/Houben, Zukunft der Vermögensbesteuerung, 2012, S. 33-39.

[26] Vgl. Tipke, K., Die Steuerrechtsordnung, 2003, S. 813.

[27] Vgl. Kirchhof, P., Bundessteuergesetzbuch, 2011, § 2 Rz. 35; Tipke, K., Die Steuerrechtsordnung, 2003, S. 959; ablehnend BFH vom 19.7.2006 II R 81/05, BStBl II 2006, S. 767.

darauf befindlichen Gebäudeteil einbeziehen muss[28] und wie die Umlage einer wertorientierten Grundsteuer auf Mieter gerechtfertigt werden kann.[29]

Die Reform einer Grundsteuer erlaubt darüber hinaus eine Neuregelung der Verwaltungshoheit. Es muss zum einen die Entscheidung getroffen werden, ob die Verwaltung der Grundsteuer weiterhin sowohl von den Ländern als auch von den Gemeinden vorgenommen werden soll oder ob die Verwaltungskompetenz vollumfänglich auf die Gemeinden übergehen soll. Bei der konkreten Durchführung des Steuerverfahrens muss zum anderen geklärt werden, in welchem Umfang der Bürger in die Ermittlung der Grundsteuer eingebunden werden soll, z. B. durch eine Selbstveranlagung, und in welchem Ausmaß das Besteuerungsverfahren elektronisch und automatisiert ablaufen soll.

Ein sehr wichtiger Aspekt einer Reform der Grundsteuer ist die Akzeptanz der Betroffenen. Diese wird auf Seiten der Gemeinden vor allem davon abhängen, ob das Aufkommen (mindestens) konstant bleibt. Die Bürger werden eine Grundsteuerreform dann am ehesten akzeptieren, wenn ihre Grundsteuerbelastung nicht ansteigt. Wegen der Umlagefähigkeit der Grundsteuer (§ 2 Nr. 1 BetrKV) werden nicht nur die Steuerschuldner, also diejenigen, denen das Steuerobjekt zugerechnet wird (§ 10 Abs. 1 GrStG), mit Grundsteuer belastet, sondern auch die Mieter.

1.4. Weiterer Aufbau des Beitrags

Der Beitrag konzentriert sich auf die Aufkommens- und Belastungswirkungen von drei Reformmodellen (Äquivalenzmodell, Kombinationsmodell und Verkehrswertmodell) sowie auf die Möglichkeiten, diese automatisiert durchführen zu können. Deshalb wird weder die Diskussion um die Einordnung der Grundsteuer in die Finanzverfassung des Grundgesetzes aufgegriffen noch eine steuerwissenschaftliche Beurteilung der Grundsteuer vorgenommen.

Im zweiten Abschnitt wird darauf eingegangen, weshalb eine Grundsteuerreform nötig ist. Im dritten Abschnitt werden die drei Reformmodelle Äquivalenzmodell, Kombinationsmodell und Verkehrswertmodell erläutert. Im vierten Abschnitt werden mögliche Reformauswirkungen dieser von verschiedenen Bundesländern in die Diskussion eingebrachten Modelle vorgestellt. Zu diesem Zweck wird auf die Auswertung einer Vollerhebung der Grundstücke in der Stadt Fürth (Bayern) zurückgegriffen.[30] Der fünfte Abschnitt enthält eine kurze Zusammenfassung.

---

[28] Vgl. Hey, J., in: Hey/Maiterth/Houben, Zukunft der Vermögensbesteuerung, 2012, S. 82.
[29] Vgl. Richter, W.F./Heckmann, J., StuW 2011, S. 331.
[30] Vgl. dazu Nehls, D./Scheffler, W., Grundsteuerreform, 2015.

2. Reformbedarf

Die Grundsteuer ist wie die (derzeit nicht erhobene) Vermögensteuer sowie die Erbschaft- und Schenkungsteuer eine Substanzsteuer. Hinsichtlich der Vermögensteuer sowie der Erbschaft- und Schenkungsteuer hat das Bundesverfassungsgericht im Jahr 1995 entschieden, dass die Einheitsbewertung des Grundbesitzes zu einem Verstoß gegen Art. 3 GG führt, da es zu einer ungleichen Bewertung unterschiedlicher Vermögensarten kommt. Das Bundesverfassungsgericht stellte darüber hinaus die Forderung auf, dass die einzelnen Vermögensarten dergestalt bewertet werden sollen, dass sie eine vergleichbare Wertrelation zum gemeinen Wert einnehmen.[31] Das Urteil hatte keine Rückwirkung auf die Grundsteuer, da diese Steuerart nur den (inländischen) Grundbesitz erfasst. Konsequenzen dieser Entscheidungen waren, dass die Vermögensteuer seit dem Jahr 1997 nicht mehr erhoben wird[32] und dass die Erbschaft- und Schenkungsteuer im Jahr 1996 reformiert wurde.[33] Der Beschluss des Bundesverfassungsgerichts vom 7.11.2006 machte erneut eine Reform der Wertermittlung für Zwecke der Erbschaft- und Schenkungsteuer erforderlich. Das Bundesverfassungsgericht stellte weiterhin einen Verstoß gegen Art. 3 GG aufgrund unterschiedlicher Wertrelationen fest und forderte, dass alle Vermögenswerte (zumindest näherungsweise) mit dem gemeinen Wert bewertet werden sollten. Ferner dürften steuerliche Begünstigungen, die darüber hinaus einer ausreichenden Begründung bedürften, nicht an der Bewertung, sondern erst im Anschluss an die Bewertung ansetzen.[34] Rückwirkungen auf die Grundsteuer ergaben sich auch durch dieses Urteil nicht. Mit der verfassungswidrigen Begünstigung von Betriebsvermögen setzt sich der Beschluss des Bundesverfassungsgerichts vom 17.12.2014[35] auseinander, der zum dritten Mal eine Reform der Erbschaft- und Schenkungsteuer erforderlich macht.[36] In dieser Entscheidung waren die Einheitsbewertung und damit die Grundsteuer gleichfalls nicht betroffen.

Der Bundesfinanzhof hat sich allerdings in den letzten Jahren intensiv mit der Verfassungsmäßigkeit der Grundsteuer auseinandergesetzt: In mehreren Urteilen vom

---

[31] Vgl. zur Vermögensteuer BVerfG vom 22.6.1995 2 BvL 37/91, BStBl II 1995, S. 655 sowie zur Erbschaft- und Schenkungsteuer BVerfG vom 22.6.1995 2 BvR 552/91, BStBl II 1995, S. 671.

[32] Das Vermögensteuergesetz ist nicht aufgehoben. Es wird lediglich nicht angewendet, da bis zu der vom Bundesverfassungsgericht gesetzten Reformfrist 31.12.1996 Änderungen unterblieben sind, vgl. Seer, R. in: Tipke/Lang, Steuerrecht, 2015, § 16 Rz. 61.

[33] Vgl. Jahressteuergesetz 1997 vom 20.12.1996, BGBl. I 1996, S. 2049.

[34] Vgl. BVerfG vom 7.11.2006 1 Bvl 10/02, BStBl II 2007, S. 192.

[35] Vgl. BVerfG vom 17.12.2014 1 Bvl 21/12, BStBl II 2015, S. 50.

[36] Das Bundesverfassungsgericht hat dafür eine Frist bis zum 30.6.2016 gesetzt. Für diese Reform liegt derzeit ein Kabinettsbeschluss vor, vgl. Gesetzentwurf der Bundesregierung, Entwurf eines Gesetzes zur Anpassung der Erbschaft- und Schenkungsteuer an die Rechtsprechung des Bundesverfassungsgerichts, abrufbar auf der Homepage des BMF.

30.6.2010 hat der Bundesfinanzhof die Rechtslage am 1.1.2007 als noch verfassungsgemäß beurteilt.[37] Im Beschluss vom 22.10.2014 stufte der Bundesfinanzhof die Rechtslage am 1.1.2009 als verfassungswidrig ein und hat deshalb die Frage dem Bundesverfassungsgericht vorgelegt, ob die Vorschriften zur Einheitsbewertung gegen den allgemeinen Gleichheitsgrundsatz (Art. 3 Abs. 1 GG) verstoßen.[38] Die Ausführungen des Bundesfinanzhofs in den Urteilen vom 30.6.2010 und dem Beschluss von 22.10.2014 lassen sich folgendermaßen zusammenfassen: Zwar geht es bei der Grundsteuer nicht wie bei der Vermögensteuer bzw. Erbschaft- und Schenkungsteuer um die Gleichbehandlung von Grundvermögen und anderen Wirtschaftsgütern. Der Grundsatz einer gleichmäßigen und folgerichtigen Bewertung erfordert aber, dass es innerhalb des Grundvermögens zu einer Gleichbehandlung kommt. Darüber hinaus muss sich die Bewertung wie bei der Erbschaft- und Schenkungsteuer (zumindest näherungsweise) am gemeinen Wert orientieren. Dabei sind allerdings Typisierungen zulässig, um den mit einer allgemeinen Neubewertung verbundenen Aufwand für Steuerpflichtige und Verwaltung auf ein zumutbares Maß zu beschränken.

Der Bundesfinanzhof stützt seine Einschätzung insbesondere darauf, dass die festgestellten Unterbewertungen beim Ertragswertverfahren noch höher sind als beim Sachwertverfahren. Die Abweichungen fallen in den neuen Bundesländern, in denen die letzte Hauptfeststellung auf den 1.1.1935 datiert, noch deutlicher aus als in den alten Bundesländern, in denen die Einheitswerte zuletzt auf den 1.1.1964 festgestellt wurden. Durch den langen Hauptfeststellungszeitraum haben sich die bewertungsrelevanten Faktoren (insb. Jahresrohmiete für das Ertragswertverfahren und Gebäudenormalherstellungskosten für das Sachwertverfahren) sehr unterschiedlich entwickelt und zwar nicht nur zwischen den Gemeinden, sondern auch innerhalb einer Gemeinde. Nicht erfasst werden bspw. die Änderungen der politischen Verhältnisse in Berlin, die Aufhebung der „Zonenrandlage", Änderungen der Größe einer Gemeinde, Eingemeindungen, städtebauliche Entwicklungen sowie die Wirtschafts- bzw. Einzelhandelsstruktur innerhalb einer Gemeinde. Hinsichtlich des Ausstattungsstandards werden heute maßgebliche wertbildende Faktoren wie Energieeffizienz, Solaranlagen, Wärmepumpen, Lärmschutz, luxuriöse Bad- und Kücheneinrichtungen oder der An-

---

[37] Vgl. BFH vom 30.6.2010 II R 60/08, BStBl II 2010, S. 897; BFH vom 30.6.2010 II R 12/09, BStBl II 2011, S. 48; BFH vom 30.6.2010 XI R 47/07, BFH/NV 2010, S. 2023; BFH vom 30.6.2010 II R 17/09 und II R 18/09, BFH/NV 2010, S. 2028. Vom Kläger des Verfahrens BFH vom 30.6.2010 II R 12/09, BStBl. II 2011, S. 48 wurde Verfassungsklage beim Bundesverfassungsgericht eingereicht (Aktenzeichen des Bundesverfassungsgerichts 2 BvR 287/11). Darüber hinaus sind das Verfahren BFH vom 18.1.2011 II B 74/10 unter dem Aktenzeichen 1 BvR 639/11 sowie das Verfahren BFH vom 24.2.2012 II B 110/11 unter dem Aktenzeichen 1 BvR 889/12 vor dem Bundesverfassungsgericht anhängig, vgl. BR-Drs. 257/14 vom 25.6.2014.

[38] Vgl. BFH vom 22.10.2014 I R 16/13, BStBl II 2014, S. 957. Das Verfahren wird beim Bundesverfassungsgericht unter dem Aktenzeichen 1 BvL 11/14 geführt.

schluss an Hochgeschwindigkeitsdatenbanken nicht oder nicht ausreichend berücksichtigt. Auch unterscheiden sich die heute hergestellten Gebäude nach Bauart, Bauweise, Konstruktion oder Objektgröße deutlich von den damaligen Gebäuden, sodass die Ermittlung der Gebäudenormalherstellungskosten, für die derzeit in den alten Bundesländern der Stand im Jahr 1958 entscheidend ist, für zahlreiche Gebäudetypen nur durch Schätzung möglich ist. Ferner werden keine Wertminderungen wegen Alters, die nach dem letzten Hauptfeststellungszeitpunkt eingetreten sind, berücksichtigt, sodass Neubauten mit dem gleichen Wert angesetzt werden wie Gebäude, die im Hauptfeststellungszeitpunkt bereits errichtet waren.

Auch hinsichtlich des Gesetzesvollzugs stellt der Bundesfinanzhof Mängel fest, da z. B. Änderungen der tatsächlichen Verhältnisse, die sich infolge eines Anbaus ergeben, nicht erfasst werden, was zum einen auf eine fehlende Mitteilungspflicht der Steuerpflichtigen und zum anderen auf eine wenig umfängliche Ermittlungspflicht der Finanzbehörden zurückzuführen ist. Ferner ergeben sich Schwierigkeiten bei der Abgrenzung zwischen (nicht zu erfassenden) Wertänderungen und den (zu berücksichtigenden) Änderungen der tatsächlichen Verhältnisse.

Der mit einer Reform verbundene Arbeitsaufwand kann keine Rechtfertigung für das Unterlassen einer neuen Hauptfeststellung sein. Das Unterlassen einer neuen Hauptfeststellung kann auch in den neuen Bundesländern nicht (mehr) mit den Übergangsschwierigkeiten im Zusammenhang mit der Wiedervereinigung Deutschlands begründet werden.

Eine Reform der Grundsteuer in Deutschland wird auch international angemahnt: Sowohl die EU als auch die OECD bescheinigen Deutschland einen Reformbedarf hinsichtlich der Grundsteuer, wobei vor allem das relativ geringe Grundsteueraufkommen kritisiert wird. So hält der Rat der Europäischen Union in seinen Empfehlungen vom 8.7.2014 zum nationalen Reformprogramms Deutschland für das Jahr 2014 fest, dass die Grundsteuerbemessungsgrundlage neu bewertet werden sollte und dadurch Mehreinnahmen generiert werden sollten.[39] Diese Forderungen wiederholt die Europäische Kommission für das Jahr 2015.[40] Auch die OECD hält fest, dass die steuerliche Bemessungsgrundlage bei der Grundsteuer durch eine Neubewertung verbreitert werden sollte.[41] Zwar bewegt sich der Anteil der Grundsteuer am Gesamtsteueraufkommen

---

[39] Vgl. Empfehlung 2014/C 247/05 des Rates vom 8.7.2014 zum nationalen Reformprogramm Deutschlands 2014 mit einer Stellungnahme des Rates zum Stabilitätsprogramm Deutschlands 2014.

[40] Vgl. Empfehlung für eine Empfehlung des Rates zum nationalen Reformprogramm Deutschlands 2015 mit einer Stellungnahme des Rates zum Stabilitätsprogramm Deutschlands 2015, KOM(2015) 256 final vom 13.5.2015.

[41] Vgl. OECD, OECD-Wirtschaftsberichte: Deutschland 2014, 5.2014, http://www.oecd.org/berlin/Wirtschaftsbericht-Deutschland-2014-Zusammenfassung.pdf, S. 11, 25.8.2015.

im internationalen Vergleich auf einem ähnlichen Niveau wie in Deutschland. Der Anteil der Grundsteuer an den kommunalen Steuereinnahmen ist in Deutschland mit derzeit 15 % aber unterdurchschnittlich niedrig.[42] Es ist allerdings zu beachten, dass in Deutschland die Finanzierungen der Leistungen einer Gemeinde nicht nur über die Grundsteuer, sondern auch über andere Steuern, Gebühren und Beiträge erfolgt. Darüber hinaus sollte die Grundsteuer nicht isoliert betrachtet werden, sondern immer im Zusammenhang mit anderen substanzbezogenen Steuerarten (insbesondere der Erbschaft- und Schenkungsteuer).

3. Reformansätze

Ausgangspunkt für die Beurteilung der Reformvorschläge bilden die Bewertungsregeln des geltenden Rechts. Für unbebaute Grundstücke ergibt sich der Einheitswert durch Multiplikation der Grundstücksfläche mit dem auf den 1.1.1964 bzw. 1.1.1935 festgestellten Bodenrichtwert. Dieser Einheitswert wird mit der Grundsteuermesszahl multipliziert (§ 15 GrStG), wodurch sich der Grundsteuermessbetrag ergibt (§ 13 Abs. 1 GrStG). Die Grundsteuer ist das Produkt aus Grundsteuermessbetrag und dem von der Gemeinde festgelegten Hebesatz (§ 25 Abs. 1 GrStG). Bebaute Grundstücke werden entweder nach dem Ertrags- oder dem Sachwertverfahren bewertet (§ 76 BewG). Sehr vereinfacht dargestellt ergibt sich der Einheitswert beim Ertragswertverfahren durch Multiplikation der Jahresrohmiete (Stand 1.1.1964 bzw. 1.1.1935) mit einem individuellen Vervielfältiger (§§ 78-82 BewG) und beim Sachwertverfahren durch Multiplikation des Ausgangswerts mit einer Wertzahl. Der Ausgangswert ist wiederum die Summe aus Bodenwert und Gebäudewert (basierend auf den Gebäudenormalherstellungskosten, §§ 83-90 BewG).

Beim Äquivalenzmodell der Bundesländer Baden-Württemberg, Bayern und Hessen ergibt sich die Grundsteuer für ein unbebautes Grundstück durch Multiplikation der Grundstücksfläche mit einer Äquivalenzzahl (0,02 €/qm) und dem von der Gemeinde festgesetzten Hebesatz. Die Grundsteuerbemessungsgrundlage eines bebauten Grundstücks besteht zum einen aus der Bewertung des unbebauten Teils wie bei den unbebauten Grundstücken. Zum anderen wird das Gebäude dadurch einbezogen, dass seine Grundfläche mit der Anzahl der oberirdischen Geschosse („typisierte Brutto-Grundfläche") und einer Äquivalenzzahl (0,20 €/qm für Wohnnutzung; 0,40 €/qm für

---

[42] Vgl. Thöne, M., Regionalisierung von Steuern, 2014, S. 51, wobei in dieser Studie der Anteil der Grundsteuer an den gesamten Steuer- und Abgabeneinnahmen ermittelt wurde und nicht nur der Anteil am Gesamtsteueraufkommen wie in Abschnitt 1.1 dieses Beitrags.

Nicht-Wohnnutzung) multipliziert wird. Werden Gebäude gemischt genutzt, ist anhand der Nutzungsanteile aufzuteilen.[43]

Beim Verkehrswertmodell der Bundesländer Berlin, Bremen, Niedersachsen, Sachsen und Schleswig-Holstein gilt für unbebaute Grundstücke das gleiche Bewertungsverfahren wie im geltenden Recht. Der Unterschied besteht darin, dass die aktuellen Bodenrichtwerte herangezogen werden. Für die Bewertung bebauter Grundstücke werden die Grundstücke in drei Gruppen eingeteilt: Die Grundstücke des individuellen Wohnungsbaus (Gruppe 1) werden anhand eines Vergleichswertverfahrens bewertet, das die Nutz- bzw. Wohnfläche mit einem Vergleichsfaktor multipliziert, der sich als Produkt aus diversen Vergleichsfaktoren unter Anwendung von Korrekturfaktoren (z. B. für ein abweichendes Baujahr) ergibt. Für Standardgrundstücke mit Renditeorientierung (Gruppe 2) sowie sonstige Grundstücke mit gewerblicher Nutzung (Gruppe 3) wird ein Ertragswertverfahren angewendet, das die Jahresmarktmiete mit einem Rohertragsfaktor multipliziert. Liegen die erforderlichen Werte nicht vor, kommt alternativ ein Sachwertverfahren mit aktuellen Werten zum Einsatz. Die ermittelten Werte werden mit Steuermesszahl und Hebesatz multipliziert.[44]

Beim Kombinationsmodell des Bundeslandes Thüringen ergibt sich die Grundsteuer für ein unbebautes Grundstück als Produkt aus der Grundstücksfläche mit 5/10.000 des Bodenrichtwerts und dem Hebesatz. Die Ermittlung der Grundsteuer bei bebauten Grundstücken entspricht weitgehend der Vorgehensweise beim Äquivalenzmodell. Anstelle der typisierten Brutto-Grundfläche, die sich aus der Gebäudegrundfläche und der Anzahl der oberirdischen Geschosse zusammensetzt, wird aber die tatsächliche Brutto-Grundfläche angesetzt.[45]

Im geltenden Recht liegt ein dreistufiges Verfahren vor: Die Finanzämter (Länderebene) stellen in einem ersten Schritt die Einheitswerte fest und setzen in einem zweiten Schritt den Grundsteuermessbetrag fest. In einem dritten Schritt setzen die Gemeinden die Grundsteuer fest. Im Verkehrswertmodell soll diese Dreiteilung beibehalten wer-

---

[43] Vgl. Arbeitsgruppe der Länder Baden-Württemberg, Bayern und Hessen, Eckpunkte für eine vereinfachte Grundsteuer nach dem Äquivalenzprinzip, 8.2010, https://www.ihk-suhl.de/files/12E0F1D13D1/Modell%20Baden-W%C3%BCrttemberg,%20Bayern%20und%20Hessen, S. 6-10, 24.8.2015.

[44] Vgl. Die Senatorin für Finanzen, Freie Hansestadt Bremen, Grundsteuer auf der Basis von Verkehrswerten, 2010, http://www.finanzen.bremen.de/sixcms/media.php/13/Machbarkeitsstudie_lang__22.pdf, S. 32-39, 24.8.2015.

[45] Vgl. Bundesland Thüringen, Reform der Grundsteuer, 1.2011, https://www.thueringen.de/imperia/md/content/tfm/grundsteuer_th_bericht_012011.pdf, S. 16-18, 24.8.2015.

den.[46] Allerdings soll die Ermittlung der Bemessungsgrundlage bei der Vermessungs- und Katasterverwaltung angesiedelt werden. Alternativ wird eine vollständige Durchführung des Besteuerungsverfahrens auf Ebene der Gemeinden vorgeschlagen.[47] Beim Äquivalenzmodell sind wegen des Verzichts auf den Grundsteuermessbetrag nur zwei Schritte erforderlich, es handelt sich also um ein zweistufiges Verfahren.[48] Auch bei diesem Reformvorschlag wird eine Kommunalisierung der Grundsteueraufgaben angedacht.[49] Beim zweistufigen Verfahren des Kombinationsmodells soll der Steuerschuldner in das Besteuerungsverfahren einbezogen werden: Dieser soll im Rahmen einer Steueranmeldung die Grundsteuer selbst ermitteln und die Grundsteuer an die Gemeinde abführen. Wie bei den anderen Modellen wird mit dem Kombinationsmodell ein Verfahren angestrebt, bei dem die Aufgaben ohne Einschaltung der Finanzämter von den Gemeinden bzw. den Steuerschuldnern erledigt werden.[50]

Nach § 10 Abs. 1 GrStG ist derjenige Steuerschuldner, dem der Steuergegenstand bei der Feststellung des Einheitswerts zugerechnet wird. Im geltenden Recht bildet jedes Wohnungseigentum eine wirtschaftliche Einheit (§ 93 Abs. 1 BewG). Dies bedeutet, dass bei Wohnungseigentumsgemeinschaften jeder Eigentümer einer Eigentumswohnung Steuerschuldner für die ihm gehörende Eigentumswohnung ist. Demgegenüber soll beim Äquivalenz- und Kombinationsmodell das Gebäude als Ganzes besteuert werden. Dies bedeutet, dass die Eigentümergemeinschaft Steuerschuldner werden soll. Die Verteilung der Grundsteuer, die gemeinsam für die Eigentümergemeinschaft festgesetzt wird, auf die Eigentümer der einzelnen Eigentumswohnungen soll von der Eigentümergemeinschaft vorgenommen werden.[51]

---

[46] Implizit Die Senatorin für Finanzen, Freie Hansestadt Bremen, Grundsteuer auf der Basis von Verkehrswerten, 2010, http://www.finanzen.bremen.de/sixcms/media.php/13/Machbarkeitsstudie_lang__22.pdf, S. 55, 24.8.2015.

[47] Vgl. Ebenda, S. 53-54.

[48] Vgl. Arbeitsgruppe der Länder Baden-Württemberg, Bayern und Hessen, Eckpunkte für eine vereinfachte Grundsteuer nach dem Äquivalenzprinzip, 8.2010, https://www.ihk-suhl.de/files/12E0F1D13D1/Modell%20Baden-W%C3%BCrttemberg,%20Bayern%20und%20Hessen, S. 12-13, 24.8.2015.

[49] Vgl. Ebenda, S. 15.

[50] Vgl. Bundesland Thüringen, Reform der Grundsteuer, 1.2011, https://www.thueringen.de/imperia/md/content/tfm/grundsteuer_th_bericht_012011.pdf, S. 13-14, 24.8.2015.

[51] Vgl. Arbeitsgruppe der Länder Baden-Württemberg, Bayern und Hessen, Eckpunkte für eine vereinfachte Grundsteuer nach dem Äquivalenzprinzip, 8.2010, https://www.ihk-suhl.de/files/12E0F1D13D1/Modell%20Baden-W%C3%BCrttemberg,%20Bayern%20und%20Hessen, S. 14, 24.8.2015; Bundesland Thüringen, Reform der Grundsteuer, 1.2011, https://www.thueringen.de/imperia/md/content/tfm/grundsteuer_th_bericht_012011.pdf, S. 18-19, 24.8.2015.

Derzeit scheint keines der drei Reformmodelle eine politische Mehrheit zu haben, sondern es wird ein Modell diskutiert, das einen starken Verkehrswertbezug aufweist.[52]

4. Reformauswirkungen

4.1. Ermittlung der Aufkommens- und Belastungswirkungen

Die monetären Auswirkungen einer Grundsteuerreform können sowohl auf Gemeindeebene (Aufkommenswirkung) als auch für jeden Bürger (Belastungswirkung) betrachtet werden. Der Beitrag stellt für alle drei Reformmodelle die Aufkommenswirkungen dar.[53] Die Belastungswirkungen werden aufgrund der Datenlage nur für das Äquivalenz- und das Kombinationsmodell aufgezeigt.

Die Aufkommenswirkung der Gemeinden wird auf zwei Arten untersucht: In einem ersten Schritt wird ermittelt, wie sich das Aufkommen nach einer Reform verändert, wenn der Hebesatz gleich bleibt. Dadurch lässt sich der Bemessungsgrundlageneffekt einer Reform ermitteln. Die Modelle beinhalten als gemeinsames Ziel eine aufkommensneutrale Reform.[54] Deshalb wird in einem zweiten Schritt untersucht, wie der Hebesatz jeweils angepasst werden muss, um dieses Ziel zu erreichen. Somit wird der Bemessungsgrundlageneffekt durch einen gegenläufigen Steuersatzeffekt ausgeglichen.

Die Belastungswirkungen für die Bürger werden sowohl bei unverändertem Hebesatz als auch bei aufkommensneutralem Hebesatz dargestellt. Durch die Reform kann es zu Mehrbelastungen mit Grundsteuer kommen. Wird im Hinblick auf die Akzeptanz einer Grundsteuerform beim Bürger die Leitlinie verfolgt, dass kein Bürger mehr bezahlen soll als bisher, ist die Grundsteuer auf die derzeitige Grundsteuerbelastung zu „de-

---

[52] Vgl. FAZ, 23.7.2015, http://www.faz.net/agenturmeldungen/adhoc/laender-naehern-sich-bei-seit-jahren-strittiger-grundsteuer-reform-an-13667911.html, 23.7.2015. Zu den zwischenzeitlich diskutierten Modellen mit „starker" bzw. „mittlerer" Typisierung siehe Städte- und Gemeindebund Nordrhein-Westfalen, Mitteilung 552/2014 vom 27.8.2014 IV/1 931-02, 27.8.2014, http://www.kommunen-in-nrw.de/mitgliederbereich/mitteilungen/detailansicht/dokument/reform-der-grundsteuer-aktueller-sachstand.html?cHash=d10c4ccd7d5c7b2d390e1e3cd4c0902d, 25.8.2015.

[53] Zu den in diesem Abschnitt vorgestellten Ergebnissen siehe ausführlich Nehls, D./Scheffler, W., Grundsteuerreform, 2015.

[54] Vgl. Arbeitsgruppe der Länder Baden-Württemberg, Bayern und Hessen, Eckpunkte für eine vereinfachte Grundsteuer nach dem Äquivalenzprinzip, 8.2010, https://www.ihk-suhl.de/files/12E0F1D13D1/Modell%20Baden-W%C3%BCrttemberg,%20Bayern%20und%20Hessen, S. 4, 24.8.2015; Die Senatorin für Finanzen, Freie Hansestadt Bremen, Grundsteuer auf der Basis von Verkehrswerten, 2010, http://www.finanzen.bremen.de/sixcms/media.php/13/Machbarkeitsstudie_lang__22.pdf, S. 55, 24.8.2015; Bundesland Thüringen, Reform der Grundsteuer, 1.2011, https://www.thueringen.de/imperia/md/content/tfm/grundsteuer_th_bericht_012011.pdf, S. 23-24, 24.8.2015.

ckeln". Es wird zusätzlich darauf eingegangen, wie sich eine solche „Deckelung" auswirken würde.

Bei Wohnungseigentümergemeinschaften wird eine Gesamtbelastung auf Ebene der Eigentümergemeinschaft ausgewiesen. Eine Verteilung auf die einzelnen Eigentumswohnungen kann nicht vorgenommen werden, weil dazu die internen Aufteilungsregeln bekannt sein müssten.

Die Belastungen werden nicht absolut, sondern relativ ausgewiesen. Die Grundsteuer, die sich nach der Umsetzung des betrachteten Reformmodells ergeben würde, wird mit der derzeitigen Grundsteuer ins Verhältnis gesetzt. Somit bedeutet z. B. ein Verhältniswert von 75 % für das Aufkommen, dass das Aufkommen nach der Reform 75 % des bisherigen Aufkommens entspricht, m.a.W., dass das Aufkommen um 25 % gesunken ist.

4.2. Datengrundlage

Als Datengrundlage dient eine Vollerhebung der Grundsteuerobjekte der Stadt Fürth (Bayern), die im Jahr 2014 durchgeführt wurde. Fürth hat ca. 120.000 Einwohner und etwas mehr als 42.000 Steuerobjekte, die der Grundsteuer B unterliegen. Das Aufkommen von Fürth aus der Grundsteuer B betrug im Jahr 2012 gut 23 Mio. €.[55] Dies entspricht ca. 192 € pro Einwohner bzw. ca. 547 € pro Grundsteuerobjekt.

Von den über 42.000 Steuerobjekten sind 3,82 % unbebaute Grundstücke, 86,46 % zu Wohnzwecken genutzte Grundstücke, 4,89 % Geschäftsgrundstücke und 2,67 % gemischt genutzte Grundstücke.[56]

Zur Ermittlung der Auswirkungen einer Grundsteuerreform sind zahlreiche arbeitsintensive Aufbereitungsschritte erforderlich. Dies umfasst z. B. die Abstimmung der Systematisierung der Grundstücke im stadtinternen Verwaltungssystem mit der steuerrechtlichen Einteilung, wobei dies zum Teil „händisch" anhand der Grundsteuerakten erfolgen muss. Ferner wird mit Hilfe einer selbst erstellten Datenbank der Übergang von der objektbezogenen auf die grundstücksbezogene Besteuerung vorgenommen. Dies betrifft die bisher als Eigentumswohnungen erfassten Objekte, die künftig nur noch als ein gemeinsames Objekt besteuert werden sollen.[57]

---

[55] Vgl. Stadt Nürnberg, Statistisches Jahrbuch der Stadt Fürth 2014, 2015, http://www.nuernberg.de/imperia/md/statistik/dokumente/veroeffentlichungen/tabellenwerke/jahrbuch_fuerth/jahrbuch_fuerth_2014.pdf, S. 175, 25.8.2015.
[56] Bei den verbleibenden Grundstücken handelt es sich um sonstige bebaute Grundstücke.
[57] Zu den sich u.a. aus den umfangreichen Aufbereitungsmaßnahmen ergebenden Grenzen einer automatisierten Durchführung des Besteuerungsverfahrens siehe Abschnitt 4.5.

Als Datenquellen stehen die Grundsteuerakten, die vom Gutachterausschuss bereitgestellten Bodenrichtwerte sowie das Automatisierte Liegenschaftsbuch (ALB), in dem die Grundstücksfläche enthalten ist, und die Software ArcMap, die diverse gebäudeflächenbezogenen Informationen enthält, zur Verfügung. Somit fehlen Informationen zu Nutzungsanteilen bei gemischter Nutzung (Äquivalenz- und Kombinationsmodell), die tatsächliche Brutto-Grundfläche (Kombinationsmodell) sowie sämtliche wertabhängigen Größen, die zur Ermittlung des Verkehrswertmodells erforderlich sind. Keines der Modelle kann vollumfänglich ohne Anpassungen umgesetzt werden, sodass es nötig wird, Annahmen zu treffen bzw. über Variationsrechnungen die Bandbreite möglicher Ergebnisse abzuschätzen. Im Hinblick auf das Verkehrswertmodell erlaubt es die Datenlage sogar nur, dass ausschließlich für bestimmte Grundstücksarten, nämlich unbebaute Grundstücke, Eigentumswohnungen, Ein- und Zweifamilienhäuser, (näherungsweise) ein Ertragswert ermittelt werden kann. Für das Äquivalenzmodell ergeben sich so insgesamt drei Fälle, beim Kombinationsmodell sind es neun und beim Verkehrswertmodell 36 Fälle. Mit Hilfe dieser Variationsrechnungen soll die Bandbreite der möglichen Ergebnisse ermittelt werden. Die im Folgenden dargestellten Ergebnisse beziehen sich immer auf einen mittleren Fall.

4.3. Aufkommenswirkungen

Betrachtet man alle Grundstücke (Gesamteffekt), ergibt sich beim Äquivalenzmodell ein Aufkommen, das 79,67 % des derzeitigen Aufkommens entspricht. Es kommt also zu einem Rückgang der Grundsteuereinnahmen um 20,33 %. Beim Kombinations- und Verkehrswertmodell steigt das Aufkommen hingegen (deutlich) an: Das Kombinationsmodell führt zu einem Aufkommen, das 167,78 % des bisherigen Aufkommens entspricht. Beim Verkehrswertmodell beträgt dieser Verhältniswert – unter der Annahme, dass die Steuermesszahl gleich bleibt – 1.059,57 %.

Da alle drei Modelle das Ziel der Aufkommensneutralität verfolgen, muss es zu einer Anpassung des Hebesatzes kommen. Der Bemessungsgrundlageneffekt wird durch einen gegenläufigen Steuersatzeffekt ausgeglichen. Beim Äquivalenzmodell muss der Hebesatz (derzeit 555 %) angehoben werden, während beim Kombinations- und Verkehrswertmodell eine Senkung erforderlich wird. Der aufkommensneutrale Hebesatz beim Äquivalenzmodell beträgt 684,85 %. Soll zusätzlich der Wegfall der Grundsteuer A (für land- und forstwirtschaftlich genutzte Grundstücke) ausgeglichen werden, ist eine Erhöhung auf 685,35 % nötig. Beim Kombinationsmodell ergibt sich ein aufkommensneutraler Hebesatz von 336,35 % bzw. 334,85 % bei Ausgleich des Wegfalls der Grundsteuer A. Eine sehr starke Minderung des Hebesatzes ist beim Verkehrswertmodell auf 62,50 % bzw. 62,75 % erforderlich.[58]

Bei Betrachtung der unbebauten Grundstücke ergibt sich beim Äquivalenzmodell ein Verhältniswert von 40,31 %, d. h. das Aufkommen sinkt um fast 60 %. Bei den bebauten Grundstücken liegt der Verhältniswert bei 81,68 %, der Rückgang ist also weniger stark. Beim Kombinationsmodell sind die Auswirkungen bei den unbebauten Grundstücken größer als bei den bebauten Grundstücken: Während in Folge einer Reform bei den unbebauten Grundstücken das Aufkommen fast um den Faktor 2,5 (247,09 %) steigt, ist bei den bebauten Grundstücken ein Anstieg um den Faktor 1,6 (163,73 %) zu verzeichnen. Beim Verkehrswertmodell steigt das Aufkommen aus unbebauten Grundstücken auf 1.729,64 % und bei bebauten Grundstücken auf 811,43 %.

Die Ergebnisse streuen sehr stark. Deshalb lassen sich die Ergebnisse nicht für den konkreten Einzelfall verallgemeinern. Exemplarisch soll dies anhand der Detailergebnisse der Eigentumswohnungen beim Kombinationsmodell veranschaulicht werden. Für die Eigentumswohnungen ergibt sich ein Mittelwert von 151,85 %, d. h. das Aufkommen steigt nach der Reform um mehr als die Hälfte. Die Bandbreite der Verhältniswerte liegt allerdings zwischen 25,10 % und 16.271,77 %. Betrachtet man die Abweichung der einzelnen Werte vom Mittelwert 151,85 %, so zeigt sich für die Eigentumswohnungen, dass fast 55 % der Verhältniswerte mehr als 40 % nach oben oder unten vom Mittelwert abweichen und nur ca. 5 % der Eigentumswohnungen nicht mehr als 5 % vom Mittelwert abweichen.

4.4. Belastungswirkungen

4.4.1. Unveränderter Hebesatz

Hinsichtlich der Belastungswirkungen auf Ebene der Bürger zeigt sich, dass es beim Äquivalenzmodell 31,63 % Verlierer gibt, während beim Kombinationsmodell der Anteil der Verlierer mit 79,15 % wesentlich größer ist. Als Verlierer werden die Bürger bezeichnet, bei denen sich bei der Umsetzung eines der Reformmodelle eine Erhöhung der Grundsteuer ergeben würde.

Betrachtet man die einzelnen Grundstücksarten, zeigen sich teilweise deutliche Unterschiede: Beim Äquivalenzmodell gibt es bei den unbebauten Grundstücken nur 17,76 % Verlierer. Vergleichbare Dimensionen liegen bei den Eigentumswohnungen (18,44 %) und Einfamilienhäusern (23,01 %) vor. Bei den Zweifamilienhäusern verliert etwas mehr als ein Drittel (34,02 %). Fast genauso viele Gewinner wie Verlierer gibt es bei den

---

[58] Es ist erneut darauf hinzuweisen, dass für das Verkehrswertmodell nur die unbebauten Grundstücke und bestimmte Eigentumswohnungen, Ein- und Zweifamilienhäuser einbezogen wurden.

1. Teil: Steuerreform

Mietwohngrundstücken (49,90 %) und den Geschäftsgrundstücken (49,60 %). Die meisten Verlierer treten mit einem Anteil von 63,65 % bei den gemischt genutzten Grundstücken auf.

Im Kombinationsmodell ist der Anteil der Verlierer bei den unbebauten Grundstücken mit 96,27 % am höchsten. Danach ordnen sich die Zweifamilienhäuser mit 90,86 % Verlierern ein. Überdurchschnittliche Verliereranteile zeigen sich auch bei den gemischt genutzten Grundstücken (83,14 %) und den Mietwohngrundstücken (87,33 %). Bei Geschäftsgrundstücken bzw. Einfamilienhäusern liegen diese Anteile mit 71,24 % bzw. 75,46 % unter dem Durchschnitt von 79,15 %. Den geringsten Anteil an Verlierern weisen die Eigentumswohnungen auf; er liegt bei 65,96 %.

4.4.2. Aufkommensneutraler Hebesatz

Beim Äquivalenzmodell kann Aufkommensneutralität nur erreicht werden, wenn der derzeitige Hebesatz der Stadt Fürth von 555 % erhöht wird. Beim Kombinationsmodell hingegen muss der derzeitige Hebesatz gesenkt werden, da sich insgesamt die grundsteuerliche Bemessungsgrundlage erhöht. Während Aufkommensneutralität beim Äquivalenzmodell also für eine größere Zahl an Verlierern sorgen wird, wird diese beim Kombinationsmodell einen höheren Anteil an Gewinnern zur Folge haben.

Der aufkommensneutrale Hebesatz beim Äquivalenzmodell beträgt bei isolierter Betrachtung der bebauten Grundstücke und ohne Berücksichtigung des Wegfalls der Grundsteuer A 679,52 %, er muss also um 22,44 % erhöht werden. Für die bebauten Grundstücke hat dies zur Folge, dass sich über alle Grundstücke der Anteil der Verlierer auf 42,80 % erhöht. Während bei den Eigentumswohnungen bzw. den Einfamilienhäusern der Verliereranteil mit 28,92 % bzw. 32,71 % noch relativ gering bleibt, steigt er bei den Zweifamilienhäusern auf knapp die Hälfte (49,66 %) an und beträgt im Falle der Geschäftsgrundstücke bzw. Mietwohngrundstücke nun 57,37 % bzw. 60,42 %. Bei den gemischt genutzten Grundstücken zählen mit 72,37 % die meisten Grundstücke zu den Verlierern.

Beim Kombinationsmodell kann bei Aufkommensneutralität der Hebesatz auf 338,98 %, also um 38,92 %, gesenkt werden. Der gesamte Anteil der Verlierer beträgt dadurch nur noch 46,89 %. Die wenigsten Verlierer gibt es mit 36,98 % bei den Eigentumswohnungen und mit 38,49 % bei den Einfamilienhäusern. Auch bei den Geschäftsgrundstücken gibt es mit 47,88 % Verlierern nun mehr Gewinner. Bei den Zweifamilienhäusern (59,24 %), gemischt genutzten Grundstücken (62,59 %) und den Mietwohngrundstücken (63,81 %) liegen nach wie vor deutlich mehr Verlierer als Gewinner vor.

4.4.3. „Deckelung" der Belastung

Soll kein Bürger nach einer Grundsteuerreform höher als bisher belastet werden, kann dies nur zu einem Aufkommensverlust führen: Die Gewinner einer Reform zahlen den niedrigeren Betrag und bei den potenziellen Verlierern der Reform wird der Grundsteuerbetrag auf die bisherige Höhe „gedeckelt".

Durch die Höchstgrenze „bisherige Grundsteuerbelastung" kommt es beim Äquivalenzmodell, das bereits ohne „Deckelung" überwiegend Gewinner kennt, zu einem Aufkommensverlust von knapp 39 %, d. h. das Aufkommen nach der Reform beträgt ca. 61 % des Aufkommens vor der Reform. Die „Deckelung" greift bei knapp 32 %. Beim Kombinationsmodell, bei dem es relativ viele Verlierer gibt, liegt der Anteil der gedeckelten Grundstücke hingegen bei fast 80 %. Der Aufkommensrückgang beträgt ca. 15 %, fällt also weniger stark aus als beim Äquivalenzmodell.

4.5. Möglichkeiten der IT-gestützten Abwicklung des Besteuerungsverfahrens

Als Automatisierungshemmnisse lassen sich insbesondere drei Umstände identifizieren: Erstens erschweren nicht eindeutige und kontrollbedürftige Regelungen eine IT-gestützte Abwicklung des Besteuerungsverfahrens. Zweitens erweist es sich als nachteilig, wenn benötigte Informationen nicht (digital) vorliegen, Medienbrüche auftreten und die Daten häufig aktualisiert werden müssen. Drittens kann eine automatisierte Durchführung des Besteuerungsverfahrens dadurch erschwert werden, dass ein hoher Grad an Interaktion mit dem Steuerschuldner erforderlich ist.

Beurteilt man die drei Reformmodelle hinsichtlich dieser Automatisierungshemmnisse,[59] so zeigt sich, dass das Äquivalenzmodell am besten für eine automatisierte Durchführung geeignet ist, da die Regelungen grundsätzlich eindeutig und wenig kontrollbedürftig sind, die benötigten Informationen zumeist vorliegen und selten aktualisiert werden müssen und nur selten eine Interaktion mit dem Steuerschuldner nötig ist (z. B. beim Nachweis der niedrigeren Brutto-Grundfläche und hinsichtlich der Nutzungsanteile bei gemischter Nutzung). Bei den beiden anderen Modellen kann keine eindeutige Reihung vorgenommen werden. Während das Verkehrswertmodell weitgehend eindeutige und nicht kontrollbedürftige Regelungen aufweist und nur wenig Interaktion mit dem Steuerschuldner erforderlich ist, ist die Verfügbarkeit der Daten stark von den einzelnen Gutachterausschüssen abhängig. Darüber hinaus müssen die Informationen häufig aktualisiert werden. Demgegenüber lässt sich das Kombinationsmodell aufgrund der vorgesehenen Steueranmeldung durch einen hohen Grad an Interaktion mit dem Steuerpflichtigen charakterisieren. Die Steueranmeldung sorgt

---

[59] Siehe hierzu ausführlich Nehls, D., DG 2013, S. 209-212.

auch dafür, dass die Regelungen stark kontrollbedürftig, wenn auch eindeutig sind. Die Daten sind grundsätzlich verfügbar und weisen nur bei den Bodenrichtwerten einen etwas höheren Aktualisierungsbedarf auf.

5. Schlussfolgerungen

Die Auswirkungen einer Grundsteuerreform sind sehr weitgehend. Die Aufkommenseffekte lassen sich – zumindest rechnerisch – durch die Anpassung der Steuermesszahl und des Hebesatzes relativ leicht ausgleichen. Bei den Belastungswirkungen, die sehr unterschiedlich ausfallen, ist dies nicht so einfach möglich. Bei einer Reform der Grundsteuer ergibt sich deshalb ein hoher politischer Erklärungsbedarf. Es ist unvermeidbar, dass einzelne Betroffene stärker belastet werden, während andere entlastet werden.

Eine sofortige vollständige Automatisierung des Besteuerungsverfahrens ist zunächst nicht möglich. Unabhängig vom umgesetzten Reformmodell müssen viele Daten „händisch" ermittelt werden. Insoweit bietet es sich an Typisierungen einzusetzen, da sich der Anspruch auf „vollständige Exaktheit" nicht erfüllen lässt.

Es ist nicht auszuschließen, dass das Bundesverfassungsgericht die derzeitige Grundsteuer für verfassungswidrig erklären wird. Da bei der Anwendung eines neuen Modells der Grundsteuer von einem mehrjährigen Umstellungszeitraum auszugehen ist, erscheint eine zeitnahe Beschlussfassung der Politik geboten. Die derzeit bestehende ungleiche Bewertung der Grundstücke bildet allerdings keine Rechtfertigung für eine Erhöhung der Grundsteuer. Wenn es nach einer Reform dennoch zu einer Erhöhung des Grundsteueraufkommens kommt, liegt die Verantwortung nicht beim Bundesverfassungsgericht.

II. Reformoptionen bei der Erbschaftsteuer

Prof. Dr. Georg Crezelius, Universität Erlangen, Of Counsel Linklaters LLP, München

1. BVerfG v. 17.12.2014 22
2. Entwurf der Bundesregierung (ErbStG-E) 24
   2.1. § 13a ErbStG-E/Steuerbefreiung 24
   2.2. § 13b ErbStG-E/Begünstigungsfähiges Vermögen 28
   2.3. § 13c ErbStG-E/Verschonungsabschlag bei Großerwerben 31
   2.4. § 28a ErbStG-E/Verschonungsbedarfsprüfung 32

1. BVerfG v. 17.12.2014

Mit Urteil v. 17.12.2014 hat der 1. Senat des BVerfG die bisherigen erbschaft- und schenkungsteuerrechtlichen Begünstigungen für Unternehmensvermögen der §§ 13a, 13b i.V.m. § 19 ErbStG für **unvereinbar** mit dem GG erklärt.[1] Das derzeitige Recht ist allerdings bis zu einer Neuregelung durch den Steuergesetzgeber weiter anwendbar, wobei das Gericht dem Gesetzgeber eine Rückwirkungsmöglichkeit einräumt. Der Steuergesetzgeber ist verpflichtet, eine verfassungsgemäße Neuregelung des ErbStG spätestens bis zum **30.6.2016** zu treffen.

Obwohl das BVerfG das geltende Recht für verfassungswidrig hält, ist es von grundlegender Bedeutung, dass das derzeitige Verschonungssystem in **§§ 13a, 13b ErbStG prinzipiell verfassungskonform** ist. Ausgangspunkt ist dabei die Überlegung, dass der Steuergesetzgeber aufgrund der gesetzgeberischen Gestaltungsfreiheit frei ist, welche Sachverhalte, Personen oder Rechtsträger/Unternehmen gefördert und/oder verschont werden sollen. Das derzeitige Recht dient nach Auffassung des BVerfG legitimen Regelungszielen, und zwar deshalb, weil die steuerrechtliche Verschonung unentgeltlicher Erwerbe unternehmerischen Vermögens die Unternehmen vor Liquiditätsproblemen bewahren wollen. Nach allem kommt es durch §§ 13a, 13b ErbStG im Grundsatz nicht zu einem Verstoß gegen den Gleichheitssatz des Art. 3 Abs. 1 GG, und zwar auch nicht für die über die Optionsverschonung des § 13a Abs. 8 ErbStG eröffnete Möglichkeit einer kompletten Steuerbefreiung.

Einschränkend wird dann allerdings hinzugefügt, dass es zu einer unverhältnismäßigen und damit den Gleichheitssatz berührenden Ungleichbehandlung kommen könne, wenn unternehmerisches Vermögen „ohne Bedürfnisprüfung" weitgehend oder vollständig befreit werde und es sich dabei um Unternehmen handelt, welche die Größe kleiner oder mittlerer Unternehmen überschreiten.

Für **verfassungswidrig** hält das Gericht allerdings die **Lohnsummenregelung** in § 13a Abs. 1 S. 4 ErbStG, soweit Betriebe mit nicht mehr als 20 Beschäftigten von der Lohnsummenregelung befreit sind. Hier werde die Grenze einer zulässigen Typisierung überschritten, weil mehr als 90 % aller Betriebe in Deutschland nicht mehr als 20 Beschäftigte aufwiesen, so dass das Regel-Ausnahme-Verhältnis der gesetzgeberischen Entlastungsentscheidung faktisch in sein Gegenteil verkehrt werde.

---

[1] Vgl. BVerfG v. 17.12.2014 1 BvL 21/12, BStBl II 2015, S. 50; dazu Crezelius, G., ZEV 2015, S. 1; Hannes, F., ZEV 2015, S. 7; Kahle, H./Hiller, M./Eichholz, M., DStR 2015, S. 183; Landsittel, R., ZErb 2015, Beilage 1; Piltz, D. J., DStR 2015, S. 97; Reich, M., BB 2015, S. 148; Seer, R., GmbHR 2015, S. 113; Steger, C./Königer, S., BB 2015, S. 157.

Nach der geltenden Rechtslage sind der erbschaft- und schenkungsteuerrechtlichen Begünstigungen für Unternehmensvermögen davon abhängig, dass nicht eine Quote von 50 % (§ 13b Abs. 2 S. 1 ErbStG) bzw. beim Optionsmodell von 10 % (§ 13a Abs. 8 Nr. 3 ErbStG) sog. unproduktiven Verwaltungsvermögens überschritten wird. Zum **Verwaltungsvermögen** gehören dabei die in § 13b Abs. 2 S. 2 ErbStG beschriebenen Vermögensbestandteile, insbesondere an Dritte zur Nutzung überlassene Immobilien. Das BVerfG hält die Regelungen über das Verwaltungsvermögen für verfassungswidrig, weil gegen den Grundsatz der Verhältnismäßigkeit verstoßen werde. Das wird insbesondere damit begründet, dass unternehmerisches Vermögen mit einem Anteil von bis zu 50 % nicht produktiven Vermögens insgesamt in den Genuss des Verschonungsabschlags komme. Darin wird eine Überprivilegierung gesehen, vor allem deshalb, weil der sog. Verwaltungsvermögenstest einem Alles-oder-Nichts-Prinzip folgt, welches bei mehrstufigen Konzernstrukturen zu begünstigten Kaskadeneffekten führen kann.

Aus den dargestellten Überlegungen des BVerfG, die sich nur auf Teilbereiche des Regelungssystems beziehen, folgert das Gericht einen Verfassungsverstoß des gesamten Verschonungssystems der §§ 13a, 13b ErbStG, der dann auch den Tarif des § 19 Abs. 1 ErbStG und im Effekt das **Gesetz in toto** erfasst.

Was die von §§ 13a, 13b ErbStG begünstigten **Rechtsträger** angeht, so hält das BVerfG das geltende System für verfassungsgemäß. § 13b Abs. 1 ErbStG unterscheidet in Nrn. 2, 3 zwischen Anteilen an Personenunternehmen einerseits und an Kapitalgesellschaften andererseits. Im Ergebnis wird jeder Personengesellschaftsanteil im Grundsatz privilegiert, und zwar unabhängig von der Beteiligungshöhe. Anders liegt es bei kapitalgesellschaftsrechtlichen Beteiligungen. Sie sind nur dann Substrat der Begünstigungen, wenn der Erblasser oder der Schenker an dem Kapital der Gesellschaft zu mehr als 25 % beteiligt ist. Dieses „dualistische System" wird vom BVerfG für nicht beanstandungswürdig gehalten; dies folge aus der unterschiedlichen zivilrechtlichen Ordnungsstruktur der Rechtsformen.

Die Besonderheit der Entscheidung liegt in dem Umstand, dass einerseits eine **Weitergeltungsanordnung** getroffen ist, andererseits aber ausdrücklich darauf hingewiesen wird, dass die Anordnung der Fortgeltung verfassungswidriger Normen keinen Vertrauensschutz gegen eine auf den Zeitpunkt der Verkündung des Urteils bezogene rückwirkende Neuregelung begründet, die „einer exzessiven Ausnutzung gerade der als gleichheitswidrig befundenen Ausgestaltungen der §§ 13a und 13b ErbStG die Anerkennung versagt". Damit ist es dem Steuergesetzgeber erlaubt, „**exzessiven Ausnutzungen**" mit **Rückwirkung** auf den 17.12.2014 und dann im Wege einer echten Rückwirkung entgegenzutreten.

Das ErbStG ist nichtig, gilt aber bis zum 30.6.2016 weiter. Ein Eingriff des Steuergesetzgebers in bis zur Verkündung der Entscheidung verwirklichte Sachverhalte ist ausgeschlossen. Daraus folgt, dass die „Vergangenheit" erbschaft- und schenkungsteuerrechtlich abgeschlossen ist. Das gilt auch dann, wenn der Steuertatbestand zwar bis zur Entscheidung des BVerfG erfüllt ist, aber noch kein Steuerbescheid vorliegt. Zwar ist der vor negativen Änderungen schützende § 176 Abs. 1 S. 1 Nr. 1 AO nicht anwendbar. Weil allerdings das BVerfG die Unvereinbarkeitserklärung mit einer Weitergeltungsanordnung verknüpft hat, hat es den Steuerpflichtigen vor einer rückwirkenden Verschärfung geschützt.

Offen ist derzeit, wie sich die Rechtslage darstellen würde, wenn der Steuergesetzgeber bis zum 30.6.2016 **keine Neuregelung** trifft. Das Schrifttum ist einhellig der Auffassung, dass die Erbschaft- und Schenkungsteuer dann zum 30.6.2016 ausläuft, mithin nicht mehr erhoben werden kann.[2] Anders ist allerdings die Auffassung des beim BVerfG zuständigen Berichterstatters. Er hat auf öffentlichen Veranstaltungen mehrfach erklärt, dass dann das BVerfG im Wege einer Vollstreckungsanordnung tätig werden wird! Die sich daraus ergebenden grundlegenden Probleme des Gewaltenteilungssystems sollen hier nicht problematisiert werden.

2. Entwurf der Bundesregierung (ErbStG-E)

Am 2.6.2015 hat das BMF einen Referentenentwurf zur Anpassung des ErbStG an die Rechtsprechung des BVerfG vorgelegt. Am **8.7.2015** hat das Bundeskabinett den Entwurf mit einigen Änderungen gegenüber dem Referentenentwurf verabschiedet.[3]

Die geplanten Änderungen können anhand des vorgeschlagenen Gesetzestextes erläutert werden. Im Einzelnen:

2.1. § 13a ErbStG-E/Steuerbefreiung

§ 13a Abs. 1 ErbStG-E

Nach § 13a Abs. 1 ErbStG-E bleibt es bei der grundsätzlichen Verschonung von 85 % auf das begünstigte unternehmerische Vermögen. Der Unterschied zur bisherigen Rechtslage besteht allein darin – und das ist zu begrüßen – dass sich der Prozentsatz der Regelverschonung nicht mehr – gleichsam versteckt – in § 13b Abs. 4 ErbStG findet.

---

[2] Z. B. Crezelius, G., ZEV 2015, S. 1; Hannes, F., ZEV 2015, S. 7; Kahle, H./Hiller, M./Eichholz, M., DStR 2015, S. 183; Landsittel, R., ZErb 2015, Beilage 1; Piltz, D. J., DStR 2015, S. 97.
[3] Vgl. z. B. Korezkij, L., DStR 2015, S. 1649; Stalleiken, J./Kotzenberg, J., GmbHR 2015, S. 673; Wachter, T., DB 2015, S. 1368.

§ 13a Abs. 2 ErbStG-E

Beibehalten wird auch der sog. gleitende Abzugsbetrag. Der nach Anwendung von § 13a Abs. 1 ErbStG-E verbleibende Teil des begünstigten Vermögens bleibt außer Ansatz, soweit der Wert dieses Vermögens insgesamt EUR 150.000 nicht übersteigt. Der Abzugsbetrag von EUR 150.000 verringert sich, soweit der Wert dieses Vermögens insgesamt die Wertgrenze von EUR 150.000 übersteigt, um 50 % des diese Wertgrenze übersteigenden Betrags. Hinzuweisen ist auch darauf, dass der gleitende Abzugsbetrag innerhalb von 10 Jahren für von derselben Person anfallende Erwerbe nur einmal berücksichtigt werden kann.

§ 13a Abs. 3 ErbStG-E

Einer der Kernpunkte der (geplanten) Neuregelungen ist § 13a Abs. 3 ErbStG-E betr. die Lohnsumme innerhalb des begünstigten unternehmerischen Vermögens. Im ursprünglichen Entwurf war vorgesehen, dass die Lohnsummenregeln bei mehr als drei Beschäftigten eingreifen, aber bei 4-10 Beschäftigten eine verminderte Mindestlohnsumme anzuwenden ist. An der Grenze von mehr als drei Beschäftigten wird festgehalten. Die Zone einer verminderten Mindestlohnsumme wird von 3-10 erweitert. Darüber hinaus wird eine weitere Zone zwischen 10-15 Beschäftigten eingeführt, bei der ebenfalls abgemilderte Regelungen für die Mindestlohnsumme gelten. Erst ab mehr als 15 Beschäftigten müssen 400 % (Regelverschonung) oder 700 % (Optionsverschonung, § 13a Abs. 10 ErbStG-E) als Ausgangslohnsumme erreicht werden.

Mit den Änderungen der Lohnsummenregeln sollen die Vorgaben des BVerfG erfüllt werden, weil das BVerfG es für verfassungswidrig hält, dass nach bisheriger Rechtslage 90 % der Betriebe in Deutschland 20 und weniger Beschäftigte haben und damit die Lohn-summenkontrolle nicht stattfindet, was das Regel-/Ausnahmeverhältnis des Tatbestandes der Norm in sein Gegenteil verkehre.

Nicht unwichtig ist eine weitere Neuregelung in § 13a Abs. 3 S. 7 ErbStG-E, wonach Arbeitnehmer im Mutterschutz und Elternzeit, Langzeitkranke und Auszubildende bei der Bestimmung der Beschäftigtenzahl nicht mehr mitzählen. Entsprechend sollen die auch an diese Personen geleisteten Vergütungen unberücksichtigt bleiben.[4]

Liegt es im konkreten Sachverhalt so, dass der in Rede stehende Betrieb Beteiligungen an einer Personengesellschaft oder Kapitalgesellschaft hat, die ihren Sitz oder Geschäftsleitung im Inland oder in einem Staat der EU oder des EWR haben, dann sind die Lohnsummen und die Zahl der Beschäftigten dieser Gesellschaft nach § 13a Abs. 3 S. 11 ErbStG-E mit der Quote einzubeziehen, zu welcher die unmittelbare oder mittelbare Beteiligung besteht.

---

[4] Vgl. Korezkij, L., DStR 2015, S. 1649; anders noch H E 13a.4 Abs. 2 ErbStR.

§ 13a Abs. 4 ErbStG-E

§ 13a Abs. 4 ErbStG-E regelt das schon jetzt bekannte Feststellungsverfahren. Das für die Bewertung der jeweiligen wirtschaftlichen Einheit zuständige FA des § 152 Nrn. 1-3 BewG stellt die Ausgangslohnsumme, die Anzahl der Beschäftigten und die Summe der maßgebenden jährlichen Lohnsummen gesondert fest. Handelt es sich um einen Anteil an einer Kapitalgesellschaft, der nach § 11 Abs. 1 BewG bewertet wird, dann trifft die Feststellungen das zuständige FA entsprechend § 152 Nr. 3 BewG.

§ 13a Abs. 5 ErbStG-E

§ 13a Abs. 5 ErbStG-E entspricht § 13a Abs. 3 ErbStG des bisherigen Rechts, so dass es auch in Zukunft zu keiner Verschonung kommt, wenn der Erwerber das im Grundsatz begünstigte Vermögen aufgrund einer Verfügung von Todes wegen oder einer rechtsgeschäftlichen Verfügung des Erblassers oder Schenkers auf einen Dritten zu übertragen hat. Das gilt auch, wenn ein Erbe im Rahmen der Erbauseinandersetzung (zunächst) begünstigtes Vermögen auf einen Miterben überträgt.

§ 13a Abs. 6 ErbStG-E

§ 13a Abs. 6 ErbStG-E entspricht § 13a Abs. 5 ErbStG des bisherigen Rechts. Es geht dabei um die sog. Behaltetatbestände, mit denen sichergestellt werden soll, dass der begünstigte Erwerber nicht innerhalb einer Behaltefrist von fünf Jahren (Regelverschonung) oder von sieben Jahren (Optionsverschonung) „Kasse macht". Insofern kann auf die zu § 13a Abs. 5 ErbStG des geltenden Rechts entwickelte Dogmatik zurückgegriffen werden.[5]

§ 13a Abs. 7 ErbStG-E

Ein begünstigter Erwerber ist verpflichtet, dem Erbschaftsteuerfinanzamt innerhalb einer Frist von sechs Monaten nach Ablauf der Lohnsummenfrist das Unterschreiten der Mindestlohnsumme des § 13a Abs. 3 S. 1 ErbStG-E anzuzeigen. Handelt es sich um einen Sachverhalt, in dem einer der Behaltetatbestände des § 13a Abs. 6 ErbStG-E verwirklicht worden ist, dann ist der Erwerber verpflichtet, den entsprechenden Sachverhalt innerhalb eines Monats nach Verwirklichung des Tatbestandes anzuzeigen. Die Anzeige ist eine Steuererklärung im Sinne der AO, doch führt ihre Abgabe nicht unmittelbar zur Fälligkeit des Nachsteuerbetrags. Dieser ist vom Finanzamt zu ermitteln und dann festzusetzen. Erst aus diesem Steuerbescheid ergibt sich dann die Fälligkeit des Nachsteuerbetrages.[6]

---

[5] Z. B. Weinmann, N., in: Moench/Weinmann, ErbStG, 2015, § 13a Rz. 76 ff. m.N. aus der Rechtsprechung des BFH.

[6] Vgl. auch § 13a Abs. 6 S. 2 ErbStG-E

§ 13a Abs. 8 ErbStG-E

Soweit nicht inländisches Vermögen zum begünstigten Vermögen gehört, hat der Steuerpflichtige nachzuweisen, dass die Voraussetzungen für eine Steuerbefreiung im Zeitpunkt der Entstehung der Steuer und während der gesamten in § 13a Abs. 3-6 ErbStG-E genannten Zeiträume bestehen.

§ 13a Abs. 9 ErbStG-E

Das BVerfG hat in seiner Entscheidung vom 17.12.2014 zwar im Grundsatz toleriert, dass der Steuergesetzgeber unternehmerisches Vermögen erbschaft- und schenkungsteuerrechtlich verschonen kann, doch soll dies ohne Weiteres nur für kleine und mittlere Unternehmen gelten, nicht allerdings für Großunternehmen bzw. Großerwerb, bei denen das BVerfG eine Bedürfnisprüfung fordert. Dabei wird in der Entscheidung des BVerfG nicht klar, ob es bezüglich der geforderten Bedürfnisprüfung auf ein Großunternehmen und/oder einen Großerwerb anzukommen hat. Diese Unklarheit ist – vorsichtig formuliert – zumindest unbedacht, weil es erbschaftsteuersystematisch allein so liegen kann, dass es auf den individuellen Erwerb ankommt. Das deutsche Erbschaftsteuersystem ist kein Nachlasssteuersystem, es besteuert also nicht den Nachlass in toto, vielmehr handelt es sich um eine Erbanfallsteuer, bei der die individuelle Bereicherung des Erben oder des beschenkten maßgebend ist (§ 10 Abs. 1 ErbStG).

Von daher gesehen ist es steuersystematisch nachdrücklich zu unterstützen, dass der Entwurf zwar an den Vorgaben des BVerfG ansetzt, für die vom BVerfG verlangte Bedürfnisprüfung aber auf die individuelle Bereicherung abstellt.

Nach § 13a Abs. 9 S. 1 ErbStG ist das Regelsystem nicht anzuwenden, wenn der Erwerb des begünstigten Vermögens nach § 13b Abs. 2-8 ErbStG-E insgesamt 26 Mio. € übersteigt. Bei mehreren Erwerben innerhalb von zehn Jahren werden die früheren Erwerber mit ihrem früheren Wert dem Letzterwerb hinzugerechnet. Wird die Grenze von 26 Mio € durch mehrere innerhalb von zehn Jahren von derselben Person anfallende Erwerbe überschritten, dann entfällt die Steuerbefreiung für die bis dahin nach § § 13a Abs. 1, 10 ErbStG-E als steuerfrei behandelten früheren Erwerbe mit Wirkung für die Vergangenheit.

Nach § 13a Abs. 9 S. 5 ErbStG-E tritt an die Stelle des Betrags von 26 Mio. € ein Betrag von 52 Mio. €, wenn der Gesellschaftsvertrag (einer Personengesellschaft) oder die Satzung (einer Kapitalgesellschaft) Bestimmungen enthält, die

- die Entnahme oder Ausschüttung des steuerrechtlichen Gewinns nahezu vollständig beschränken, und
- die Verfügung über die Beteiligung einer Personengesellschaft oder den Anteil einer Kapitalgesellschaft auf Angehörige des § 15 Abs. 1 AO beschränken, und

- für den Fall des Ausscheidens aus der Gesellschaft eine Abfindung vorsehen, die erheblich unter dem gemeinen Wert der Beteiligung der Beteiligung an der Personengesellschaft oder des Anteils an der Kapitalgesellschaft liegt.

Dabei müssen diese Voraussetzungen zehn Jahre vor dem Zeitpunkt der Entstehung der Steuer vorliegen, und die Steuerbefreiung entfällt rückwirkend, wenn die Voraussetzungen nicht über einen Zeitraum von 30 Jahren nach dem Zeitpunkt der Entstehung der Steuer einbehalten werden.

§ 13a Abs. 9 ErbStG-E ist in jeder Hinsicht kritikwürdig: Zunächst ist zu fragen, warum es im Grundfall auf 26 Mio. € anzukommen hat. Äußerst problematisch sind auch die unbestimmten Rechtsbegriffe in § 13a Abs. 9 S. 5 ErbStG-E. Was ist eine „nahezu vollständige" Entnahme oder Ausschüttungsbeschränkung? Wann liegt eine Abfindung „erheblich unter dem gemeinen Wert"? Und wenn die Vorschrift letztlich zu einem Beobachtungszeitraum der gesellschaftsrechtlichen Restriktionen von 40 Jahren (!) führt, dann kann man aus zivilrechtlicher Sicht nicht nur den Kopf schütteln, weil derartige Bindungsfristen in aller Regel sittenwidrig und nichtig sind.[7] Wachter[8] weist auch zutreffend darauf hin, dass die Bindungs-fristen des § 13a Abs. 9 ErbStG-E nicht mit den Behaltetatbeständen des § 13a Abs. 6 ErbStG-E abgestimmt sind.

§ 13a Abs. 10 ErbStG-E

§ 13a Abs. 10 ErbStG-E regelt die sog. Optionsverschonung und entspricht im Grundsatz § 13a Abs. 8 ErbStG der bisherigen Rechtslage.

§ 13a Abs. 11 ErbStG-E

Wie im bisherigen Recht gelten die Neuregelungen für Fälle des § 1 Abs. 1 Nr. 4 ErbStG entsprechend. Dabei handelt es sich insbesondere um Familienstiftungen, die der Erbersatzsteuer unterfallen, wenn es sich denn um eine inländische Familienstiftung handelt.

2.2. § 13b ErbStG-E/Begünstigungsfähiges Vermögen

§ 13b Abs. 1 ErbStG-E

§ 13b Abs. 1 ErbStG-E umschreibt das (im Grundsatz) begünstigungsfähige Vermögen. Die Vorschriften entsprechen prinzipiell dem bisherigen Recht, doch wird nicht mehr auf § 15 Abs.3 Nr. 2 EStG verwiesen, so dass in Zukunft eine gewerblich geprägte Personengesellschaft trotz Anknüpfung des ErbStG-E an die ertragsteuerrechtliche Situation des § 15 EStG nicht mehr begünstigt ist. Anders liegt es, wenn es sich um eine

---

[7] Ebenso Wachter, T., DB 2015, S. 1368.
[8] A.a.O.

gewerblich geprägt Personengesellschaft des § 15 Abs. 3 Nr. 2 EStG, in der Sache also um eine vermögensverwaltende Personengesellschaft handelt, die ihrerseits begünstigungsfähige Beteiligungen an anderen Personengesellschaften oder begünstigungsfähige Anteile an Kapitalgesellschaften hält. Für den praktisch wichtigen Fall einer Betriebsaufspaltung sollte sich nichts ändern, da das Besitzunternehmen in einer Betriebsaufspaltungskonstellation einen eigenen Gewerbebetrieb unterhält.

Sollte es so liegen, dass die gewerblich geprägt Personengesellschaft neben den in § 13b Abs. 1 Nr. 2 S. 2 ErbStG-E erwähnten begünstigungsfähigen Beteiligungen weiteres, vermögensverwaltendes Vermögen hat, dann folgt aus dem „soweit", dass es im Endeffekt nur zu einer teilweisen Begünstigung kommt.

§ 13b Abs. 2 ErbStG-E

Handelt es sich um nach § 13b Abs. 1 Nr. 1 ErbStG-E begünstigtes Vermögen im Bereich der Land- und Forstwirtschaft, so ist die Summe aus dem Wert des Wirtschaftsteils des § 168 Abs. 1 Nr. 1 BewG und der Grundbesitzwerte für selbstbewirtschaftete Grundstücke (§ 159 BewG) maßgebend.

§ 13b Abs. 3 ErbStG-E

Wenn sich der Steuergesetzgeber entschließt, unternehmerisches Vermögen erbschaft- und schenkungsteuerrechtlich zu privilegieren, dann soll es sich auch tatsächlich um unternehmerisches Vermögen handeln, also nicht um Vermögen, welches in steuersystema-tischem Sinne als „verwaltetes Vermögen" zu beurteilen ist. Dieses Regelungsziel wird im bisherigen Recht durch den Begriff des Verwaltungsvermögens in § 13b Abs. 2 ErbStG verfolgt. Dabei besteht die Besonderheit darin, dass sowohl die Regelverschonung als auch die Optionsverschonung des § 13a Abs. 8 ErbStG einem Alles-oder-nichts-Prinzip folgen. Insbesondere in der Regelverschonung liegt es nach § 13b Abs. 2 S. 1 ErbStG so, dass das im Grundsatz nicht zu begünstigende Verwaltungsvermögen 50 % des Werts des unternehmerischen Substrats erreichen kann. Dies hält das BVerfG für verfassungswidrig, so dass der Steuergesetzgeber zu einer Neuregelung aufgerufen ist.

Nunmehr folgt der Entwurf einem gänzlich neuen Konzept. Nach § 13b Abs. 3 ErbStG-E gehören zum begünstigten Vermögen alle Teile des begünstigungsfähigen Vermögens, die dem „Hauptzweck" des begünstigten Rechtsträgers dienen. Nicht dem Hauptzweck dienen diejenigen Teile des begünstigten Vermögens, die ohne die eigentliche betriebliche Tätigkeit zu beeinträchtigen, aus dem Betriebsvermögen herausgelöst werden können. Wichtig – insbesondere vor dem Hintergrund des § 28a ErbStG-E – ist die Anordnung in § 13b Abs. 1 S. 3 ErbStG-E: Liegt kein begünstigtes Vermögen vor, so ist dieses nicht in die unternehmerischen Privilegierungen einbezogen, mithin regulär zu besteuern!

Der Hauptzweck muss entsprechend der Zielsetzung des Entwurfs eine originäre land- und forstwirtschaftliche, gewerbliche oder freiberufliche Tätigkeit sein, so dass in Bezug auf diese tätigkeitsbezogen Betrachtung an das Ertragsteuerrecht angeknüpft werden kann. Nach dem Entwurf genügt es nicht, wenn aufgrund der Rechtsform[9] Wirtschaftsgüter in den Bereich der gewerblichen Einkünfte einbezogen sind. In einer ersten Stufe ist zu ermitteln, ob der begünstigte Rechtsträger selbst einem gewerblichen oder freiberuflichen Hauptzweck dient. Das ist wohl so gemeint, dass das überwiegende Betriebsvermögen einer Gesellschaft zu gewerblichen oder freiberuflichen Zwecken eingesetzt wird.[10] Daraus dürfte im Umkehrschluss folgen, dass dann, wenn der überwiegende Teil des (formalen) Betriebsvermögens vermögensverwaltend eingesetzt wird, das komplette Vermögen des Rechtsträgers nicht begünstigt ist.

Im Übrigen wirft die Abgrenzung des begünstigten vom nichtbegünstigten Vermögens mit Hilfe der Hauptzweckprüfung zahlreiche praktische Fragen auf.[11]

§ 13b Abs. 4 ErbStG-E

Eine Sonderregel gilt für Zahlungsmittel, Geschäftsguthaben, Geldforderungen und andere Forderungen. Sie gehören zum begünstigten Vermögen, soweit ihr gemeiner Wert nach Abzug des gemeinen Werts der Schulden 20 % des anzusetzenden gemeinen Werts des Betriebsvermögens des Betriebs oder der Gesellschaft nicht übersteigt.

§ 13b Abs. 5 ErbStG-E

Der Wert der nach Anwendung der Finanzmittelregelung in § 13b Abs. 5 ErbStG-E verbliebenen Schulden und sonstigen Abzüge ist quotal im Verhältnis der Werte des begüns-tigten und des nichtbegünstigten Vermögens zueinander von dem Wert des begünstigten und des nichtbegünstigten Vermögens abzuziehen (Nettowert des begünstigten und des nichtbegünstigten Vermögens).

§ 13b Abs. 6 ErbStG-E

Vor dem Hintergrund, dass Unternehmen in aller Regel eine gewisse Quote formal nicht begünstigtes Vermögen haben, wird ein Anteil des nicht begünstigten Vermögens in Höhe von 10 % dem begünstigten Vermögen zugerechnet. Insoweit wird ein Nettowert des nichtbegünstigten Vermögens wie begünstigtes Vermögen behandelt. Das gilt allerdings nicht für sog. junges nichtbegünstigtes Vermögen, also solche Vermögensgegenstände, welche dem Betriebsvermögen noch keine zwei Jahre vor dem Stichtag zuzuordnen waren (§ 13b Abs. 6 S. 2 ErbStG-E).

---

[9] Vgl. § 8 Abs. 2 KStG
[10] Stalleiken, J./Kotzenberg, J., GmbHR 2015, S. 673.
[11] Kritisch daher Erkis, G., DStR 2015, S. 1409.

§ 13b Abs. 7 ErbStG-E

Hier geht es zwecks Verhinderung von Kaskadeneffekten um eine Verbundsvermögensaufstellung. Die Vermögen nachgeordneter Rechtsträger werden konsolidiert und direkt auf Eben des obersten Rechtsträgers erfasst. Das ist wohl so gemeint, dass die durchgerechneten anteiligen Einzelwirtschaftsgüter des § 13b Abs. 3 ErbStG-E und die mittelbar anteilig durchgerechneten Geldmittel (§ 13b. Abs. 4 ErbStG-E) in die Vermögensermittlung der per Erbfall oder Schenkung übergehenden Einheit aufzunehmen sind. Auch hier zeigt sich die Unpraktikabilität des Entwurfs, weil bei Konzernstrukturen die Verbundsvermögensaufstellung „eine nicht handhabbare Dimension"[12] annimmt.

§ 13b Abs. 8 ErbStG-E

Der Anteil des begünstigten Vermögens am gemeinen Wert des übergehenden Rechtsträger bestimmt sich nach dem Verhältnis des Nettowerts des begünstigten Vermögens zum Nettowert des gesamten Betriebsvermögens. Dabei ist der Nettowert des gesamten Betriebsvermögens die Summe der in § 13b Abs. 5 ErbStG-E geregelte Nettowerte. Der Anteil des begünstigten Vermögens am gemeinen Wert des Betriebs an einer Kapitalgesellschaft bestimmt sich nach dem Verhältnis des Nettowerts des begünstigten Vermögens zum Nettowert des gesamten Betriebsvermögens der Kapitalgesellschaft.

§ 13b Abs. 9 ErbStG-E

Es geht um ein spezielles Feststellungsverfahren bezüglich des Werts des begünstigten Vermögens, des nichtbegünstigten Vermögens, der Finanzmittel, des Saldos aus eingelegten und entnommenen Finanzmitteln, des jungen nichtbegünstigten Vermögens und der Schulden.

2.3. § 13c ErbStG-E/Verschonungsabschlag bei Großerwerben

§ 13c Abs. 1,2 ErbStG-E

Bei Überschreiten der Grenze für Großerwerbe nach § 13a Abs. 9 ErbStG-E besteht eine Antragsmöglichkeit auf Verringerung des Verschonungsabschlags von jeweils 1 % für je-de 1, 5 Mio. €, die der Wert des begünstigten Vermögens den Betrag von 26 Mio. € bzw. 52 Mio. € übersteigt. Das endet bei 116 Mio. €. Bis zu dieser Stelle verringert sich der Abschlag in der Regelverschonung von 60 % auf 26 % und bei der Optionsverschonung auf 40 % Wird die Grenze von 116 Mio. € überschritten, dann kommt es zu einem Sockelbetrag, der sich bei einer weiteren Erhöhung nicht mehr verändert. Im Er-gebnis führt das dazu, dass bei Erreichen und Überschreiten der Grenze von 116 Mio. € der

---

[12] Stalleiken, J./Kotzenberg, J., GmbHR 2015, S. 673.

Verschonungsabschlag nicht um 1 % sondern sogleich um 6 % fällt. Dabei handelt es sich offenbar um einen Rechenfehler im Entwurf[13].

§ 13c Abs. 3 ErbStG-E

Die Anwendung des § 13a Abs. 3-8 ErbStG-E wird angeordnet. Dabei werden mehrere Erwerbe innerhalb von zehn Jahren zusammengefasst. Eine Ausnahme gilt allerdings, wenn ein Antrag nach § 28a Abs. 1 ErbStG gestellt wird. Für die Praxis wichtig ist es, dass Anträge nach § 13c ErbStG-E nicht widerrufbar sind und einen Antrag nach § 28a ErbStG-E ausschließen.

§ 13c Abs. 4 ErbStG-E

Auch im Anwendungsbereich des § 13c ErbStG-E gelten die Regelungen auch für Konstellationen des § 1 Abs. 1 Nr. 4 ErbStG.

2.4. § 28a ErbStG-E/Verschonungsbedarfsprüfung

§ 28a Abs. 1 ErbStG-E

Die vollkommen neue Vorschrift knüpft an die Vorgaben der Entscheidung des BVerfG an und ist eine Sonderregelung im Kontext des § 13a Abs. 9 ErbStG-E. In einem konkreten Sachverhalt ist also (gedanklich) zunächst auf die Grundkonstellationen des §§ 13a, 13b ErbStG einzugehen. Sollte ein Großerwerb gemäß § 13a Abs. 9 ErbStG vorliegen, dann kann es entweder zu einem Verschonungsabschlag nach § 13c ErbStG-E kommen oder zur Anwendung der Sonderregeln des § 28a ErbStG-E.

Handelt es sich um einen Großerwerb, dann ist (!) die auf das begünstigte Vermögen entfallende Steuer auf Antrag des Erwerbers zu erlassen, soweit er nachweist, dass er persönlich nicht in der Lage ist, die Steuer aus seinem verfügbaren Vermögen des § 28a Abs. 2 ErbStG-E zu begleichen. Das gilt nicht, wenn der Erwerber aufgrund einer zivilrechtlichen Anordnung des Erblassers oder Schenkers das unternehmerische Vermögen auf eine Dritten zu übertragen hat. Das gilt auch, wenn es im Zuge der Erbauseinandersetzung so liegt, dass das begünstigte Vermögen auf eine Miterben übertragen wird.

Das maßgebende Tatbestandmerkmal des § 28a ErbStG ist der neue Begriff des „verfügbaren Vermögens", der in § 28a Abs. 2 ErbStG-E definiert wird.

§ 28a Abs. 2 ErbStG-E

Zu den verfügbaren Vermögen gehören 50 % der Summe der gemeinen Werte des

---

[13] Korezkij, L., DStR 2015, S. 1649.

1. Teil: Steuerreform

- mit der Erbschaft oder Schenkung zugleich übergegangenen Vermögens, welches nicht zum begünstigten Vermögen nach § 13b Abs. 2-8 ErbStG-E gehört und
- dem Erwerber im Zeitpunkt der Entstehung der Steuer gehörenden Vermögens, welches nicht zum begünstigten Vermögen nach § 13b Abs. 2-8 ErbStG-E gehört.

Die Umschreibung des verfügbaren Vermögens ist erstaunlich und steuersystematisch nicht stimmig. Im Einzelnen:

Da § 28a Abs. 2 ErbStG an § 13b Abs. 2-8 ErbStG anknüpft, heißt das im Klartext, dass diejenigen Vermögensgegenstände, die mangels „Hauptzweckbestimmung" nicht zum be-günstigten Vermögen nach § 13b Abs. 3 ErbStG-E gehören, als verfügbares, letztlich also als Privatvermögen behandelt werden und für die Steuerzahlung heranzuziehen sind. Das ist deshalb problematisch, weil es sich bei dem verfügbaren Vermögen dann auch um Vermögensgegenstände handelt, die in einem Gesellschaftsvermögen (Personengesellschaft, Kapitalgesellschaft) gebunden sind, die zivilrechtlich dem Erben oder Beschenkten nicht zugerechnet werden können und auf die er eventuell auch wegen der spezifisch gesellschaftsrechtlichen Situation keinen Zugriff im Wege einer Entnahme usf. nehmen kann.

Dass der Entwurf hier unsauber arbeitet zeigt auch der Wortlaut des § 28a Abs. 1 S. 1 ErbStG-E. Dort ist von „seinem verfügbaren Vermögen" die Rede. Hier könnte man auf den ersten Blick der Ansicht sein, dass diejenigen Vermögensgegenstände, die zivilrechtlich nicht dem Erwerber zugeordnet werden können, nicht als verfügbares Vermögen zu qualifizieren sind. § 28a Abs. 2 ErbStG-E zeigt dann aber, dass es auch um solche Vermögensgegenstände geht, die nicht in die zivilrechtliche Zuständigkeit des Erwerbers fallen.

Noch problematischer ist es, dass ein Erwerber 50 % desjenigen Vermögens einsetzen muss, das ihm zwar schon vor dem Erbfall oder der Schenkung zugestanden hat, welches aber nunmehr dahingehend zu überprüfen ist, ob es sich um begünstigtes oder nichtbegünstigtes Vermögen handelt. Letztlich kann man dies als eine verkappte Vermögensteuer qualifizieren.

Trotz dieser rechtssystematischen Bedenken eröffnet § 28a ErbStG-E ein gewisses Gestaltungspotential. Im Einzelfall wird man nämlich zu überlegen haben, ob man das im Grundsatz begünstigte Vermögen nicht auf solche Personen übergehen lässt, die über keinerlei Privatvermögen verfügen. Man kann sogar daran denken, den potentiellen Erben oder potentiell Beschenkten zum „Konsum zu veranlassen", damit er im Erbfall oder Schenkungsfall die Verschonungsbedarfsprüfung übersteht.

§ 28a Abs. 3 ErbStG-E

Es kommt zu einer Stundungsmöglichkeit bis zu sechs Monaten, wenn zunächst ein Kredit aufgenommen oder verfügbares Vermögen veräußert werden muss.

§ 28a Abs. 4 ErbStG-E

Der Steuererlass nach § 28a Abs. 1 S. 1 ErbStG-E steht unter der auflösenden Bedingung

- einer Lohnsummenpflicht,
- einer Behaltefrist und
- der Erwerber innerhalb von 10 Jahren nach dem Zeitpunkt der Entstehung der Steuer weiteres Vermögen unter Lebenden oder von Todes wegen unentgeltlich erhält, welches verfügbare Vermögen des § 28a Abs. 2 ErbStG-E darstellt. Dabei ist das verfügbare Vermögen um 50 % des gemeinen Werts des Weiteren erworbenen Vermögens zu erhöhen, so dass das hinzuerworbene Vermögen ebenfalls nicht voll einzusetzen ist.

Der letztgenannte Punkt ist überraschend und erbschaftsteuersystematisch angreifbar. § 28a Abs. 4 Nr. 3 ErbStG-E stellt nämlich nicht darauf ab, ob das weitere erworbene Vermögen und das weitere durch Schenkung oder von Todes wegen erworbene Vermögen von demselben Rechtssubjekt stammt, wie das zuvor in den Anwendungsbereich des § 28a ErbStG-E gelangende Vermögen.

§ 28a Abs. 5 ErbStG-E

Der Erwerber ist verpflichtet, den für die Erbschaftsteuer zuständigen FA innerhalb einer Frist von sechs Monaten nach Ablauf der Lohnsummenfrist bzw. in den Fällen des § 28a Abs. 4 S. 1 Nr. 2, 3 ErbStG-E innerhalb einer Frist von einem Monat das Vorliegen der jeweiligen Tatbestände anzuzeigen. Die Anzeige ist eine Steuererklärung im Sinne der AO.

§ 28a Abs. 6 ErbStG-E

Es geht um eine Sonderregelung zur Verjährung.

§ 28a Abs. 7 ErbStG-E

Wird kein Steuererlass gewährt, so kann die auf das begünstigte Vermögen des § 13b Abs. 2-8 ErbStG-E entfallende Steuer auf Antrag bis zu 10 Jahren gestundet werden, wobei die Stundung bei Erwerben von Todes wegen zinslos erfolgt.

§ 28a Abs. 8 ErbStG-E

Auch hier kommt es zu einer entsprechenden Anwendung für Fälle des § 1 Abs. 1 Nr. 4 ErbStG, insbesondere also für Familienstiftungen. Das ist deshalb interessant, weil eine Familienstiftung vielfach, insbesondere bei der Erstausstattung, über kein verfügbares Vermögen des § 28a Abs. 2 ErbStG-E verfügen wird.

§ 28a Abs. 9 ErbStG-E

§ 28a Abs. 9 ErbStG-E ist rechtstechnisch eine Konkurrenzregel im Verhältnis zu § 13c ErbStG-E. Es besteht keine Möglichkeit des Steuererlasses nach § 28a ErbStG-E, wenn ein Antrag nach § 13c ErbStG-E gestellt worden ist.

III. Reform der Erbschaftsteuer – eine Bestandsaufnahme

Prof. Dr. Ralf Maiterth, Humboldt-Universität zu Berlin

1. Einführung 38
2. Ermittlung der Erbschaftsteuerschuld 39
3. Das Urteil des Bundesverfassungsgerichts 40
4. Reformansätze 42
   4.1. Nachbesserung des geltenden Rechts (Referentenentwurf) 42
       4.1.1. Grundzüge des Referentenentwurfs 42
       4.1.3. Sonderregelung für Großerwerbe (§§ 28a u. 13c ErbStG-E) 47
       4.1.3. Kritik am Referentenentwurf 51
   4.2. Neukonzeption des Erbschaftsteuerrechts (Niedrigtarifmodell) 54
       4.2.1. Verbreiterung der Bemessungsgrundlage und Senkung der Steuersätze 54
5. Fazit 60

1. Einführung

Der erste Teil des Beitrags beschäftigt sich mit der von Seiten der Politik geplanten Reform des Erbschaftsteuerrechts. Der zweite Teil behandelt ein alternatives Erbschaftsteuerreformmodell. Dabei wird die gegenwärtige Steuerfreistellung von Betriebsvermögen aufgegeben und eine gleichmäßige erbschaftsteuerliche Belastung aller Vermögensarten etabliert. Zunächst einmal werden jedoch die wesentlichen Elemente des deutschen Erbschaftsteuerrechts dargestellt. Anschließend wird kurz auf das Urteil des Bundesverfassungsgerichts vom Dezember 2014 eingegangen. Dieses und nicht der Gestaltungswille des Gesetzgebers ist der Ausgangspunkt der anstehenden Erbschaftsteuerreform. Daran anschließend werden die beiden oben erwähnten Reformansätze präsentiert. Der Reformansatz des Gesetzgebers läuft auf eine Nachbesserung des geltenden Rechts hinaus und wurde im Referentenentwurf der Bundesregierung vom 1.6.2015 konkretisiert.[1] Ziel des Entwurfs ist es, das Erbschaftsteuergesetz an verfassungsrechtliche Vorgaben anzupassen. Als Alternative dazu wird ein Konzept präsentiert, das unter „Niedrigtarifmodell" firmiert. Dieses Modell hat die Verbreiterung der Bemessungsgrundlage durch die Abschaffung der Steuerprivilegien für Betriebsvermögen (und Grundvermögen) und im Gegenzug die Senkung der Steuersätze zum Inhalt. Dabei gilt das besondere Augenmerk einer möglichen Unternehmensgefährdung durch dieses Reformmodell. Der Beitrag endet mit einem kurzen Fazit.

---

[1] BMF, Referentenentwurf, 01.06.2015, https://www.bundesfinanzministerium.de/Content/DE/Downloads/Gesetze/2015-06-02-G-z-Anpassung-d-ErbStR-u-SchenkSt-a-d-Rspr-d-BVerfG.pdf?__blob=publicationFile&v=3, 16.12.2015.

2. Ermittlung der Erbschaftsteuerschuld

Die in Abbildung 1.III.1 dargestellte Ermittlung der Erbschaftsteuerschuld bleibt in ihrer Grundkonzeption auch zukünftig erhalten.

Nettovermögen zu Verkehrswerten
-    Nachlassverbindlichkeiten
+   Vorerwerbe (der letzten 10 Jahre)
-    sachliche Steuerbefreiungen (§§ 13-13c ErbStG)
-    persönliche Freibeträge (§§ 16 u. 17 ErbStG)
=   **steuerpflichtiger Erwerb**

Anwendung des Steuertarifs (§ 19 ErbStG)
-    sachliche Tarifermäßigung (§ 19a ErbStG)
-    Steuer auf Vorerwerbe
=   **Erbschaftsteuerschuld**

Abbildung 1.III.1: Ermittlung der Erbschaftsteuerschuld

Ausgangspunkt für die Ermittlung der Erbschaftsteuer (gleiches gilt für die Schenkungsteuer) ist das erworbene Nettovermögen. Nachfolgend wird nur noch von der Erbschaftsteuer gesprochen, gemeint ist aber auch die Schenkungsteuer. Ausgangspunkt für die Ermittlung der Erbschaftsteuer ist das gesamte Nettovermögen, das in Form von Betriebsvermögen, Grundvermögen oder übrigem Vermögen, welches bspw. im Privatvermögen gehaltene Wertpapiere umfasst, übertragen wird. Davon werden die Nachlassverbindlichkeiten abgezogen. Hinzu addiert werden die Vorerwerbe der letzten 10 Jahre. Dies erfolgt, um zu verhindern, dass durch Ausnutzen von Progressionseffekten und der mehrmaligen Inanspruchnahme der persönlichen Freibeträge die Steuerlast gesenkt werden kann. Damit wird alles zusammengerechnet, was innerhalb von 10 Jahren von einer Person als Schenkung oder Erbschaft bezogen wurde, und wie ein einziger Erwerb behandelt.

Das Hauptaugenmerk des Vortrags gilt den sachlichen Steuerbefreiungen der §§ 13-13c ErbStG, die bei der Ermittlung des steuerpflichtigen Erwerbs abgezogen werden. Dabei gibt es verschiedene Arten von Befreiungen. Die hier interessierende und vom Volumen mit Abstand am bedeutendste sachliche Steuerbefreiung ist die Steuerbefreiung von unternehmerischen Vermögen (Betriebsvermögen). Darunter fallen Einzelunternehmen, Mitunternehmeranteile an einer Personengesellschaft oder eine mindestens 25 %ige Beteiligung an einer Kapitalgesellschaft. Dabei spielt es keine Rolle, ob es sich um land- und forstwirtschaftliches, gewerbliches oder Vermögen aus selbstständiger Arbeit handelt.

Nach Abzug der sachlichen Steuerbefreiungen werden die persönlichen Freibeträge abgezogen. Diese sind nach dem Verwandtschaftsverhältnis gestaffelt. Beispielsweise besitzen Ehegatten einen Freibetrag von 500.000 € und Kinder von 400.000 €. Wenn dagegen fremde Dritte Vermögen erwerben, gilt nur noch ein Freibetrag von 20.000 €.

Die verwandtschaftliche Beziehung spielt auch beim Steuersatz eine entscheidende Rolle. Dieser ist progressiv ausgestaltet, so dass die Steuerschuld mit höherem Erwerb überproportional steigt. Für Betriebsvermögen gibt es die Tarifermäßigung des § 19a ErbStG. Diese greift immer dann, wenn Betriebsvermögen übertragen wird und dieses nicht steuerfrei gestellt ist. Das steuerpflichtige Betriebsvermögen unterliegt gem. § 19a ErbStG, vereinfacht gesprochen, immer dem günstigsten Steuersatz, also dem der Steuerklasse I. D. h. es erfolgt immer eine Besteuerung wie bei den engsten Angehörigen, selbst wenn das Betriebsvermögen auf einen fremden Dritten übertragen wird.

Zur Vermeidung einer Doppelbesteuerung wird die bereits auf die Vorerwerbe entrichtete Steuer abgezogen. Schließlich werden die Vorerwerbe zum aktuellen Erwerb hinzuaddiert, und eine Steuerakkumulation ist nicht beabsichtigt. Als Ergebnis ergibt sich die Erbschaftsteuer- respektive Schenkungsteuerschuld.

3. Das Urteil des Bundesverfassungsgerichts

Das Bundesverfassungsgericht wurde vom Bundesfinanzhof angerufen, da dieser die derzeit bestehende Steuerfreistellung von Betriebsvermögen für verfassungswidrig einstuft.[2] Das Bundesverfassungsgericht hat in seinem Beschluss vom 17.12.2014 festgestellt, dass eine Steuerfreistellung von Betriebsvermögen grundsätzlich zulässig ist.[3] Jedoch sind die §§ 13a und 13b ErbStG, dies sind die Rechtsnormen im Erbschaftsteuerrecht, welche die augenblickliche Steuerbefreiung von Betriebsvermögen regeln, verfassungswidrig ausgestaltet. Das Bundesverfassungsgericht betont in seinem Beschluss, dass Unternehmensübertragungen von Liquiditätsproblemen verschont werden sollten, um Arbeitsplätze nicht zu gefährden. Damit übernimmt das Bundesverfassungsgericht das klassische Argument zugunsten einer Verschonung von Betriebsvermögen, welches auch ernst zu nehmen ist. Da die Übertragung von Betriebsvermögen

---

[2] BFH vom 27.09.2012 II R 9/11, BStBl II 2012, S. 899.
[3] BVerfG vom 17.12.2014 1 BvL 21/12, BStBl II 2015, S. 50.

in vielen Fällen nicht gänzlich unproblematisch vonstattengeht, soll nicht auch noch steuerbedingt eine nicht verkraftbare Liquiditätsbelastung hinzutreten. Es soll verhindert werden, dass ein Unternehmen beispielsweise verkauft oder übermäßig fremdfinanziert werden muss.

Das Bundesverfassungsgericht hat die erbschaftsteuerlichen Verschonungsregeln für Betriebsvermögen dahingehend geprüft, ob sie geeignet, erforderlich, und verhältnismäßig sind. Das Bundesverfassungsgericht erkennt zu Recht, dass Liquiditätsprobleme vermieden werden, wenn Betriebsvermögen steuerfrei gestellt wird. Damit ist eine Steuerfreistellung von Betriebsvermögen zweifelsfrei geeignet, Unternehmen vor Liquiditätsproblemen zu bewahren.

Fraglich ist dagegen, ob eine Steuerfreistellung auch tatsächlich erforderlich ist, um das angestrebte Ziel „Vermeidung von Liquiditätsproblemen" zu erreichen. Nach Auffassung des Bundesverfassungsgerichts *„ist kein Weg erkennbar, auf dem die Schonung der Liquidität ... gleich wirksam, zugleich aber unter geringerer Benachteiligung der Erwerber nicht begünstigten Vermögens erreicht werden könnte".*[4] Dies soll anschließend einer Prüfung unterzogen werden, welche zeigen wird, dass eine Steuerbefreiung von Betriebsvermögen keineswegs erforderlich ist. Interessant ist weiterhin die Auffassung des Bundesverfassungsgerichts, wonach der Gesetzgeber eine Unternehmensgefährdung annehmen darf, ohne dass es dafür einer empirischen Evidenz bedarf.[5] Tatsächlich ist es jedoch eine empirische Frage, ob eine so weitgehende Steuervergünstigung wie eine Steuerbefreiung tatsächlich geboten ist, um eine Unternehmensgefährdung zu vermeiden. Wie hoch werden Unternehmensübertragungen von der Erbschaftsteuer belastet und ist dies unternehmensgefährdend? Dies ist gerade deshalb so bedeutsam, weil eine Steuerbefreiung von Betriebsvermögen enorme Belastungsunterschiede zwischen freigestelltem bzw. weitgehend freigestelltem Betriebsvermögen und dem restlichen voll versteuerten Vermögen zur Folge hat. Interessanterweise betont auch das Bundesverfassungsgericht diese *„strukturelle Zweiteilung"* der Erbschaftsteuer und hält daher eine strenge Verhältnismäßigkeitsprüfung für angezeigt.[6] Es verweist in diesem Zusammenhang auf die Daten der Erbschaftsteuerstatistik zwischen 2009 und 2012, wonach insgesamt 206 Milliarden an Vermögen steuerwirksam übertragen wurden, wovon 34,2 % und damit mehr als ein Drittel steuerfrei gestellt war.[7] Dies führt zwangsläufig zu einer entsprechend höheren Belastung für das nicht freigestellte Vermögen.

---

[4] BVerfG vom 17.12.2014 1 BvL 21/12, BStBl II 2015, S. 50, Rz. 140.
[5] BVerfG vom 17.12.2014 1 BvL 21/12, BStBl II 2015, S. 50, Rz. 144.
[6] BVerfG vom 17.12.2014 1 BvL 21/12, BStBl II 2015, S. 50, Rz. 130 f.
[7] BVerfG vom 17.12.2014 1 BvL 21/12, BStBl II 2015, S. 50, Rz. 100.

Nach Auffassung des Bundesverfassungsgerichts hält die gegenwärtige erbschaftsteuerliche Verschonung von Betriebsvermögen jedoch aus mehreren Gründen der erforderlichen strengen Verhältnismäßigkeitsprüfung nicht stand.[8] Anders als kleine und mittlere Unternehmen sind große Unternehmen nach Auffassung des Bundesverfassungsgerichts nur zu verschonen, wenn eine Bedürftigkeit vorliegt. Auch die gegenwärtigen Regelungen zum Verwaltungsvermögen stuft das Gericht als gleichheitswidrig ein. Diese betreffen die Abgrenzung zwischen betriebsnotwendigem i.S.v. produktivem Vermögen, welches verschont werden soll, und nicht betriebsnotwendigem i.S.v. nichtproduktivem Vermögen. Eine klare Abgrenzung ist generell unmöglich, da es in vielen Fällen nicht gelingt festzustellen, welches Vermögen produktiv und welches nicht produktiv eingesetzt wird; dies unterscheidet sich bezogen auf einzelne Wirtschaftsgüter allein schon nach dem Unternehmenszweck. Auch die bestehende Lohnsummenregelung, die sicherstellen soll, dass Arbeitsplätze erhalten bleiben, wird als gleichheitswidrig eingestuft. Schließlich verstößt die Gestaltunganfälligkeit des geltenden Rechts gegen den Gleichheitssatz.

Das Bundesverfassungsgericht lässt dem Gesetzgeber zwei Optionen. Entweder bessert er das geltende Recht umfassend nach oder er konzipiert das Erbschafts- und Schenkungsteuergesetz grundsätzlich neu.

4. Reformansätze

4.1. Nachbesserung des geltenden Rechts (Referentenentwurf)

4.1.1. Grundzüge des Referentenentwurfs

Der Gesetzgeber hat sich – zumindest bislang – für die Variante „Nachbesserung" entscheiden. Dies hat seinen Niederschlag in einem dezidiert ausgearbeiteten Referentenentwurf gefunden. Neben umfangreichen Änderungen bei §§ 13a, 13b ErbStG kommen ein neuer § 13c ErbStG-E (der derzeitige § 13c ErbStG wird zu § 13d ErbStG-E) und ein § 28a ErbStG-E hinzu. Sämtliche Änderungen bzw. neue Paragraphen sind sehr umfangreich sowie alles andere als einfach verständlich. Ein Beitrag zur Steuervereinfachung liegt zweifellos nicht vor.

Bei seinem Reformansatz „Nachbesserung des geltenden Rechts" hält sich der Gesetzgeber weitgehend an die vom Bundesverfassungsgericht vorgegebene „Roadmap" für eine derartige Reform. Danach darf eine Steuerfreistellung ohne Bedürftigkeitsprüfung nur für kleine und mittlere Unternehmen gewährt werden, die in personeller Verantwortung geführt werden. Jenseits kleiner und mittlerer Unternehmen ist eine Bedürf-

---

[8] BVerfG vom 17.12.2014 1 BvL 21/12, BStBl II 2015, S. 50, Rz. 155 ff.

nisprüfung vorzunehmen. Zudem ist die Steuerfreiheit zielgenau auf Produktivvermögen zu beschränken und die Lohnsummenregelung nachzubessern.

Der Referentenentwurf sieht insbesondere Folgendes vor:

§§ 13a, 13b ErbStG bleiben vom Grundsatz und in ihrer Struktur unangetastet. Sie erfahren aber eine umfangreiche Modifikation.

Die Abgrenzung von begünstigtem und nicht-begünstigtem Vermögen wird neu geregelt.

Die Freistellung von der Lohnsummenregelung gilt nur noch für Kleinstunternehmen.

In Gestalt von §§ 13c und 28a ErbStG-E kommen zwei neue Rechtsnormen hinzu, welche die Verschonung von Großunternehmen zum Inhalt haben.

§ 28a ErbStG-E regelt die Verschonungsbedarfsprüfung.

§ 13c ErbStG-E sieht alternativ dazu ein Abschmelzmodel vor.

Das Hinzufügen neuer Paragraphen zeigt, dass eine Steuervereinfachung nicht zu erwarten ist. Im Gegenteil: Das ohnehin schon komplizierte Erbschaftsteuerrecht wird noch komplizierter. Dies ist eine Folge der nun auch vorgenommenen Differenzierung zwischen Klein- und Mittelerwerben auf der einen und Großerwerben auf der anderen Seite.

Die Steuermehreinnahmen schätzt der Gesetzgeber auf rund 200 Mio. €, was angesichts des derzeitigen Erbschaftsteueraufkommens i. H. v. 5,4 Mrd. € (Stand 2014) nur einen geringfügigen Anstieg bedeutet.

Alternativen zur im Referentenentwurf angedachten Modifizierung des Erbschaftsteuergesetzes sieht der Gesetzgeber keine.

Im Rahmen der 85 %igen Regelverschonung gilt bislang das gesamte Betriebsvermögen als begünstigtes Betriebsvermögen, wenn das Verwaltungsvermögen nicht mehr als die Hälfte des gesamten Betriebsvermögens ausmacht; es handelt sich also um eine „alles-oder nichts-Regelung" hinsichtlich des als schädlich eingestuften (nichtproduktiven) Verwaltungsvermögens. Zum Verwaltungsvermögen rechnen zum Beispiel vermietete Grundstücke, Wertpapiere, Anteile an Kapitalgesellschaften (Beteiligungsquote < 25 %) und unter gewissen Einschränkungen Forderungen. Geldvermögen u. ä. Verwaltungsvermögen wird grundsätzlich als unschädlich angesehen, wenn es nicht mehr als 50 % des gesamten Betriebsvermögens ausmacht. Bei der Optionsverschonung (100 %ige Steuerfreistellung) darf das Verwaltungsvermögen nicht mehr als 10 % des gesamten Betriebsvermögens ausmachen. In diesem Fall wird das gesamte Betriebsvermögen steuerfrei gestellt, unabhängig davon, ob es Verwaltungsvermögen darstellt oder nicht.

Diese Verwaltungsvermögensregel hat das Bundesverfassungsgericht u. a. wegen der damit verbundenen „alles-oder nichts-Regelung" kritisiert.[9] Bei einem Verwaltungsvermögen in Höhe von 50 % gilt das gesamte Vermögen als begünstigtes Betriebsvermögen, während bei einer Verwaltungsvermögenquote von bspw. 51 % auch die 49 % Produktivvermögen nicht verschont werden.

4.1.2. Ermittlung des begünstigten Betriebsvermögens

Auf diese Kritik hat der Gesetzgeber dahingehend reagiert, dass grundsätzlich nur noch Wirtschaftsgüter begünstigt werden, die überwiegend (zu mehr als 50 %) dem Hauptzweck des Unternehmens dienen (produktives Vermögen). Der Hauptzweck muss eine originäre land- und forstwirtschaftliche, gewerbliche oder freiberufliche Tätigkeit sein, wobei die ertragsteuerrechtliche Einordnung maßgeblich ist.[10] Damit zählen auch Wirtschaftsgüter von Unternehmen, die Vermögensverwaltung mit einem in kaufmännischer Weise eingerichteten Geschäftsbetrieb betreiben, zum begünstigten Vermögen. Als Beispiel seien Private Equity Unternehmen, die oftmals auch als „Heuschrecken" bezeichnet werden, genannt. Diese sammeln, vereinfacht gesprochen, Geld von ihren Anteilseigner ein, das sie gewinnbringend anlegen, z. B. indem sie Unternehmen kaufen und anschließend ganz oder in Teilen wieder verkaufen bzw. zuerst sanieren und dann verkaufen, was häufig mit einem Verlust von Arbeitsplätzen einhergeht. Auch Wohnungsunternehmen mit einem erheblichen Bestand an Immobilien (> 300) gelten einkommensteuerlich als gewerbliche Unternehmen. In diesem Fall rechnet der Immobilienbestand zum begünstigten Vermögen, obwohl vermietetes Grundvermögen grundsätzlich als nicht-produktives Vermögen gilt.[11] Gleiches gilt im Fall des so genannten „gewerblichen Grundstückshandels". Dieser liegt vor, wenn Immobilienbesitzer innerhalb einer gewissen Zeit drei ihrer Immobilien veräußern. In diesem Fall erzielen sie Einkünfte aus Gewerbebetrieb, und ihre Immobilien dienen dem unternehmerischen Hauptzweck und gelten damit als begünstigtes Vermögen.

Zudem ergeben sich aus dem Kriterium „Hauptzweck des Unternehmens" mannigfaltige Abgrenzungsprobleme. Dieser kann unternehmensindividuell höchst unterschiedlich ausfallen, so dass Wirtschaftsgüter in einem Fall begünstigtes und in einem anderen Fall nicht-begünstigtes Vermögen darstellen. So ist der Bedarf an Liquidität im

---

[9] BVerfG vom 17.12.2014 1 BvL 21/12, BStBl. II 2015, S. 50, Rz. 251.

[10] Vgl. BMF, Referentenentwurf, 01.06.2015, https://www.bundesfinanzministerium.de/Content/DE /Downloads/Gesetze/2015-06-02-G-z-Anpassung-d-ErbStR-u-SchenkSt-a-d-Rspr-d-BVerfG.pdf?__blob= publicationFile&v=3, S. 24, 01.06.2015.

[11] Vgl. BMF, Referentenentwurf, 01.06.2015, https://www.bundesfinanzministerium.de/Content/DE /Downloads/Gesetze/2015-06-02-G-z-Anpassung-d-ErbStR-u-SchenkSt-a-d-Rspr-d-BVerfG.pdf?__blob= publicationFile&v=3, S. 27, 01.06.2015.

Handel beispielsweise deutlich höher als im Bergbau.[12] Von daher sind Streitigkeiten bei der Abgrenzung des produktiven Vermögens vorprogrammiert, was die zahlreichen Beispiele auf den Seiten 26 ff. des Referentenentwurfs belegen. Um diese Abgrenzungsprobleme etwas abzumildern, gelten Wirtschaftsgüter, die aus dem Unternehmen herausgelöst werden können, ohne die eigentliche betriebliche Tätigkeit zu beeinträchtigen, als Bestandteil des nicht-begünstigten Vermögens. Ob dies wirklich hilfreich ist, darf bezweifelt werden. Hier stellt sich die Frage, wann eine Beeinträchtigung der betrieblichen Tätigkeit vorliegt und welche Wirtschaftsgüter die betriebliche Tätigkeit nicht berühren.

Wie bisher gelten Finanzmittel (z. B. Zahlungsmittel und Forderungen), soweit sie die Schulden des Unternehmens übersteigen, bis in Höhe von 20 % des Eigenkapitals als begünstigtes Betriebsvermögen (§ 13b Abs. 4 ErbStG-E).

Nachdem die begünstigten und nicht-begünstigten Aktiva identifiziert worden sind, werden die Schulden des Unternehmens quotal zugeordnet. Wenn beispielsweise 70 % der Aktiva als produktives und damit begünstigtes Vermögen und 30 % als nicht-begünstigtes Vermögen gelten, dann werden 70 % der unternehmerischen Schulden dem produktiven (Aktiv-)Vermögen zugeordnet, um das begünstigte Nettovermögen zu erhalten. Die verbleibenden 30 % der Schulden werden dem nicht-begünstigten Vermögen zugerechnet.

Nicht-begünstigtes Nettobetriebsvermögen bis in Höhe von 10 % des begünstigten Nettovermögens wird dem begünstigtem Nettovermögen zugeordnet (Freibetrag gem. § 13b Abs. 6 ErbStG-E). Damit wird Vermögen, das an sich unproduktiv ist, bis in Höhe von 10 % des produktiven Vermögens wie Produktivvermögen behandelt. Als Ergebnis erhält man das begünstigte Betriebsvermögen.

Die Regelverschonung, welche 85 % des begünstigten Betriebsvermögens steuerfrei stellt, bleibt erhalten. Gleiches gilt für den abschmelzenden Freibetrag in Höhe von 150.000 €. Jedoch betrifft die Regelverschonung anders als bisher nicht das gesamte Betriebsvermögen inkl. des nicht-produktiven Verwaltungsvermögens, sondern sie wird nur auf das begünstigte Betriebsvermögen angewendet.

Der Referentenentwurf sieht eine bislang unbekannte Voraussetzung vor, welche an die Unternehmensgröße anknüpft. Um den Vorgaben des Bundesverfassungsgerichts Rechnung zu tragen, wonach nur kleine und mittlere Unternehmen ohne Bedürftigkeitsprüfung begünstigt werden dürfen, enthält § 13a Abs. 9 ErbStG-E eine KMU-Regelung. Der Gesetzgeber hat sich für eine Freigrenzenregelung entschieden, wonach ein Erwerber, der begünstigtes Betriebsvermögen bis in Höhe von 20 Mio. € erwirbt, die

---

[12] Jedoch wird der begünstigte Teil der Finanzmittel, zu denen die liquiden Mittel rechnen, wie bisher typisierend ermittelt (§ 13b Abs. 4 ErbStG-E).

Verschonungsregelungen ohne weiteres anwenden darf. Übersteigt der Wert des erworbenen Betriebsvermögens den Wert von 20 Mio. €, kommt es zur Bedürftigkeitsprüfung des § 28a ErbStG-E. Alternativ dazu wird auf Antrag § 13c ErbStG-E angewendet. Die 20 Mio. €-Grenze bezieht sich nicht auf das Netto-Betriebsvermögen (Eigenkapital zu Marktwerten) des übertragenen Unternehmens insgesamt, sondern auf den davon auf einen Erwerber übertragenen Teil des Unternehmens. Wird beispielsweise eine Personengesellschaft mit einem Marktwert in Höhe von 200 Mio. € zu gleichen Teilen auf 10 Erwerber übertragen, dann erhält jeder Erwerber Betriebsvermögen in Höhe von 20 Mio. € und es liegt gemäß § 13a Abs. 8 ErbStG-E der Erwerb eines mittelständischen Unternehmens vor. Wie bei der Berücksichtigung von Vorerwerben werden Erwerbe innerhalb von 10 Jahren zusammengerechnet, um Steuervorteile aus einem sukzessiven Übertragen von Betriebsvermögen zu verhindern.

Die 20 Mio. €-Grenze verdoppelt sich auf 40 Mio. € im Fall von Verfügungs- oder Entnahmebeschränkungen, die in der Unternehmenspraxis häufig anzutreffen sind. Dieser Punkt ist zwischen der Unternehmenspraxis und der Politik seit langem strittig, weil derartige Verfügungsbeschränkungen bei der Bewertung nicht zu berücksichtigen sind (§ 9 BewG), und derartige Beschränkungen deshalb bislang erbschaftsteuerlich unberücksichtigt bleiben. Gemäß § 13a Abs. 9 ErbStG-E müssen die dort adressierten weitreichenden Entnahme- und Verfügungsbeschränkungen bereits mindestens 10 Jahre vor dem Erwerb gelten und nach dem Erwerb weitere 30 Jahre Gültigkeit besitzen.

Für die Lohnsummenregelung im Rahmen der Regelverschonung gilt nach wie vor der Fünfjahreszeitraum. Das heißt, in den ersten fünf Jahren nach der Übertragung eines Unternehmens müssen mindestens 400 % der Ausgangslohnsumme erhalten bleiben, um die Regelverschonung ungemildert in Anspruch nehmen zu können. Derzeit gilt diese Regelung nur, wenn ein Unternehmen mehr als 20 Beschäftigte besitzt. Diese 20-Beschäftigen-Grenze ist aus Sicht des Bundesverfassungsgerichts deutlich zu hoch, weil die weit überwiegende Anzahl der Unternehmen nicht mehr als 20 Personen beschäftigt und daher von der Lohnsummenregelung nicht betroffen ist. Als Antwort darauf sieht der Referentenentwurf eine Grenze von drei Arbeitnehmern vor, bis zu der die Lohnsummenregelung keine Anwendung findet. Bei zwischen vier und zehn Arbeitnehmern müssen 250 % der Ausgangslohnsumme erhalten bleiben und bei über zehn Arbeitnehmern bleibt es bei den 400 % der Ausgangslohnsumme. Ob diese Regelung verfassungskonform ist, wird sich zeigen.

Unverändert geblieben ist die Behaltefrist von fünf Jahren. Die 85 %ige Regelverschonung bleibt erhalten, wenn das erworbene Unternehmen innerhalb von fünf Jahren nach Übertragung nicht verkauft wird. Bei einem Verkauf innerhalb von fünf Jahren fällt die Verschonung nicht gänzlich weg, sondern sie wird nur quotal gekürzt. Wenn beispielsweise im letzten Jahr des 5-Jahres-Zeitraums veräußert wird, entfällt rückwirkend ein Fünftel der 85 %-igen Steuerfreistellung.

Neben der Regelverschonung ist nach wie vor die sogenannte Optionsverschonung vorgesehen. Dabei werden auf Antrag des Steuerpflichtigen nicht 85 %, sondern 100 % des Betriebsvermögens freigestellt. Dies ist an zusätzliche Voraussetzungen geknüpft. Gegenwärtig darf das Verwaltungsvermögen nicht mehr als 10 % (statt 50 % bei der Regelverschonung) des gesamten Betriebsvermögens ausmachen. Dagegen sieht der Referentenentwurf hier keine Einschränkung vor, da grundsätzlich ohnehin nur noch produktives Betriebsvermögen begünstigt wird. Wie bislang beinhaltet auch der Referentenentwurf eine verschärfte Lohnsummenregelung. Die 5-Jahres-Frist der Regelverschonung verlängert sich auf sieben Jahre, und die zu erhaltende Lohnsumme fällt höher aus. Wie bei der Regelverschonung tritt eine differenziertere Regel an die Stelle der 20-Mitarbeiter-Grenze. Ab zehn Arbeitnehmern bleibt alles beim Alten, bei zwischen vier und zehn Arbeitnehmern müssen 500 % der Ausgangslohnsumme erreicht werden. Bei drei und weniger Arbeitnehmern ist die Lohnsummenregelung unbeachtlich.

4.1.3. Sonderregelung für Großerwerbe (§§ 28a u. 13c ErbStG-E)

Die Regel- und Optionsverschonung gelten nur bis zu einem Erwerb in Höhe von 20 Mio. €. Höhere Erwerbe unterliegen dem Grunde nach der vollen Erbschaftsteuer. Jedoch gibt es die Verschonungsbedarfsprüfung des § 28a ErbStG-E. Diese besagt, dass die ungeminderte Erbschaftsteuer auf Betriebsvermögen nur anfällt, soweit der Erwerber diese auch tragen kann. Um in den Genuss der erbschaftsteuerlichen Verschonung zu kommen, muss der Steuerpflichtige den Nachweis erbringen, dass er die Steuer nicht aus seinem „verfügbaren Vermögen" begleichen kann. Verfügbares Vermögen ist in § 28 ErbStG-E definiert als erworbenen oder bereits im Besitz befindliches nichtbegünstigtes Vermögen (nicht-begünstigtes Betriebsvermögen und Privatvermögen). Von diesem nicht-begünstigten Vermögen gilt die Hälfte als für Steuerzahlungszwecke verfügbar. Soweit dieses Vermögen zur Begleichung der Erbschaftsteuer auf das begünstigte Betriebsvermögen nicht ausreicht, wird die Erbschaftsteuer erlassen. Auch hier gilt eine 10-Jahres-Frist, wonach Erwerbe innerhalb von zehn Jahren zusammengerechnet werden. Das nicht-begünstigte Vermögen eines Schenkers, das nicht mitübertragen wird, spielt keine Rolle, so dass hier Gestaltungsspielraum besteht. So kann ein Unternehmen im Wert von 100 Mio. € trotz nicht-begünstigten Vermögens des Schenkers in beliebiger Höhe vollkommen steuerfrei übertragen werden, sofern der Erwerber über kein nicht-begünstigtes Vermögen verfügt. Eine Übertragung des nichtbegünstigten Vermögens des Schenkers nach der 10-Jahres-Frist ist für die Steuerfreiheit des erworbenen Betriebsvermögens unschädlich. Der Erlass der Erbschaftsteuer nach § 28a ErbStG-E steht unter dem Vorbehalt, dass die Ausgangslohnsumme von 700 % in den sieben der Übertragung folgenden Jahren erhalten bleibt und das Unternehmen sieben Jahre lang nicht verkauft wird (§ 28a Abs. 4 Nr. 1 und 2 ErbStG-E). Andernfalls entfällt der Steuererlass anteilig. Diese Verschonungsbedarfsprüfung wird auch „Hartz IV für Reiche" genannt, weil, wie im Fall des Harz IV-Bezugs, die Bedürftigkeit nachgewiesen werden muss.

Alternativ zur Bedarfsprüfung des § 28a ErbStG-E bietet der Gesetzentwurf den Steuerpflichtigen die Möglichkeit, für § 13c ErbStG zu optieren. Auf Antrag reduziert sich dann die 85 %-ige oder 100 %-ige Steuerfreistellung mit der Höhe des erworbenen begünstigten Betriebsvermögens. Man spricht hier vom Abschmelzmodell. Der Verschonungsabschlag wird aber nicht auf null, sondern entweder auf 25 % (Regelverschonung) oder auf 40 % (Optionsverschonung) reduziert. Das heißt, im Rahmen der Optionsverschonung gilt unabhängig von der Höhe des Erwerbs eine Mindeststeuerfreistellung in Höhe von 40 % und im Rahmen der Regelverschonung in Höhe von 25 %, ohne dass eine Bedürftigkeit nachgewiesen werden müsste. Der Verschonungsabschlag verringert sich um einen Prozentpunkt pro 1,5 Mio. € begünstigtes Betriebsvermögen oberhalb der 20 Mio. €-Grenze.

Zur Veranschaulichung von § 13c ErbStG-E sei folgendes Beispiel angeführt: Ein Erwerber bekommt 50 Mio. € begünstigtes Betriebsvermögen. Anstelle der „normalen" Regel- (85 %) oder Optionsverschonung (100 %), die bis zu einem Erwerb von begünstigtem Betriebsvermögen in Höhe von 20 Mio. € gelten, werden lediglich 65 % (Regelverschonung) oder 80 % (Optionsverschonung) freigestellt. Die Verschonung reduziert sich also in beiden Fällen um 20 Prozentpunkte (Abschmelzmodell).

Ab einem begünstigten Betriebsvermögen in Höhe von 110 Mio. € bleibt es bei einer (Sockel-)Freistellung in Höhe von 25 % (Regelverschonung) bzw. 40 % (Optionsverschonung), wiederum ohne dass eine Bedürftigkeit nachgewiesen werden muss. Hier stellt sich die Frage nach der Verfassungskonformität dieser Regelung, weil das Bundesverfassungsgericht eine Privilegierung großer Betriebsvermögen nur im Bedarfsfall akzeptiert.

Für die Steuerpflichtigen ist das Nebeneinander von § 13c ErbStG-E und § 28a ErbStG-E naturgemäß vorteilhaft, da diese die für sie günstigere Regelung in Anspruch nehmen können.

Dies soll an folgendem Beispiel illustriert werden:

Ein Erwerber der Steuerklasse I erbt ein Unternehmen, das einen Wert von 70 Mio. € besitzt. Zudem erbt er noch 30 Mio. € Privatvermögen, so dass sein gesamter Erwerb 100 Mio. € beträgt. Die Bilanz des erworbenen Unternehmens hat folgendes Aussehen (stille Reserven sind nicht vorhanden):

Aktiva	Bilanz in Mio. €		Passiva
Hauptzweck-WG	50	Eigenkapital	70
Cash	20	Fremdkapital	0
	70		70

In diesem Fall gelten 100 % des Betriebsvermögens als begünstigtes Betriebsvermögen. Die 20 Mio. € Cash sind vollumfänglich begünstigt (14 Mio. € gemäß § 13b Abs. 4 ErbStG-E (= 20 % v. 70 Mio. € EK) und die restlichen 6 Mio. € gemäß § 13b Abs. 6 ErbStG-E (Minimum aus [6 Mio. €; 10 % v. 64 Mio. €]).

Im Rahmen von § 13c ErbStG-E entscheidet sich der Erwerber annahmegemäß für die Optionsverschonung. Steuerfrei gestellt werden damit 66,67 % des Betriebsvermögens.

Vermögen		§ 13c ErbStG-E	§ 28a ErbStG-E
Betriebsvermögen		stpfl. Erwerb	stpfl. Erwerb
begünstigt	70,00	23,33	70,00
nicht-begünstigt	0,00	0,00	0,00
Gesamt-BV	70,00	23,33	70,00
Privatvermögen	+ 30,00	+ 30,00	+ 30,00
Gesamterwerb	100,00	53,33	100,00
ErbSt (30 %)*		16,00	30,00
davon auf beg. BV		7,00	21,00
Bedarfsprüfung			
verwendbares Verm.			10,50
ErbSt beg. BV			10,50
ErbSt			**19,50**

* Die persönlichen Freibeträge des § 16 ErbStG-E bleiben unberücksichtigt.

Das übertragene Unternehmen besitzt einen Wert von 70 Mio. €, wovon 50 Mio. € auf das Produktivvermögen und 20 Mio. € auf Cash entfallen. In diesem Fall rechnet das gesamte Unternehmensvermögen zum begünstigten Vermögen; d. h., auch der Cash-Bestand in Höhe von 20 Mio. € wird dem begünstigten Vermögen zugeschlagen (vgl.

§ 13b Abs. 4 i. V. m. Abs. 6 ErbStG-E). Daneben erhält der Erwerber noch Privatvermögen in Höhe von 30 Mio. €, so dass der Gesamterwerb 100 Mio. € beträgt. Da das begünstigte Vermögen 20 Mio. € übersteigt, ist zu prüfen, ob bzw. inwieweit die Bedarfsverschonung gem. § 28a ErbStG-E greift. Zunächst wird das begünstigte Vermögen in Höhe von 70 Mio. € in voller Höhe dem steuerpflichtigen Erwerb zugerechnet, so dass sich zusammen mit dem erworbenen Privatvermögen ein Gesamterwerb in Höhe von 100 Mio. € ergibt. Unter Vernachlässigung der persönlichen Freibeträge ergibt sich eine Erbschaftsteuer im Fall eines Erwerbers in Steuerklasse I in Höhe von 30 Mio. €. Vom Grundsatz her wird der Erwerber also so besteuert wie jemand, der 100 Mio. € Privatvermögen bekommt. Jedoch kommt hier die Verschonungsbedarfsprüfung des § 28a ErbStG-E ins Spiel. Dabei wird berechnet, wieviel der gesamten Erbschaftsteuer auf das Betriebsvermögen entfällt; in diesem Fall sind es 21 Mio. € (70 % von 30 Mio. €). Diesen Teil der Erbschaftsteuer vergleicht man mit dem verfügbaren Vermögen, das 50 % des nichtbegünstigten Vermögens ausmacht. Damit gelten vom erworbenen Privatvermögen lediglich 10,5 Mio. € als verwendbares Vermögen (= 50 % v. (30 Mio. € ./. 9 Mio. €) (ErbSt)[13]). Damit beträgt die Erbschaftsteuer auf das (begünstigte) Betriebsvermögen in diesem Fall lediglich 10,5 Mio. €. Insgesamt ergibt sich eine Steuerschuld von 19,5 Mio. € statt 30 Mio. € ohne Bedarfsprüfung. Im Beispielsfall wird somit jemand, der 100 Mio. € erbt, davon jeweils die Hälfte Cash und Privatvermögen, als bedürftig eingestuft, da er nicht in der Lage sein soll, die reguläre Erbschaftsteuerschuld in Höhe von 30 Mio. € zu zahlen. Ihm werden mehr als ein Drittel seiner Erbschaftsteuerschuld erlassen.

Der Erwerber wird prüfen, ob er seine Erbschaftsteuerschuld nicht durch eine Antragsstellung gemäß § 13c ErbStG reduzieren kann. Wenn er in diesem Fall die Optionsverschonung wählt, weil er davon ausgeht, die Ausgangslohnsumme in Höhe von 700 % in den nächsten sieben Jahren halten zu können und einen Verkauf des Unternehmens im selben Zeitraum nicht beabsichtigt, dann werden 66,67 % des Betriebsvermögens freigestellt. In diesem Fall beträgt die Erbschaftsteuer auf das Betriebsvermögen nur noch 7 Mio. € und die gesamte Erbschaftsteuer nur noch 16 Mio. €. Folglich wird der Erwerber den Antrag nach § 13c ErbStG-E stellen.

Es gibt aber auch genügend Konstellationen, in denen § 28a ErbStG günstiger ist als 13c ErbStG. In jedem Fall ist dieses Wahlrecht gut für den Berufsstand der Steuerberater sowie die betroffenen Steuerpflichtigen. Jedoch geht es zu Lasten der übrigen Steuerpflichtigen, welche die damit verbundenen Steuerausfälle aufgebürdet bekommen.

---

[13] Es ist nur der Nettowert des einzubeziehenden Vermögens nach Abzug von Schulden und Lasten anz setzen (vgl. Referentenentwurf v. 1.06.2015, S. 34), so dass die auf das Privatvermögen entfallende Erbschaftsteuer bei der Ermittlung des verfügbaren Vermögens abzuziehen sein dürfte. Dies ist vor dem Hintergrund des § 10 Abs. 8 ErbStG jedoch nicht ganz sicher. Im Vortrag bin ich noch von einem verfügbaren Vermögen i.H.v. 15 Mio. € ausgegangen.

Unverändert erhalten bleibt die Tarifermäßigung des § 19a ErbStG. Diese hat – vereinfacht gesprochen – zum Inhalt, dass begünstigtes Betriebsvermögen, soweit es nicht steuerfrei gestellt ist, unabhängig vom Verwandtschaftsverhältnis dem günstigen Tarif der Steuerklasse I unterworfen wird.

4.1.3. Kritik am Referentenentwurf

Der Referentenentwurf wird aus unterschiedlichen Gründen kritisiert. Zum einen entzündet sich Kritik daran, dass ein Erwerber begünstigten Betriebsvermögens im Rahmen von § 28a ErbStG bereits vorhandenes Privatvermögen einsetzen müsse und damit einer indirekten Vermögensteuer unterworfen werde.[14] Das ist in der Tat nicht unproblematisch, da derjenige, der spart und Kapital bildet, im Erbschaft- oder Schenkungsfall daraus die Steuerschuld begleichen muss. Nicht teilen kann ich die Kritik, wonach das Einbeziehen des übertragenen Privatvermögens (genauer: des nicht begünstigten Vermögens) eine doppelte Erbschaftsteuerbelastung bewirke[15] und systemwidrig sei[16]. Eine doppelte Erbschaftsteuerbelastung des nicht-begünstigten Vermögens ist nur zu erkennen, wenn die Steuerfreiheit des (begünstigten) Betriebsvermögens als gegeben angesehen wird. Dies bedeutet wiederum, dass der Erwerb von Betriebsvermögen nicht als (steuerrelevante) Bereicherung eingestuft wird. Wenn dagegen auch der Erwerb von Betriebsvermögen als das gesehen wird, was es ist, nämlich eine Bereicherung des Erwerbers, ist eine erbschaftsteuerliche Doppelbelastung ebenso wenig zu erkennen wie ein Systembruch. Ein weiterer Kritikpunkt ist, dass es zu einem „enormen Liquiditätsdruck auf mitübergegangenes Privatvermögen" komme.[17] Ein solcher „enormer Liquiditätsdruck" besteht jedoch auch beim Erwerb von Grundvermögen bzw. übrigen Vermögen und ist elementarer Bestandteil einer auf Umverteilung ausgerichteten Steuer wie der Erbschaftsteuer.

Auch wird die 20 Mio. €-Grenze, ab der die Bedarfsprüfung einsetzt, kritisiert. Auf der einen Seite wird dieser Wert als ist zu niedrig eingestuft. In diesem Zusammenhang werden angemessene Werte in Höhe von 300 Mio. €[18] bzw. 100 Mio. € genannt.[19] Auf der anderen Seite wird die Grenze als zu großzügig angesehen.[20]

---

[14] So Crezelius im Vortrag „Reformoptionen bei der Erbschaftsteuer" vom 28.05.2015 an der Universität Göttingen; CSU Landesgruppenchefin Hasseldeldt im Focus-Interview vom 06.04.2015, http://www.focus.de/finanzen/steuern/erbschaftsteuer/verkappte-vermoegensteuer-schaeubles-erbschaftsteuer-weiter-im-kritik-hagel_id_4592588.html, 01.12.2015.

[15] Kambeck, R., in: ifst-Stellungnahmen 1/2015, S. 74.

[16] Kambeck, R., in: ifst-Stellungnahmen 1/2015, S. 74.

[17] Crezelius im Vortrag „Reformoptionen bei der Erbschaftsteuer" vom 28.05.2015 an der Universität Göttingen.

[18] Spitzenverbände der deutschen Wirtschaft, Diskussionsvorschlag an das BMF, 11.02.2015, https://www.google.de/url?sa=t&rct=j&q=&esrc=s&source=web&cd=1&ved=0ahUKEwigk9S70-DJAhUDXg8KHa3ZAUoQFgggMAA&url=http%3A%2F%2Fwww.dihk.de%2Fthemenfelder%2Frecht-

Aus meiner Sicht bewirkt der Referentenentwurf weiterhin eine erhebliche und nicht gerechtfertigte Überprivilegierung von Betriebsvermögen, unabhängig von dessen Höhe. Ich werde nachfolgend zeigen, dass es in den allermeisten Fällen überhaupt nicht notwendig ist, Betriebsvermögen steuerlich zu begünstigen. Dies ist mein zentraler Kritikpunkt am Referentenentwurf und am geltenden Recht. Es gilt nämlich zu bedenken, dass alles, was einem Teil der Steuerpflichtigen an Steuern erlassen wird, vom verbleibenden Rest zu zahlen ist, um die Aufkommenswünsche des Staates zu befriedigen. Insgesamt werden Steuersätze, persönliche und sachliche Freibeträge so kalibriert, dass das gewünschte Steueraufkommen erzielt wird. Als bestes Beispiel dafür sei auf die Steuerreform 2009 verwiesen. Die angestrebte Aufkommensneutralität sorgte dafür, dass die gegenüber dem vorherigen Recht erheblich umfangreichere Steuerfreistellung von Betriebsvermögen insbesondere durch entsprechend höhere Steuersätze in den Steuerklassen II und III refinanziert wurde. Ein weiterer Kritikpunkt stellt die Gestaltungsanfälligkeit des geltenden Rechts sowie des Referentenentwurfs dar. Wenn Betriebsvermögen gänzlich oder zumindest nahezu nicht besteuert wird, dann entsteht ein enormer Anreiz, Betriebsvermögen zu „kreieren". Als augenfälligstes Beispiel sei die Cash-GmbH genannt. Die Gestaltungsanfälligkeit führt zu hohen Compliance-Kosten, sei es für Steuerpflichtige, die Steuerplanung betreiben, oder für die Finanzverwaltung, die diese verhindern möchte. Aber auch die enorme Komplexität bzw. Kompliziertheit, die aus der notwendigen Abgrenzung von begünstigtem und nicht-begünstigtem Vermögen, der Überwachung der Lohnsummenregelung sowie der Behaltefristen resultiert, bewirken hohe Steuerbefolgungskosten.

Die übermäßige Belastung der beiden anderen Vermögensarten (Grundvermögen und übriges Vermögen) infolge der Steuerprivilegien für Betriebsvermögen sei anhand von Abbildung 1.III.2 demonstriert.

---

steuern%2Frechtspolitik%2Fnationale-stellungnahmen%2Fdihk-positionen-zu-nationalen-gesetzesvorhaben%2Fverbaende-erbschaftsteuer%2Fat_download%2Ffile%3Fmdate%3D1423816569540&usg=AFQjCNG-xtgkiwmh7RVgjWuK7KCGtu_SNg&sig2=pPUyiCIqf8HoUZI4kj7yzA&cad=rja, S. 2, 16.12.2015.

[19] Kneip, C., Adrian, G., in: ifst-Stellungnahmen 01/2015, S. 64.
[20] Bach, S., in: ifst-Stellungnahmen 1/2015, S. 53.

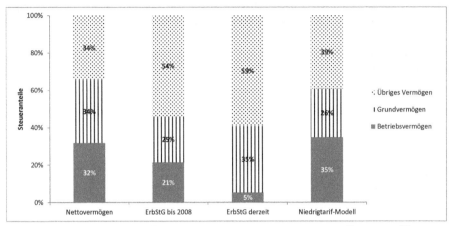

Abbildung 1.III.2: Beitrag der Vermögensarten zum Steueraufkommen[21]

Als Datengrundlage fungiert das Jahr 2007, das weit genug von der Erbschaftsteuerreform 2009 entfernt ist, so dass reforminduzierte Steuergestaltungen und Vermögensübertragungen kaum anzunehmen sind. Es zeigt sich, dass in etwa genau so viel Betriebsvermögen wie Grundvermögen und übriges Vermögen übertragen wurde. Zwar war Betriebsvermögen auch vor der Erbschaftsteuerreform 2008 begünstigt, aber es hat immerhin noch ein Fünftel des Erbschaftsteueraufkommens getragen. Derzeit sind es gerade einmal um die 5 %. Im Fall eines Niedrigtarifmodells, wie ich es nachfolgend vorstellen werde, trägt das Betriebsvermögen mehr als ein Drittel des Aufkommens (35 %). Die Differenz in Höhe von 30 %-Punkten zum Status quo entlastet die anderen Vermögensarten.

Abbildung 2.I.3 zeigt die Steuerbelastung im geltenden Recht für das Jahr 2012. Bei den Erbschaften, die ein Volumen von rund 30 Mrd. € aufweisen, liegt die Steuerquote etwas über 12 %. Bei Erbschaften, die mehr als 5 Mio. € betragen, beläuft sich die Steuerquote auf gut 21 %. Hier schlägt sich der progressive Steuertarif entsprechend nieder: Höhere Erwerbe werden nicht nur absolut, sondern auch relativ stärker belastet. Bei Betrachtung der Schenkungen fällt als erstes auf, dass mehr Vermögen verschenkt (40 Mrd. €) als vererbt (30 Mrd. €) wird. Dies dürfte eine Folge von vorgezogenen Unternehmensübertragungen zur Nutzung der Steuerprivilegien für Betriebsvermögen sein. Die Steuerbelastung des verschenkten Vermögens beträgt gerade einmal 1,38 % und

---

[21] Quelle: Erbschaft- und Schenkungsteuerstatistik 2007; eigene Berechnungen.

damit lediglich knapp 1/10 der Steuerquote bei Erbschaften. Bei Schenkungen liegt die Steuerquote mit einem Wert von mehr als 5 Mio. € sogar unter 1 % (0,87 %). Dies zeigt, dass im Rahmen von Schenkungen nahezu ausschließlich Betriebsvermögen übertragen und dabei größtenteils die Optionsverschonung (100 %) in Anspruch genommen wird. Anders lassen sich Steuersätze von unter 1 % bei über 5 Mio. € liegenden Erwerben nicht erklären.

Abbildung 1.III.3 illustriert die Steuerbelastung des geltenden Rechts für das Jahr 2012.

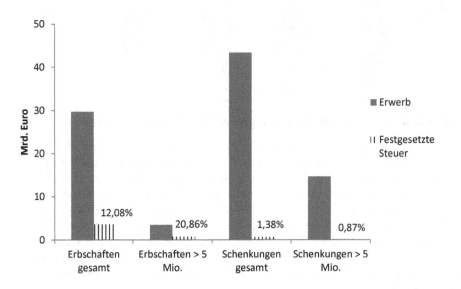

Abbildung 1.III.3: Steuerbelastung im geltenden Recht (2012)[22]

4.2. Neukonzeption des Erbschaftsteuerrechts (Niedrigtarifmodell)
4.2.1. Verbreiterung der Bemessungsgrundlage und Senkung der Steuersätze

Als Alternative zum geltenden Recht und dessen Nachbesserung wird in diesem Abschnitt eine aufkommensneutrale Neukonzeption des Erbschaftsteuerrechts betrachtet. Dabei finden folgende Aspekte Berücksichtigung:

---

[22] Quelle: Erbschaft- und Schenkungsteuerstatistik 2012; eigene Berechnungen.

1. Bei einer Neukonzeption der Erbschaftsteuer sind negative Liquiditätseffekte auf Unternehmen unbedingt zu berücksichtigen, um einem steuerbedingten „Unternehmenssterben" vorzubeugen.
2. Betriebsvermögen stellt auch Vermögen dar, das einen Erwerber bereichert.
3. Jede Steuervergünstigung für eine Gruppe von Steuerpflichtigen berührt die übrigen Steuerpflichtigen negativ. Diese müssen entsprechend mehr Steuern zahlen, um den Steuerausfall infolge der Vergünstigungen zu kompensieren.
4. Es ist zumutbar, dass Erwerber von Unternehmen Steuern aus dem liquiden Unternehmensvermögen und aus dem mitübertragenden nicht-begünstigtem Vermögen zahlen. Derartiges Vermögen ist zu 100 % heranzuziehen, weil ansonsten Dritte diese Steuer entrichten müssen. Eine Limitierung der Erbschaftsteuer lässt sich nur rechtfertigen, um Schaden im Unternehmensbereich abzuwenden. Dazu muss ein Erwerber aber zunächst alle mit erworbenen nicht-unternehmerischen Mittel zur Steuerzahlung einsetzen.

Das hier betrachtete Niedrigtarifmodell beinhaltet keinerlei Steuervergünstigungen. Lediglich § 13 ErbStG bleibt grundsätzlich erhalten, da dieser insbesondere der Steuervereinfachung dient. Einzig die Befreiung für das so genannte Familienheim in § 13 ErbStG wird gestrichen. Auch Betriebsvermögen wird – unabhängig davon, ob es sich um produktives oder nicht-produktives Vermögen handelt – vollumfänglich in die Steuerbemessungsgrundlage einbezogen.

Die damit verbundene erhebliche Verbreiterung der steuerlichen Bemessungsgrundlage geht einher mit einer deutlichen Senkung der Steuersätze, so dass das Aufkommen aus der Erbschaftsteuer unverändert bleibt. Die sich ergebenden Steuersätze wurden im Rahmen der gegenwärtigen Tarifstruktur ermittelt. Unverändert geblieben sind dabei die Einteilung in die einzelnen Steuerklassen sowie die persönlichen Freibeträge. Die Steuersätze wurden dabei so bestimmt, dass das Steueraufkommen in jeder Steuerklasse unverändert erhalten bleibt. Als Datengrundlage dienen die Erbschaftsteuerstatistik 2007 und das sozioökonomische Panel.[23]

Die Datengrundlage erlaubt eine Quantifizierung der aufkommensneutralen Steuersätze, welche den Liquiditätseffekt der Erbschaftsteuer maßgeblich bestimmen. Zudem geben die Daten Auskunft darüber, was an weiterem Vermögen im Erbschafts- und im Schenkungsfall übertragen wird. Daher lassen sich auch Aussagen über die Liquiditätsbelastung des übertragenen Betriebsvermögens treffen. Dagegen geben die Daten keinerlei nähere Auskunft über das übertragene Betriebsvermögen. Es lässt sich nicht

---

[23] Vgl. zur Datengrundlage und dem Mikrosimulationsmodell, das sämtlichen Berechnungen zugrunde liegt, Houben, H./Maiterth, R., arqus-Working Paper 2010/102, http://www.arqus.info/mobile/paper/arqus_102.pdf, 16.12.2015.

ermitteln, wieviel produktives und nicht-produktives Vermögen übertragen wird. Genauso wenig ist die unternehmerische Liquiditätslage bekannt. Auch über die Existenz des bereits beim Erwerber vorhandenen Vermögens liegen keine Daten vor. Von daher bilden die nachfolgend präsentierten Ergebnisse ein Worst-Case-Szenario für die Liquiditätseffekte der Erbschaftsteuer.

Abbildung 1.III.4 zeigt, wie stark die Steuersätze gesenkt werden können, wenn die sachlichen Steuerbefreiungen für Betriebs- und Grundvermögen (und die Tarifermäßigung des § 19a ErbStG) abgeschafft werden.

Steuerklasse	Steuersätze derzeit	Niedrigtarifmodell	Senkungspotential
I	7-30%	3-12%	↓ 59%
II	15-43%	12-33%	↓ 23%
III	30-50%	24-41%	↓ 19%

Abbildung 1.III.4: Steuersätze und -satzsenkungspotential beim Niedrigtarifmodell[24]

In Steuerklasse I können die Steuersätze um nahezu 60 % gesenkt und damit mehr als halbiert werden. Dieses Ergebnis zeigt, dass die meisten Unternehmensübertragungen innerhalb der Steuerklasse I stattfinden und Unternehmen somit auf nahe Angehörige übertragen werden. Das bedeutet, dass in der für Betriebsvermögen besonders relevanten Steuerklasse I Steuersätze zwischen 3 und 12 % auftreten, was steuerinduzierte Liquiditätsprobleme bei der Unternehmensübertragung massiv reduzieren würde. Aber auch in den Steuerklassen II und III lassen sich die Steuersätze deutlich reduzieren.

Für eine steuerbedingte Liquiditätsgefährdung ist neben der tariflichen Steuerbelastung von besonderer Bedeutung, in welchem Umfang weiteres Vermögen (Grundvermögen und übriges Vermögen), sprich Privatvermögen, neben dem Betriebsvermögen übertragen wird. Dieses Vermögen kann zur Steuerzahlung herangezogen werden, ohne dass die unternehmerische Liquidität belastet wird.

Abbildung 1.III.5 gibt darüber Aufschluss, in welchem Umfang Erben von Betriebsvermögen neben diesem zusätzlich Privatvermögen erwerben.

---

[24] Quelle: Erbschaft- und Schenkungsteuerstatistik 2007; eigene Berechnungen.

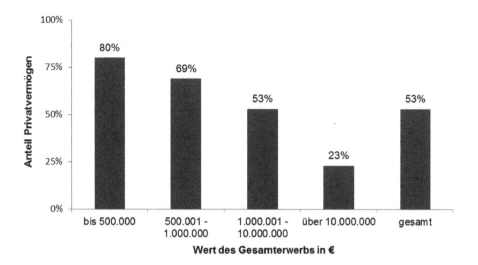

Abbildung 1.III.5: Anteil Privatvermögen am Gesamterwerb im Erbschaftsfall[25]

Bei den von der Erbschaftsteuer potentiell besonders gefährdeten Unternehmensübertragungen im Wege der Erbschaft erhalten die Unternehmenserben im Durchschnitt mehr Privatvermögen (53 %) als Betriebsvermögen (47 %).[26] Dagegen wird in der politischen Diskussion regelmäßig der Eindruck vermittelt, als würden die Erben von Unternehmen lediglich das Unternehmen bzw. Anteile daran, jedoch kein weiteres Vermögen erwerben. Daher müsse die Erbschaftsteuer aus dem Betriebsvermögen beglichen werden und die betroffenen Unternehmen wären massiv gefährdet, wenn keine Steuerbegünstigungen gewährt würden. Empirisch ist dies nicht haltbar, vielmehr wird zumindest im Durchschnitt über alle vererbten Unternehmen mehr Privat- als Unternehmensvermögen erworben. Abbildung 1.III.5 zeigt auch, dass der Anteil des Privatvermögens am gesamten Erwerb mit zunehmender Höhe des Erwerbs sinkt. So erhalten Unternehmenserben, deren gesamtes Erbe 10 Mio. € übersteigt, im Mittel nur noch 23 % Privat- und 77 % Betriebsvermögen.

---

[25] Quelle: Erbschaft- und Schenkungsteuerstatistik 2007; eigene Berechnungen.

[26] Da Unternehmensübertragungen im Wege der Schenkung geplant stattfinden, ist eine steuerbedingte Unternehmensgefährdung nicht zu befürchten. Aus diesem Grunde werden Betriebsvermögensübertragungen im Wege der Schenkung nicht betrachtet.

Damit wird bereits aus der Betrachtung von Abbildung 1.III.4 und 1.III.5 deutlich, dass von einer Erbschaftsteuer ohne Privilegien für Betriebsvermögen eine Unternehmensgefährdung eher die Ausnahme darstellen dürfte. Dies bestätigt auch die mittlere Steuerlastquote (effektive Steuerbelastung) des übertragenen Betriebsvermögens. Die Steuerlastquote gibt die effektive Steuerbelastung an, welche das unternehmerische Vermögen zu tragen hat. Rechnerisch ergibt sich diese aus der festgesetzten Erbschaftsteuer (im Niedrigtarifmodell) abzüglich des miterworbenen Grundvermögens und übrigen Vermögens, welches (zu 100 %) für Steuerzahlungszwecke herangezogen werden kann. Erst wenn dieses (Privat-)Vermögen nicht ausreicht, muss die Erbschaftsteuer aus dem Unternehmensvermögen entrichtet werden.

Die Steuerlastquote errechnet sich demnach folgendermaßen:

$$\text{Steuerlastquote} = \frac{\text{festgesetzte Steuer - Grundvermögen - übriges Vermögen}}{\text{Nettoverkehrswert der Betriebsvermögen}}$$

Die durchschnittliche Steuerlastquote im Niedrigtarifmodell ist in Abbildung 1.III.6 dargestellt:

Erbschaften	0,40 %
Schenkungen	2,99 %
gesamt	*1,43 %*

Abbildung 1.III.6: Mittlere Steuerlastquote im Niedrigtarifmodell[27]

Die Steuerlastquote bei durch Erbschaft übertragenem Betriebsvermögen beträgt im Durchschnitt gerade einmal 0,4 % und liegt damit nahezu bei 0 %. Aber auch bei Schenkungen ist die durchschnittliche Steuerlastquote mit knapp 3 % äußerst gering. Insgesamt gesehen muss nur sehr wenig Erbschaftsteuer aus dem Betriebsvermögen aufgebracht werden. Dies liegt sowohl an den niedrigen Steuersätzen (insbesondere in Steuerklasse I) des Niedrigtarifmodells als auch an der Übertragung weiteren Vermögens, welches bei Erbschaften einen erheblichen Umfang aufweist (siehe Abbildung 2.I.5).[28]

---

[27] Quelle: Erbschaft- und Schenkungsteuerstatistik 2007; eigene Berechnungen.
[28] Im Schenkungsfall macht das mitübertragene Privatvermögen im Mittel lediglich etwas mehr als 6 % des gesamten erworbenen Vermögens aus (vgl. Houben/Maiterth, BuR S. 43).

Neben den in Abbildung 1.III.6 betrachteten durchschnittlichen Steuerlastquoten für alle Unternehmen werden in Abbildung 1.III.7 klassierte Steuerlastquoten für vererbtes Betriebsvermögen betrachtet. Damit lässt sich angeben, welchen Steuerlastquoten die vererbten Unternehmen ausgesetzt sind.

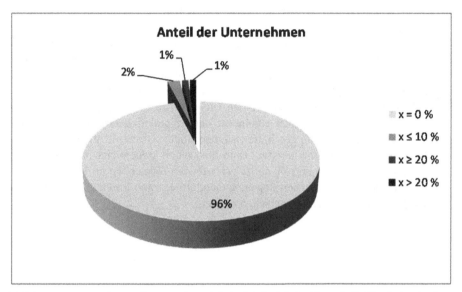

Abbildung 1.III.7: Steuerlastquoten (x) bei Niedrigtarifmodell für Erbschaften[29]

Abbildung 1.III.7. zeigt, dass in 96 % der Fälle Betriebsvermögen ohne jegliche effektive Erbschaftsteuerbelastung (Steuerlastquote = 0 %) übertragen werden kann. Hier reicht das mitübertragene Privatvermögen aus, um die Steuerschuld zu begleichen. Damit unterliegen nur 4 % der vererbten Betriebsvermögen überhaupt einer effektiven Steuerbelastung größer null. Davon liegt die Steuerlastquote bei der Hälfte der (4 %) Steuerbelasteten unter zehn Prozentpunkten, so dass eine Unternehmensgefährdung nicht zu erwarten ist. Damit unterliegen lediglich knapp 2 % der vererbten Betriebsvermögen einer Erbschaftsteuerbelastung von über 10 %, die in Einzelfällen zu (Finanzierungs-)Problemen führen kann, welchem jedoch durch eine (großzügige) Stundungsregelung entgegengewirkt werden kann. Dagegen bewirkt die Erbschaftsteuer bei 98 % der vererbten Betriebsvermögen keinen Liquiditätsdruck, welcher die Unternehmen gefährden

---

[29] Quelle: Erbschaft- und Schenkungsteuerstatistik 2007; eigene Berechnungen.

könnte. Von daher ist eine generelle Privilegierung von Betriebsvermögen wie im geltenden Recht und im Referentenentwurf nicht angezeigt.

5. Fazit

Es bleibt festzuhalten, dass auch der Referentenentwurf zur Reform des Erbschaftsteuergesetzes Betriebsvermögen ohne Not generell begünstigt. Beim hier vorgestellten Niedrigtarifmodell, das keine Ausnahmen bei der Bemessungsgrundlage kennt, werden alle Erwerber unabhängig von der Provenienz des erhaltenen Vermögens gleichmäßig und niedrig belastet. Die Steuerbefolgungskosten dieses Modells sind erheblich niedriger, weil die §§ 13a, 13b, 13c, 28a ErbStG-E entbehrlich sind. Liquiditätsprobleme sind allenfalls in wenigen Fällen zu befürchten. Hier kann durch eine großzügige, zinslose – der Staat kann sich schließlich zumindest derzeit praktisch umsonst finanzieren – Stundungsregelung Abhilfe geschaffen werden. Sollte selbst eine Stundung im Einzelfall nachweislich Probleme bereiten, kann über einen Steuererlass nachgedacht werden. Aufgrund der geringen Zahl der zu erwartenden Fälle bedarf es dazu nicht einmal einer detaillierten gesetzlichen Regelung, sondern es kann im Einzelfall darüber mit pflichtgemäßem Ermessen entschieden werden.

IV. Die aktuellen Steuervorhaben aus Sicht der deutschen Industrie

Bethold Welling, Bundesverband der Deutschen Industrie e.V., Berlin

1. Aktuelle Entwicklungen in der Steuerpolitik der
   18. Legislaturperiode 62

2. Koalitionsvertrag mit Blick auf das Verfahren vor dem
   Bundesverfassungsgericht 62

3. Erbschaftsteuerliche Bewertung als Schlüsselfrage? 62

4. Kabinettentwurf Juli 2015 66

5. BEPS 68

6. Strafbefreiende Selbstanzeige 71

7. Fazit 72

1. Aktuelle Entwicklungen in der Steuerpolitik der 18. Legislaturperiode

Der folgende Beitrag geht auf einige steuerpolitische Aspekte mit Blick auf die große Koalition ein und gibt einen kurzen Überblick, welche Gesetzgebungsverfahren konkret umgesetzt wurden. Es werden viele steuerpolitische Punkte aufgegriffen, die jedoch keinen großen steuerpolitischen Bogen vermuten lassen. Vielmehr wurden große Reformen im Koalitionsvertrag von vornherein ausgeblendet. Umso mehr handelt es sich bei den bisherigen Gesetzgebungsverfahren jeweils um ein steuerpolitisches Sammelsurium; kurz es sind fast nur sog. Omnibusgesetze, die den steuerpolitischen Alltag bestimmen. Damit wird deutlich, dass die Steuerpolitik in der laufenden Legislaturperiode mehr reagiert, als agiert.

2. Koalitionsvertrag mit Blick auf das Verfahren vor dem Bundesverfassungsgericht

Zunächst befasst sich der Beitrag mit der Erbschaftsteuer. Es ist gerade schon ein gewisses Störgefühl hinsichtlich der aktuellen Regelung angeklungen und in Kapitel 3.I. ist hierzu eine klare Meinung vertreten worden. Ebenso ist aus dem Auditorium auch schon verdeutlicht worden, dass ein Störgefühl mit Blick auf die umfassenden erbschaftsteuerlichen Verschonungsregelungen bestehen. Und der politische Erklärungsdruck wird umso höher, je höher die Verschonung im Wege des sog. Abschmelzmodells reicht. Hinzu tritt eine Spannung zwischen den Position der beiden Regierungsparteien, der bereits im Wahlkampf deutlich wurde: Im Wahlkampf hat die SPD auf Erhöhung der Erbschaftsteuer gesetzt hat, insbesondere ein Schließen von erbschaftsteuerlichen Gestaltungslücken, wie z. B. die Cash-GmbH, und darüber hinaus eine allgemeine Erhöhung der Erbschaftsteuer. Hingegen hat die Union signalisiert, dass eine Erhöhung der Erbschaftsteuer grds. abgelehnt wird. Im Koalitionsvertrag ist sodann aus den gegensätzlichen Positionen eine relativ ergebnisoffene Formulierung entstanden, die in der laufenden Erbschaftsteuerreform keine unmittelbare Richtung oder Leitlinie vorgibt: „Die Erbschaftsteuer ermöglicht in ihrer jetzigen Ausgestaltung den Generationswechsel in den Unternehmen und schützt Arbeitsplätze."

3. Erbschaftsteuerliche Bewertung als Schlüsselfrage?

Die erbschaftsteuerliche Bewertung hat grundsätzliche Bedeutung und hängt ganz wesentlich mit der Unternehmenskultur in Deutschland zusammen. In Deutschland existieren3,6 Mio. Unternehmen. Die Statistik führt jedoch alle Selbständigen und Freiberufler als Unternehmen auf. Dies zeigt, dass das Verhältnis der Gesamtzahl der

"Unternehmen" und den erbschaftsteuerlich verschonten Unternehmen keine Aussagekraft hat. Denn wenn ein Syndikusanwalt gleichzeitig statistisch als Unternehmer geführt wird, fällt er – soweit er sein „kleines freiberufliches Unternehmen" überhaupt auf die nächste Generation übergeben kann, voraussichtlich unter die erbschaftsteuerliche Freibetragsregelung. Kurz: Auf die reinen Unternehmenszahlen kann es nicht ankommen. Dies zeigen auch die weitergehenden Statistiken, die die allgemeinen Unternehmenszahlen aufschlüsseln.

> Über 99 Prozent aller Unternehmen liegen unter einem Wert von 100 Millionen Euro

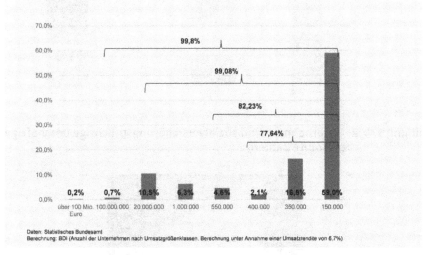

Abbildung 1.IV.1: Anzahl der Unternehmen nach Umsatzgrößenklassen

Lediglich 0,2 % der Unternehmen haben einen Unternehmenswert i. H. v. 100 Mio. €. In der Spanne zwischen 20 bis 100 Mio. € weist die Statistik 0,7 % der Unternehmen aus. Zusammengenommen unterfallen lediglich 0,9 % der Unternehmen der im Entwurf angedachten Bedürfnisprüfungsgrenze. Also zusammengefasst wären knapp 30.000 Unternehmen von der Bedürfnisprüfungsgrenze betroffen. Zunächst erscheint dies gering. Jedoch mit Blick auf die sozialversicherungspflichtigen Beschäftigten haben diese Unternehmen eine besondere volkswirtschaftliche Bedeutung. Über 40 % aller sozialversicherungspflichtigen Beschäftigungsverhältnisse werden von diesen Unternehmen getragen und unterstreichen die wirtschaftliche Bedeutung dieses relativ geringen Anteils der Unternehmen gemessen an der statistisch ausgewiesenen Gesamtzahl aller Unternehmen in Deutschland.

IV. Die aktuellen Steuervorhaben aus Sicht der deutschen Industrie

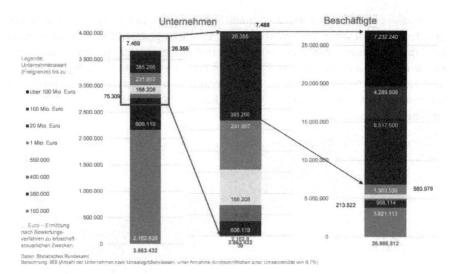

Abbildung 1.IV.2: Unternehmen und sozialversicherungspflichtige Beschäftige (absolute Zahlen)

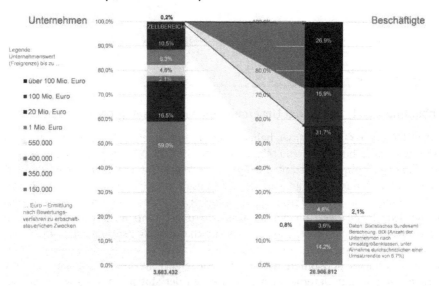

Abbildung 1.IV.3: Unternehmen und sozialverischeurngspflichtige Beschäftige in Prozent

Darüber hinaus zeigt sich noch ein weiteres grundlegendes Problem. Von den 3,6 Mio. Unternehmen sind rund tausend Unternehmen, die klassisch kapitalmarktorientiert sind. Für diese Unternehmen steht die Finanzierung durch den Kapitalmarkt und in diesem Zusammenhang auch die Handelbarkeit der Anteile im Vordergrund. Verkürzt: Ein Unternehmen, das versucht sich über den Kapitalmarkt zu finanzieren, hat eine ganz andere Ausgangssituation und auch ganz andere Voraussetzungen für die Bewertung als ein eigentümer- oder familiengeführtes Unternehmen. Vielmehr erfolgt für die klassisch mittelständisch geprägten Unternehmen die Finanzierung und Unternehmenssicherung unter anderem durch Thesaurierungsvorgaben sowie Gesellschafterbindungen. Hingegen orientiert sich das Bewertungsrecht hauptsächlich an den börsennotierten Unternehmen. Das erbschaftsteuerliche Verfahren berücksichtigt nicht die mittelständische Prägung bzw. sog. klassische Strukturen der eigentümer- familiengeführten Unternehmen. Mithin werden die klassischen Instrumente der Unternehmenssicherung, -fortführung und -sicherung bei der Bewertung ausgeblendet und führen zu regelmäßigen Überbewertungen. Obwohl das Bundesverfassungsgericht 2006[1] entschieden hat, dass es einer Vereinheitlichung der Bemessungsgrundlagen bedarf und die verkehrswertorientierte Bewertung für die Unternehmensbewertung in der Erbschaftsteuer vorgegeben hat, besteht für die meisten Unternehmen mit einer mittelständischen Prägung nach wie vor keine verkehrswertorientierte Bewertung. Denn das Bewertungsrecht untersagt die Berücksichtigung von gesellschaftsvertraglichen Beschränkungen der Gesellschafterrechte, wie Verfügungsbeschränkungen und Thesaurierungsvorgaben; § 9 Abs. 2 und Abs. 3 BewG besagt, dass ungewöhnliche oder persönliche Verhältnisse nicht zu berücksichtigen sind. Dadurch wird von der verkehrswertorientierten Bewertung abgewichen und ein modifizierter Wert tritt an die Stelle des Verkehrswertes.

Dies führt insbesondere bei den traditionellen Familienunternehmen zu deutlichen Überbewertungen, da eine Änderung der Gesellschaftsverträge und der Aufhebung der Gesellschafterbeschränkungen durch einzelne Gesellschafter nicht möglich ist. Eine Erbschaftbesteuerung auf diese überbewerteten Unternehmensanteile führt zu einer deutlichen Mehrbelastung bzw. zur Übersteuerung. Hinzu tritt noch das Problem des § 7 Abs. 7 ErbStG – das betrifft die Schenkungsteuer im Falle einer unter dem „modifizierten Verkehrswert" liegenden Abfindungswert – sowie die Einkommensteuerbelastung im Falle einer erforderlichen Veräußerung des Unternehmensanteils. Gleichwohl zeichnet sich derzeit allenfalls ein zaghafter Änderungswille in der Politik ab, das Grundproblem in der erbschaftsteuerlichen Bewertung anzugehen.

---

[1] Vgl. BVerfG vom 7.11.2006 1 BvI 10/02, BStBl II 2007, S. 192.

4. Kabinettentwurf Juli 2015

Die Darstellung des Kabinettentwurfs zeigt die Komplexität des Reformvorschlags. Als Kernproblem stellt sich die Abgrenzung des nicht-begünstigungsfähigen Vermögens heraus. Hier wird die Bemessungsgrundlage für den verschonungswürdigen Anteil des Unternehmens festgelegt. Der Ansatz der Bundesregierung einer positiven Definition des begünstigungsfähigen Vermögens wird sehr kontrovers diskutiert. Die Länder präferieren, an der bisherigen negativen Abgrenzung und somit am sog. Verwaltungsvermögenbegriff festzuhalten. Die Diskussion über den positiven Abgrenzungsansatz der Bundesregierung, also der positiven Definition des begünstigungsfähigen Betriebsvermögens, und den negativen Abgrenzungsansatz der Länder im Wege der Definition des Verwaltungsvermögens wird für die betroffenen Unternehmen wegen der grundsätzlichen Bedeutung spannend.

Ein weiterer Dollpunkt der Reform ist die Einbeziehung des Privatvermögens. Ab einem ererbten Vermögenswert i. H. v. über 26 Mio. € muss 50 % des Privatvermögens im Rahmen der Bedürfnisprüfung zur Begleichung der Erbschaftsteuerschuld auf das verschonungswürdige Betriebsvermögen eingesetzt werden. Hierdurch wird die Reform enorm komplex. Für das mitübergehende Privatvermögen haben die Abgrenzungsfragen des nicht-begünstigungsfähigen Betriebsvermögens bzw. des Verwaltungsvermögens nunmehr eine zusätzliche Bedeutung. Hinzu kommt, dass diese Abgrenzungsfrage auch beim vorhandenen Privatvermögen von großer Bedeutung ist. Oftmals werden wegen der Freibeträge im Zeitraum über 10 Jahre Unternehmensanteile bereits übertragen. Insoweit müsste auch für die bereits im „Privatvermögen des Erben" stehenden Unternehmensanteile eine Aufteilung zwischen nicht-begünstigungsfähigen und begünstigungsfähigen Betriebsvermögen getroffen werden.

Eine Neuerung gibt sich durch eine zusätzliche Möglichkeit, den Rückgriff auf das Privatvermögen durch einen Verzicht auf einen Prozentsatz der erbschaftsteuerlichen Verschonung zu vermeiden. Mit jedem Prozentpunkt des erbschaftsteuerlichen Verschonungsverzichts erhöht sich die Verschonungsbedarfsprüfungsgrenze um 1,5 Mio. €. Dieses Verfahren endet bei einem Grenzwert von max. 116 Mio. €. Für darüber hinausgehende Erbfälle soll sodann eine sog. Sockelverschonung i. H. v. 35 % bestehen. Ob dieses Konzept weiterhin so bestehen bleibt, ist jedoch noch in der Diskussion, wie die kritischen Anmerkungen in Kapitel 3.I. verdeutlicht haben. Es zeigt sich zudem, dass die Erbschaftsteuerreform aus den rechtlichen Erwägungsgründen als auch aus den parteipolitischen sowie nicht zuletzt aus der unterschiedlichen Ländersicht eine steuerpolitisch knifflige Aufgabe ist.

1. Teil: Steuerreform

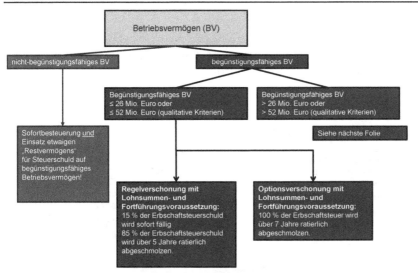

Abbildung 1.IV.4: Kurzübersicht - Wann greift eine erbschaftsteuerliche Verschonung?

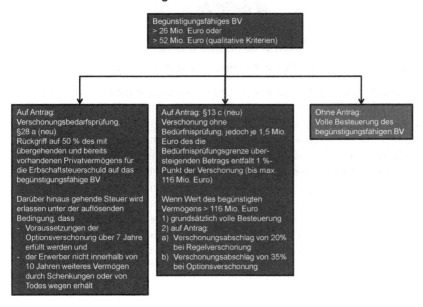

Abbildung 1.IV.5: Kurzübersicht - Wann greift eine erbschaftsteuerliche Verschonung 2

5. BEPS

Ein weiterer steuerpolitischer Schwerpunkt ist in dieser Legislaturperiode das OECD-Projekt BEPS (Base Erosion and Profit Shifting).

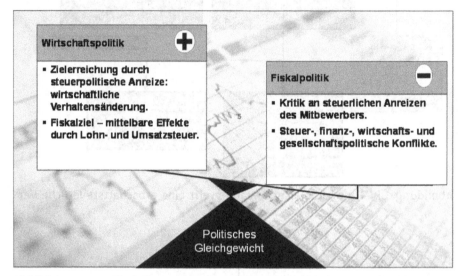

Abbildung 1.IV.6: Sind die Unternehmen die richtigen Adressaten?

In diesem Zusammenhang sei erinnert an die kürzlich stattfindende Diskussionsrunde von Prof. Dr Oestreicher. Klar wurde, dass das BEPS-Projekt politisch deutlich unterstützt wurde und als tituliertes Projekt gegen Steuervermeidung und aggressiver Steuergestaltung nicht mehr aufzuhalten ist, auch wenn haushaltpolitische Risiken für die Industriestaaten und damit auch für das deutsche Aufkommen bestehen. Angestoßen wurde die Diskussion aufgrund geringer Steuerquoten einiger US-amerikanischer Unternehmen im Rahmen ihrer Auslandsaktivitäten. Umso mehr wird es darauf ankommen, ob sich die USA nicht nur an dem Projekt auf internationaler Ebene, sondern insbesondere auch im Rahmen der nationalen Umsetzungsgesetzgebung entsprechend beteiligen wird. Zweifel lassen die Einlassungen von Senator Orrin Hatch erkennen, der bereits Zweifel gegenüber dem US-amerikanischen Finanzminister in einem offenen Brief geäußert hat.

1. Teil: Steuerreform

Abbildung 1.IV.7: Steuerpolitische Druckstellen

Aus deutscher Sicht ist fraglich, welcher nationale steuerpolitische Handlungsbedarf überhaupt besteht. Im Fokus sind sechs steuerpolitische Druckstellen, die den Schwerpunkt des OECD-Projekts zu BEPS ausmachen:

1. Umsetzungsphase bis September 2014	2. Umsetzungsphase bis September 2015	3. Umsetzungsphase bis Dezember 2015
Aktionspunkte sind: • Steuerliche Herausforderungen der digitalen Wirtschaft (AP 1) • Hybrid Mismatch Arrangements (AP 2) • Steuerschädlicher Wettbewerb (AP 5) • Abkommensmissbrauch (AP6) • VP-Aspekte von Intangibles (AP 8) • Verrechnungspreisdokumentation/CbC-Reporting (AP 13) • Multilaterales Instrument (AP 15)	Aktionspunkte sind: • CFC-Rules (AP 3) • Nationale Regelungen zum Zinsabzug (AP 4) • Steuerschädlicher Wettbewerb (Einbezug von Nicht-OECD-Staaten; AP 5) • Follow-up work on treaty abuse (AP 6) • Betriebsstätten-Status (AP 7) • Verrechnungspreise: u.a. Risiken/Kapitalausstattung, Risikohafte Transaktionen (AP 8, 9, 10) • Erfassung von Daten (AP 11) • Offenlegungspflichten (AP 12) • Streitbeilegung (AP 14)	Aktionspunkte sind: • VP-Aspekte des Zinsabzugs (AP 4) • Weiterentwicklung Kriterien für steuerschädlichen Wettbewerb (AP 5) • Entwicklung Multilaterales Instrument (AP 15)

Abbildung 1.IV.8: Umsetzung der 15 Aktionspunkte in drei Umsetzungsphasen

Hierunter fällt unter anderen die Lizenz- und Quellenbesteuerung. Für Deutschland würde eine Änderung der Lizenzbesteuerung jedoch ein finanzpolitisches Risiko geringerer Steuereinnahmen bedeuten. In Deutschland bestehen deutliche Überschüsse der Lizenzeinnahmen über die -ausgaben. Das heißt Änderungen mit Blick die auf die bestehenden Besteuerungsrechte bei Lizenzeinnahmen könnten schnell bedeuten, dass eine Neuerung zu Lasten des deutschen Fiskus zu gehen droht.

Als weitere steuerpolitische Baustelle steht die Frage nach mehr steuerlicher Transparenz im Raum: Unter dem Begriff „Country-by-country Reporting" wird diskutiert, die Steuerzahlungen bei grenzüberschreitenden Aktivitäten weiter aufzuschlüsseln und darüber hinaus pro Land auszuweisen.

Darüber hinaus steht die Frage der steuerlichen Behandlung von Fremdfinanzierungen im Fokus der BEPS-Initiative. In Deutschland besteht seit der Einführung der sog. Zinsschranke hier kein Handlungsbedarf. Vielmehr zeigt sich beim Blick über die Grenze, dass in Deutschland mit der Zinsschranke bereits eine rigide Regelung zur Beschränkung des Zinsabzugs besteht.

Auch bei der Neuordnung der Transferpreisregelungen zeigt sich, dass in Deutschland kaum neues Steueraufkommen gewonnen werden kann, sondern man fiskalpolitisch eher verlieren dürfte. Darüber hinaus besteht in Deutschland mit der Transferpaketregelung und der Besteuerung sog. Funktionsverlagerungen eine weltweit einmalig scharfe steuerliche Regelung. Ein weiterer Handlungsdruck aus deutscher Sicht ergibt sich demnach nicht.

Zudem stehen noch Fragen der allgemeinen Missbrauchsvermeidung auf der Agenda. Während in einigen Ländern eine allgemeine Regelungen – quasi als Auffangregelung – zur Missbrauchsvermeidung nicht besteht, greift hierzulande § 42 AO diese Fälle auf.

Und schließlich wird noch die steuerliche Behandlung von hybriden Strukturen erörtert. Es lässt sich trefflich streiten, wie zukünftig hybride Gestaltungen steuerlich behandelt werden sollen. Können hybride Strukturen zu weißen Einkünften führen? Und wenn ja, ist dieses Ergebnis aus deutscher Sicht gerechtfertigt? Letztlich könnte man sich auf den Standpunkt stellen, jeder Staat bekommt genau das, was er in seinem Steuersystem geregelt hat. Dass es in diesen Fällen zu einem sog. Mismatch kommt, erscheint wegen der unterschiedlichen Steuersysteme unvermeidlich. Ob dies dem deutschen Fiskus das Besteuerungsrecht einzuräumen vermag, wenn ein anderer Staat zu einem anderer Beurteilung kommt, die zu einer Nichtbesteuerung führt, ist jedoch nach wie vor umstritten. Die OECD kommt zumindest in Konzernsachverhalten zu dem Ansatz einer korrespondierenden Regelung. Wesentlich ist hierbei, dass es sich um konzerninterne Strukturen handelt, die zu einem hybriden Mismatch führen und Drittfälle ausgeschlossen werden. Hingegen haben die Bundesländer vorgeschlagen, im Rahmen sogenannter Vermeidung von hybriden Gestaltungen auch Drittfälle einzubeziehen, § 4 Abs. 5a EStG-Entwurf. Die überschießende Tendenz dieses Vorschlags stößt in der Wirtschaft auf deutliche Kritik. Vor dem Hintergrund der zahlreichen Änderungsvorschläge ist die Frage der Umsetzungsphase höchst brisant. Auf der Folie sind die einzelnen Umsetzungsphasen dargestellt und zeigen, wie ambitioniert das BEPS-Projekt von der OECD angegangen wird.

6. Strafbefreiende Selbstanzeige

Zum Schluss wird kurz auf die aktuellen Entwicklungen im Steuerstrafrecht eingegangen. Die Unternehmen beschäftigen die Verschärfung des Steuerstrafrechts und die Auswirkungen für die in der Praxis immer wieder erforderlichen Abgrenzungen der einfachen Korrekturen vom Instrument der strafbefreienden Selbstanzeige. Bei einem Konzern mit Buchungsvorgängen in Millionenhöhe zeigt sich, dass auch bei gewissenhaftester Prüfung Fehler an der Tagesordnung sind. Die Frage, die sich aufgrund der Einschränkung der strafbefreienden Selbstanzeige ergibt, ist, wie mit den notwendigen Korrekturen zukünftig umzugehen ist. Kann eine strafbefreiende Selbstanzeige von vornherein ausgeschlossen werden, da faktisch davon auszugehen ist, dass wegen der Komplexität und der Vielzahl der Buchungsfälle in der Praxis regelmäßig keine fehlerfreie Steuererklärung abgegeben werden kann? Und wie muss die Steuerverwaltung auf die Korrekturen reagieren? Können bzw. müssen all die Fälle der einfachen Korrekturen bereits wegen der betragsmäßigen Höhe der Unrichtigkeit bei großen Unternehmen an die Staatsanwaltschaft abgegeben werden? Die Aussicht auf eine Verfahrenseinstellung des staatsanwaltlichen Verfahrens kann – wie teilweise vertreten wird – keine zielführende Lösung sein. Als Lösungsvorschlag hat das BMF einen ersten Diskussionsentwurf für ein Anwendungsschreiben zu § 153 AO vorgelegt, der einen Abgrenzungsversuch zwischen einer einfachen Korrektur und einer strafbefreienden Selbstanzeige im Unternehmensbereich vornimmt. Im Fokus steht ein „Risikomanagement-System", das fehlerhafte Erklärungen und insbesondere steuerstrafrechtlich relevante Fälle vermeiden soll. Alles in allem könnte ein entsprechendes Anwendungsschreiben den Druck für die Unternehmen und die Finanzverwaltung nehmen.

7. Fazit

Durchgreifende Reformen sind in dieser Legislaturperiode nicht mehr zu erwarten. Vielmehr wird Vieles in der Steuerpolitik Stückwerk bleiben. So konträr die steuerpolitische Ausgangslage mit Blick auf die unterschiedlichen Wahlprogramme und Vorstellungen vor der Legislaturperiode war, so kontrovers wird auch die steuerpolitische Agenda sowie die laufenden Gesetzgebungsverfahren und aktuellen steuerpolitischen Projekte in der großen Koalition diskutiert.

2. Teil: Halbzeitanalyse GroKo 2013/17: Steuervereinfachung, Steuervermeidung und Steuerreform – Steuervermeidung

I. Reverse Charge zur Bekämpfung des Steuerausfalls bei der Umsatzsteuer

Nina Storck, PricewaterhouseCoopers, Hannover

1. Der Koalitionsvertrag 74

2. Wirkungsweise des Reverse Charge-Mechanismus 75
   2.1. Steuerschuldnerschaft nach § 13a Abs. 1 Nr. 1 UStG 75
   2.2. Steuerschuldnerschaft nach § 13b UStG 77

3. EU-rechtliche Grundlagen 79

4. Entwicklung des Reverse Charge-Mechanismus im deutschen
   Umsatzsteuerrecht 81

5. Ausgewählte Anwendungsfälle 84
   5.1. Überblick 84
   5.2. Sonstige Leistungen eines EU-Ausländers 86
   5.3. Bauleistungen 88
   5.4. Lieferungen von Metallen 93
   5.5. Der Schnellreaktionsmechanismus 96

6. Zusammenfassung 97

1. Der Koalitionsvertrag

Eine Halbzeitanalyse der „GroKo 2013/2017" zum Thema „Reverse Charge zur Vermeidung von Steuerausfällen bei der Umsatzsteuer" verlangt zunächst einen Blick in den Koalitionsvertrag, den die Regierungsparteien CDU, CSU und SPD nach der Bundestagswahl im September 2013 unter dem Titel „Deutschlands Zukunft gestalten" am 27.11.2013 vorgestellt haben. In dessen Kapitel 3 mit dem Titel „Solide Finanzen" geht die Koalition auf die Themengebiete „Verlässliche Steuerpolitik", „Steuervereinfachung und Steuervollzug", „Steuerhinterziehung bekämpfen – Steuerbetrug vermeiden" sowie „Gewerbesteuer, Erbschaftsteuer und Grundsteuer" ein[1]. Zur Umsatzsteuer – Teil des Gebietes Steuerbetrug – wird wörtlich Folgendes festgestellt:

„Umsatzsteuerbetrug stellt die fiskalisch bedeutendste Form der Steuerhinterziehung dar. Wir wollen den Schnellreaktionsmechanismus gezielt einsetzen, um Umsatzsteuerbetrug frühzeitig zu unterbinden: Wir werden dabei darauf achten, dass deutsches Umsatzsteuerrecht nicht unnötig kompliziert wird. Erforderlichenfalls werden wir weitere Initiativen ergreifen. Das BZSt wird zentraler Ansprechpartner der Finanzverwaltungen der Bundesländer für betrügerische Gestaltungen unabhängig von Branchen."[2]

An dieser Stelle sollen zum einen die grundlegende Darstellung der Wirkungsweise des Reverse Charge-Mechanismus, seine rechtliche Basis und Entwicklung sowie ein Überblick über ausgewählte Ausprägungen dargestellt werden. Der Inhalt basiert zum Teil auf Erlebnissen der steuerberatenden Praxis und darf getrost als subjektiv wertend betrachtet werden.

Nicht thematisiert wird der Aspekt der Kompetenzbündelung hinsichtlich betrügerischer Gestaltungen beim Bundeszentralamt für Steuern (BZSt).

Angesichts der obigen Aussagen des Koalitionsvertrages darf man sich mindestens zwei Fragen stellen, deren mögliche Antworten nachfolgend sehr knapp gefasst werden sollen: Was ist überhaupt das Problem? und Wie groß ist das Problem?

Was ist überhaupt das Problem?

Steuerausfälle bei der Umsatzsteuer können zum Beispiel durch Zahlungsausfälle aufgrund von gewollten oder ungewollten Insolvenzen, Umsatzsteuerkarussellen und Scheingeschäften oder auch den Ohne-Rechnung-Geschäften entstehen. Wenngleich

---

[1] Vgl. Presse- und Informationsamt der deutschen Bundesregierung, Deutschlands Zukunft gestalten – Koalitionsvertrag zwischen CDU, CSU und SPD – 18. Legislaturperiode, 17.12.2013, http://www.bundesregierung. de/Content/DE/_Anlagen/2013/2013-12-17-koalitionsvertrag.pdf?__blob=publicationFile&v=2, S. 63-66, 20.8.2015.

[2] Vgl. Ebenda, S. 65.

nicht alle der vorstehenden Gründe für Umsatzsteuerausfälle betrügerisch sind, so basiert doch deren Mehrzahl auf kriminellen Handlungen.

Als eigentlicher Auslöser, warum es zu solchen Ausfällen kommen kann, darf wohl gelten, dass die vom leistenden Unternehmer ausgestellten Rechnungen mit gesondertem Umsatzsteuerausweis als „Umsatzsteuer-Schecks" betrachtet werden können, mittels derer der Leistungsempfänger den Staat „beziehen" darf und die Vorsteuerabzugsberechtigung des Leistungsempfängers grundsätzlich[3] auch dann erhalten bleibt, wenn der Leistende die Umsatzsteuer bewusst nicht an das Finanzamt zahlt oder mit der Zahlung ausfällt.

Wie groß ist das Problem?

Der Natur der Sache nach ist eine Schätzung der Höhe der ausgefallenen Umsatzsteuerbeträge schwierig, zumindest soweit es die Ausfälle aufgrund Steuerbetruges betrifft. Die tatsächliche Höhe beispielsweise der Ohne-Rechnung-Geschäfte wird im Dunkeln bleiben, so wie diese Geschäfte zumeist auch. Während die EU die so genannte Mehrwertsteuerlücke für das Jahr 2012 mit 177 Mrd. € für die gesamte EU und 22 Mrd. € allein für Deutschland angibt[4], führen Bund und Länder keine Statistik über den durch Steuerbetrug verursachten Steuerausfall. Die Bundesregierung gibt aber für das Jahr 2012 einen Ausfallbetrag von 1,451 Mrd. € aus Niederschlagungen aufgrund von Insolvenzen an.[5]

2. Wirkungsweise des Reverse Charge-Mechanismus

2.1. Steuerschuldnerschaft nach § 13a Abs. 1 Nr. 1 UStG

Um ein grundlegendes Verständnis für die Problematik und die Wirkungsweise des gesetzlichen Lösungsansatzes zu vermitteln, sollen nachfolgend die beiden Systematiken schematisch dargestellt und erläutert werden.

§ 13a Abs. 1 Nr. 1 UStG regelt die Steuerschuldnerschaft in dem gesetzlichen Regelfall, dass der leistende Unternehmer die Umsatzsteuer für den von ihm ausgeführten Umsatz schuldet. Führt also ein Unternehmer einen in Deutschland steuerbaren und steuerpflichtigen Umsatz aus, so schuldet der leistende Unternehmer die Umsatzsteuer. Er

---

[3] Die Rechtsentwicklung ist hier abzuwarten. Zzt. bestehen nur Einschränkungen beim Vorsteuerabzug, wenn der Leistungsempfänger wusste oder hätte wissen müssen, dass der an ihn leistende Unternehmer in betrügerischer Absicht handelt, vgl. auch BFH vom 10.9.2015, V R 17/14 BFH/NV 2016, S. 80; FG Düsseldorf vom 15.2.2013 1 K 943/10 U, BeckRS 2015, S. 94446, BFH anhängig, XI R 31/14; FG Hamburg, vom 11.2.2014, 3 V 241/13, BeckRS 2014, S. 94903.

[4] Vgl. CPB, Update Report VAT GAP, 9.2014, http://ec.europa.eu/taxation_customs/resources/documents/ common/publications/studies/vat_gap2012.pdf, 20.8.2015.

[5] Vgl. BT-Drs. 18/427 vom 31.1.2014; BT-Drs. 18/568 vom 19.2 2014, S. 6.

muss diese als Steuerschuld deklarieren und an sein Finanzamt abführen. Mithin wird der Unternehmer eine Rechnung mit gesondert ausgewiesener Umsatzsteuer an den Leistungsempfänger ausstellen und damit die Umsatzsteuer vom Leistungsempfänger vergütet erhalten.

Der unternehmerische Leistungsempfänger, um den es hier vergleichshalber gehen soll, da das Reverse Charge-Verfahren nur bei solchen zum Einsatz kommt, zahlt also dem leistenden Unternehmer die Umsatzsteuer zusätzlich zum vereinbarten Nettokaufpreis. Mithilfe der an ihn ausgestellten Rechnung, des von mir so bezeichneten Umsatzsteuer-Schecks, kann er daraufhin bei seinem Finanzamt nach § 15 Abs. 1 Satz 1 Nr. 1 UStG die ausgewiesene Umsatzsteuer als Vorsteuer zum Abzug bringen und erhält diese vom Finanzamt erstattet bzw. mindert die von ihm geschuldete Umsatzsteuer für eigene Umsätze; gegebenenfalls auch nur in Höhe einer bestimmten Quote, soweit er aufgrund der von ihm ausgeführten Ausgangsumsätze nur teilweise zum Vorsteuerabzug berechtigt ist. Auf diese Weise wird der unternehmerische Leistungsempfänger von der zunächst verauslagten Umsatzsteuer vollständig oder teilweise entlastet.

2. Teil: Steuervermeidung

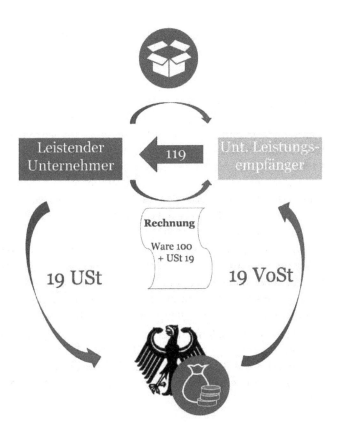

Abbildung 2.I.1: Schematische Darstellung des § 13a Abs.1 Nr 1 UStG[6]

2.2. Steuerschuldnerschaft nach § 13b UStG

Anders verhält es sich bei der Steuerschuldnerschaft nach § 13b UStG, der landläufig als Reverse Charge-Mechanismus oder -Verfahren oder auch auf Deutsch Verlagerung der Steuerschuldnerschaft bezeichneten Methode.[7]

---

[6] Quelle: Eigene Darstellung

Wenn man beginnt, die ersten Absätze des § 13b UStG im Wortlaut zu lesen, stellt man fest, dass zunächst nicht die Steuerschuldnerschaft, sondern die Steuerentstehung für bestimmte Umsätze geregelt ist. Auch diese soll hier nicht weiter thematisiert werden. Die eigentliche Verlagerung der Steuerschuldnerschaft ist erst in Abs. 5 des § 13b UStG statuiert.

Nach § 13b Abs. 5 UStG verhält es sich abweichend vom zuvor beschriebenen Grundfall so, dass ausnahmsweise der unternehmerische Leistungsempfänger die Umsatzsteuer für den an ihn ausgeführten Umsatz schuldet, wenn der leistende Unternehmer bestimmte steuerbare und steuerpflichtige Umsätze an ihn ausführt. Er muss also die geschuldete Umsatzsteuer in seiner Umsatzsteuervoranmeldung bzw. Umsatzsteuererklärung deklarieren und an sein Finanzamt abführen. Ist er aufgrund der von ihm ausgeführten Umsätze zum vollen oder teilweisen Vorsteuerabzug berechtigt, so kann er nach § 15 Abs. 1 Satz 1 Nr. 4 UStG die von ihm geschuldete Umsatzsteuer voll oder teilweise sogleich als Vorsteuer abziehen.

Den leistenden Unternehmer treffen – außer bestimmten Deklarations- und gegebenenfalls Dokumentationspflichten – keine weiteren Pflichten, insbesondere keine Zahlpflichten gegenüber seinem Finanzamt. Er stellt dem Leistungsempfänger eine Rechnung über den ausgeführten Umsatz aus, in der er keine Umsatzsteuer berechnet, jedoch auf die Verlagerung der Steuerschuldnerschaft hinzuweisen hat.[8]

Im dargestellten Beispiel soll der unternehmerische Leistungsempfänger voll vorsteuerabzugsberechtigt sein. Es wird hieran deutlich, dass dieser zunächst mit Umsatzsteuer belastet, jedoch sogleich vollständig durch den Vorsteuerabzug entlastet wird. Wirtschaftlich trägt er also wie im zuvor beschriebenen Beispiel nur den vereinbarten Nettokaufpreis.

---

[7] § 13b UStG regelt allerdings kein besonderes „Verfahren" zur Erhebung der Umsatzsteuer, sondern ordnet lediglich eine abweichende Zuordnung der Steuerschuldnerschaft an, vgl. Hummel, D., MWStR 2016, S. 6; Stadie, H., in: Rau/Dürrwächter, UStG, 2014, § 13b nF.

[8] § 14a Abs. 1 Satz 1 bzw. § 14a Abs. 5 Satz 1 UStG.

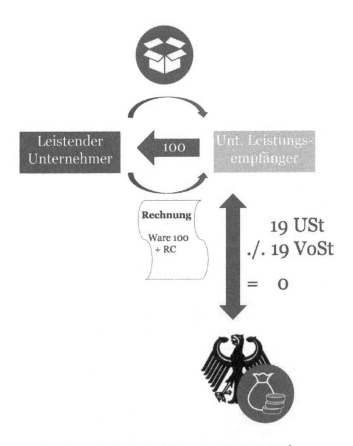

Abbildung 2.I.2: Schematische Darstellung des § 13b UStG[9]

3. EU-rechtliche Grundlagen

Bei der Verfolgung des gemeinsam gesteckten Zieles der Schaffung eines europäischen Binnenmarktes erkannten die Mitgliedstaaten auch die Notwendigkeit der Harmonisierung umsatzsteuerlicher Vorschriften, die dann bereits in den späten Sechziger Jahren des vergangenen Jahrhunderts begann.[10] Einen wichtigen Meilenstein stellt die Sechs-

---

[9] Quelle: Eigene Darstellung
[10] Richtlinie 67/227/EWG des Rates vom 11.4.1967, ABl. EU vom 14.4.1967, Nr. 071, S. 1301-1303 und Richtlinie 67/228/EWG des Rates vom 11.4.1967, ABl. EU, vom 14.4.1967, Nr. 071, S. 1303-1312.

te Richtlinie 77/388/EWG des Rates vom 17.5.1977 zur Harmonisierung der Rechtsvorschriften der Mitgliedstaaten über die Umsatzsteuern – Gemeinsames Mehrwertsteuersystem: einheitliche steuerpflichtige Bemessungsgrundlage [11] (nachfolgend kurz Sechste Richtlinie) dar, auf der das deutsche Umsatzsteuerrecht seit den Siebziger Jahren basiert. Ziel der gemeinsamen Vereinbarungen war und ist die Harmonisierung der vielfältigen nationalen Regelungen im Sinne der Schaffung eines gemeinsamen Mehrwertsteuersystems.

Derzeit ist der umsatzsteuerliche Eichstrich die Richtlinie 2006/112/EG des Rates vom 28.11.2006 über das gemeinsame Mehrwertsteuersystem[12] (nachfolgend kurz MwStSystRL), die die Sechste Richtlinie inhaltlich vollständig ersetzte. Als Richtlinie hat sie wie bisher auch keine unmittelbare Rechtswirkung, sondern muss durch nationales Recht erst Gesetz in den jeweiligen Mitgliedstaaten werden. Im Folgenden sollen lediglich im Überblick die relevanten Regelungen zur Steuerschuldnerschaft der Richtlinie dargestellt und die nationalen Vorschriften, die diese umsetzen sollen, genannt werden.

Der schon zuvor systematisch dargestellte § 13a Abs. 1 Nr. 1 UStG gründet als gesetzlich gedachter Normfall auf Art. 193 MwStSystRL. Er regelt, dass der Steuerpflichtige, in der deutschen Diktion der „leistende Unternehmer", der Gegenstände steuerpflichtig liefert oder Dienstleistungen steuerpflichtig erbringt, die Steuer schuldet. Ausnahmefälle werden in den Art. 194 bis 199b sowie 202 MwStSystRL statuiert, auf die nachfolgend teilweise noch eingegangen wird.

Der als Ausnahmefall konstruierte Art. 194 MwStSystRL regelt sogleich einen so genannten Optionsfall. Während in Art. 193 MwStSystRL die Richtlinie noch stipuliert, dass der Steuerpflichtige die Steuer „schuldet", sieht Art. 194 MwStSystRL vor, dass die Mitgliedstaaten „vorsehen können", dass ein anderer die Steuer schuldet, wenn steuerpflichtige Gegenstände oder Dienstleistungen von einem nicht in dem Staat, in dem die Steuer geschuldet wird, ansässigen Steuerpflichtigen geliefert bzw. bewirkt werden. Ferner können die Bedingungen, unter denen es zu der beschriebenen Steuerschuldverlagerung kommt, von den Mitgliedstaaten festgelegt werden.

Diese Optionsregelungen sind in der MwStSystRL an vielen Stellen zu finden und machen ihre Anwendung in den jeweiligen Mitgliedstaaten nicht nur für die Steuerpflichtigen zu einer Herausforderung. Während einige Staaten, wie z. B. die Niederlande Lieferungen, Werklieferungen und Dienstleistungen ausländischer Unternehmer dem Reverse Charge-Verfahren unterwerfen, hat Deutschland beispielsweise in § 13b Abs. 2

---

[11] Richtlinie 77/388/EWG des Rates vom 17.5.1977, ABl. EU vom 13.6.1977, Nr. L 145, S. 1-40.
[12] Richtlinie 2006/112/EG des Rates vom 28.11.2006, ABl. EU vom 11.12.2006, Nr. L 347, S. 1, zuletzt geändert durch Richtlinie 2013/61/EU des Rates vom 17.12.2013, ABl. EU vom 28.12.2013, Nr. L 353/5.

Nr. 1 UStG lediglich Werklieferungen und sonstige Leistungen ausländischer Unternehmer erfasst, während sich ausländische Unternehmer, die Lieferungen von Gegenständen ausführen, in Deutschland für umsatzsteuerliche Zwecke registrieren lassen müssen. Daher ist bei derlei Lieferungen und sonstigen Leistungen stets geboten, die Anwendungsregeln im ausländischen Staat zu prüfen.

Anders verhält es sich wiederum bei sonstigen Leistungen, die der Grundregel der Ortsbestimmung bei Leistungen zwischen Unternehmern (Art. 44 MwStSystRL) unterfallen und von ausländischen leistenden Unternehmern erbracht werden, da bei diesen Art. 196 MwStSystRL zwingend die Anwendung des Reverse Charge-Verfahrens verlangt. Nach der Grundregel ist nämlich vereinfachend gesprochen der Ort der Leistung dort belegen, wo der Leistungsempfänger sein Unternehmen betreibt. Die Mitgliedstaaten müssen also bei diesen Leistungen, die Deutschland in § 3a Abs. 2 UStG geregelt hat, vorsehen, dass der Leistungsempfänger die Steuer schuldet. Die deutsche Regelung hierfür ist § 13b Abs. 1 i.V.m. Abs. 5 Satz 1 UStG.

Art. 199 MwStSystRL stellt wiederum eine wichtige Optionsregelung dar. Hier sei exemplarisch Abs. 1 Buchstabe a erwähnt, in dem die Option der Steuerschuldverlagerung bei Bauleistungen steht. Diese hat Deutschland in § 13b Abs. 2 Nr. 4 i.V.m. Abs. 5 Satz 2 UStG umgesetzt.

Abschließend soll an dieser Stelle auf Art. 199b und 395 MwStSystRL hingewiesen werden, da diese beiden Artikel für den so genannten Schnellreaktionsmechanismus von elementarer Bedeutung sind, auf den später noch einzugehen ist. Der von Deutschland im Rahmen des so genannten Zollkodexanpassungsgesetzes[13] in § 13b Abs. 10 UStG umgesetzte Rechtsgedanke des Art. 199b MwStSystRL soll in Verbindung mit der Ermächtigung nach Art. 395 MwStSystRL den Staat in die Lage versetzen, kurzfristig bei bestimmten Umsätzen zur Bekämpfung von Betrugsfällen das Reverse Charge-Verfahren anzuwenden und dieses erst später in eine echte gesetzliche Grundlage zu überführen. Art. 395 MwStSystRL stellt die Ermächtigungsgrundlage dafür dar, die kurzfristige Maßnahme in eine längerfristige gesetzliche Regelung zu übernehmen.

4. Entwicklung des Reverse Charge-Mechanismus im deutschen Umsatzsteuerrecht

Die Verlagerung der Steuerschuldnerschaft in der Umsatzsteuer hat eine durchaus schon längere Historie. Schon vor Einführung des § 13b UStG in seiner Ursprungsfassung im Jahr 2002 galt in Deutschland das sogenannte Abzugsverfahren, verbunden

---

[13] Gesetz zur Anpassung der Abgabenordnung an den Zollkodex der Union und zur Änderung weiterer steuerlicher Vorschriften, BGBl. I 2014, S. 2417.

mit seiner Sonderausprägung, der sogenannten Nullregelung, welches nicht im Umsatzsteuergesetz, sondern lediglich in den §§ 51-58 der Umsatzsteuer-Durchführungsverordnung (UStDV) geregelt war. Erbrachte damals ein ausländischer leistender Unternehmer eine im Inland steuerbare Leistung, so konnte er deutsche Umsatzsteuer auf der Rechnung ausweisen und der Leistungsempfänger war dann verpflichtet, die ausgewiesene Umsatzsteuer nicht an ihn zu entrichten, sondern von der Gegenleistung einzubehalten und an den deutschen Fiskus abzuführen. Steuerschuldner blieb zwar der Ausländer, jedoch war der Leistungsempfänger in Haftung zu nehmen, wenn er der Verpflichtung zum Abzug nicht nachkam. Wies der leistende Unternehmer vereinbarungsgemäß dagegen keine deutsche Umsatzsteuer aus, so hatte der Leistungsempfänger die Umsatzsteuer selbst zu errechnen und an den Fiskus abzuführen. Bei Vorliegen der Voraussetzungen konnte er jedoch den Vorsteuerabzug gleichfalls geltend machen, so dass keine Zahlungsverpflichtung entstand. Eine Registrierungsnotwendigkeit des ausländischen Unternehmers in Deutschland ergab sich damit nicht. Obwohl formal-inhaltlich anders, ähnelte die damalige Nullregelung von der technischen Handhabung her dem dann eingeführten § 13b UStG.

Bereits im vorherigen Abschnitt wurde die EU-rechtliche Basis der heutigen Vorschrift des § 13b UStG erläutert. Zum damaligen Einführungszeitpunkt galt noch die Vorläufer-Richtlinie der MwStSystRL, nämlich die schon erwähnte Sechste Richtlinie. Trotz des Namens, der eigentlich auf einen begrenzten Regelungsinhalt – die Vereinheitlichung der Bemessungsgrundlage – schließen ließ, enthielt diese Richtlinie bereits die wesentlichen Aspekte, die auch heute Regelungsinhalte der MwStSystRL sind. Art. 21 der Sechsten Richtlinie ließ als Ausnahmefall die Verlagerung der Steuerschuldnerschaft in bestimmten Fällen zu.

Die Fachwelt ging damals davon aus, dass das deutsche Abzugsverfahren und die Nullregelung nicht EU-rechtskonform seien[14], so dass die Notwendigkeit bestand, eine Neuregelung in Entsprechung der Sechsten Richtlinie zu schaffen. Daher wurde durch das Steueränderungsgesetz 2001[15] mit Wirkung vom 1.1.2002 in noch überschaubarer Form der deutsche Reverse Charge-Mechanismus eingeführt. Er umfasste die Werklieferungen und sonstigen Leistungen von im Ausland ansässigen Unternehmern, die Lieferungen sicherungsübereigneter Gegenstände durch den Sicherungsgeber an den Sicherungsnehmer sowie die Lieferungen von Grundstücken im Zwangsversteigerungsverfahren.

---

[14] Z. B. Spatschek, R./Alvermann, J., UStB 2002, S. 54ff; Gleichwohl kam der BFH vom 24.8.1994, BStBl. II 1995, S. 188, zu dem Ergebnis, dass keine Zweifel daran bestünden, dass das Abzugsverfahren im Einklang mit dem Gemeinschaftsrecht stehe und hielt daher auch keine Vorlage dieser Fragestellung beim EuGH für erforderlich.

[15] Gesetz zur Änderung steuerlicher Vorschriften vom 20.12.2001, BGBl. I 2001, S. 3794.

2. Teil: Steuervermeidung

Seit seiner Einführung wurde § 13b UStG in stetig kürzeren Abständen erweitert bzw. modifiziert. Genannt werden sollen an dieser Stelle die Aufnahme der Umsätze, die unter das Grunderwerbsteuergesetz fallen und die Bauleistungen durch das Haushaltsbegleitgesetz 2004[16], die Lieferungen von Gas und Elektrizität durch ausländische Unternehmer unter Verweis auf § 3g UStG mit dem Richtlinien-Umsetzungsgesetz in 2004[17], die Erweiterung auf die Lieferung von Abfällen und Schrotten, Gebäudereinigungsleistungen und die Lieferungen von Gold (Jahressteuergesetz 2010)[18], die Lieferungen von Mobilfunkgeräten und integrierten Schaltkreisen (6. Verbrauchsteuer-Änderungsgesetz 2011 [19]), die Erweiterung des § 13b UStG auf die Lieferungen von Gas und Elektrizität über den § 3g UStG hinaus durch das Amtshilferichtlinien-Umsetzungsgesetz[20] in 2003 und schließlich die Erweiterung des bestehenden § 13b UStG auf die Lieferungen von Tablet-Computern, Spielekonsolen und Metallen durch das Kroatiengesetz[21] im Jahr 2014.

Schon vor der Einführung des § 13b UStG gab es intensive Diskussionen um die optimale Gestaltung des Verfahrens der Steuerschuldnerschaft. Kontrovers diskutiert wurden beispielsweise das so genannte Mittler-Modell der Vorstufenbefreiung, das Reverse Charge-Verfahren mit Vorsteuerverrechnung bzw. mit Gesamthaftung oder auch die Ist-Versteuerung mit Cross Check-Verfahren. Einig war man sich eigentlich nur in einem, nämlich, dass Umsatzsteuerbetrug bekämpft werden soll. Über die Art und Weise, wie dieses Ziel erreichbar sei, schieden sich die Geister.

Im Jahr 2004 schließlich gaben die Finanzministerkonferenz und das Bundesministerium der Finanzen einen Auftrag zur Prüfung der Wirkungen verschiedener Denkansätze an eine steuerberatende Gesellschaft. Die daraus resultierende sogenannte „PSP-Studie" kam zu dem Ergebnis, dass die Einführung eines unter bestimmten Voraussetzungen angewendeten Reverse Charge-Verfahrens bei zwischenunternehmerischen Rechnungen über 5.000 € die gesteckten Ziele am weitgehendsten erreicht. Die Ist-Besteuerung mit Cross-Check-Verfahren wurde dagegen verworfen[22].

---

[16] Haushaltsbegleitgesetz 2004 vom 29.12.2003, BGBl. I 2003, S. 3076.

[17] Gesetz zur Umsetzung von EU-Richtlinien in nationales Steuerrecht und zur Änderung weiterer Vorschriften vom 9.12.2004, BGBl. I 2004, S. 3310.

[18] Jahressteuergesetz 2010 vom 8.12.2010, BGBl. I 2010, S. 1768.

[19] Sechstes Gesetz zur Änderung von Verbrauchsteuergesetzen vom 16.6.2011, BGBl. I 2011, S. 1090.

[20] Gesetz zur Umsetzung der Amtshilferichtlinie sowie zur Änderung steuerlicher Vorschriften vom 26.6.2013, BGBl. I 2013, S. 1809.

[21] Gesetz zur Anpassung des nationalen Steuerrechts an den Beitritt Kroatiens zur EU und zur Änderung weiterer steuerlicher Vorschriften vom 25.7.2014, BGBl. I 2014, S. 1266.

[22] Als Ergebnisbericht vgl. Wirtschaftsprüfungsgesellschaft PSP, UR 2005, S. 659-663.

Dementsprechend wurde seitens der Bundesrepublik Deutschland in der Folge das favorisierte Modell als Wunschmodell im Sinne eines fakultativen generellen Reverse Charge-Verfahrens für Rechnungen über 5.000 € auf europäischer Ebene vorangetrieben. Österreich, das sich ebenfalls mit diesem Thema beschäftigt hatte, sollte als Modellland für ein Pilotprojekt dienen und stellte daher bei der Kommission einen entsprechenden Antrag. Im Ergebnis hat die Kommission im Jahr 2008 sowohl den Antrag Österreichs als auch das Ansinnen Deutschlands faktisch abgelehnt[23], so dass der Systemwechsel damit einzelstaatlich nicht weiter verfolgt werden konnte.

5. Ausgewählte Anwendungsfälle

5.1. Überblick

Der Reverse Charge-Mechanismus oder – wie dieser im deutschen Recht bezeichnet wird – die Verlagerung der Steuerschuldnerschaft, kennt die verschiedensten Ausprägungen. Während, wie im vorhergehenden Abschnitt bereits dargestellt, der Ausgangspunkt im Wesentlichen im internationalen Kontext und bei Grundstücklieferungen zu finden war, hat sich die Verlagerung der Steuerschuldnerschaft mittlerweile in ein recht komplexes Konstrukt verwandelt.

Zunächst zu nennen ist die Anwendung des Reverse Charge-Verfahrens im internationalen Kontext, welches vordringlich der Verwaltungsvereinfachung und der Verringerung der steuerlichen Pflichten von ausländischen Unternehmern in anderen Staaten, in denen sie nicht über eine umsatzsteuerliche Präsenz verfügen, dient. Hierzu gehören die derzeit relevanten Abschnitte § 13b Abs. 1, auf den später noch im Detail eingegangen wird, § 13b Abs. 2 Nr. 1 UStG, der die Behandlung der Werklieferungen ausländischer Unternehmer und sonstigen Leistungen der Drittlandsunternehmer regelt sowie die erst deutlich später ins Gesetz aufgenommene Regelung des § 13b Abs. 2 Nr. 5 Buchst. a) UStG mit Auswirkung auf die Lieferungen von Gas, Elektrizität, Wärme und Kälte von ausländischen Unternehmern.

Der zweite Block enthält die leistungsbezogenen § 13b UStG-Regelungen, bei denen es lediglich auf die Art des Umsatzes ankommt, wenn der Leistungsempfänger ein Unternehmer ist. Zu nennen sind neben den Lieferungen von sicherungsübereigneten Ge-

---

[23] EG-Kommission, UR 2008, S. 251. Gründe waren, dass man andere neue Betrugsarten, z. B. den unversteuerten Letztverbrauch und den Missbrauch von Mehrwertsteuer-Identifikationsnummer, befürchtete, die man nur mittels verschiedener, zu höherer Komplexität und neuen Pflichten führenden Maßnahmen bekämpfen könnte. Zudem fürchtete man eine Verlagerung der Betrugsfälle in Mitgliedstaaten, die das Verfahren nicht einsetzen. Man richtete die Frage an den Rat, ob die aus Sicht der Kommission notwendigen weitergehenden Untersuchungen angestoßen werden sollten; die Sache verlief jedoch aufgrund des Einstimmigkeitserfordernisses in Steuersachen im Sande, da es eine völlige Umkehr des Umsatzsteuersystems bedeutet hätte und mehrere Mitgliedstaaten schon in den Diskussionen ihre ablehnende Haltung avisiert hatten.

genständen (Abs. 2 Nr. 2) und den gemeinhin als solche bezeichneten Grundstückslieferungen (Abs. 2 Nr. 3) auch die Lieferungen von Abfällen und Schrotten (Abs. 2 Nr. 7 i.V.m. Anlage 3) und von Gold bestimmter Qualität (Abs. 2 Nr. 9).

Der nächste, dritte Block umfasst leistungs- und empfängerbezogene Regelungen zur Verlagerung der Steuerschuldnerschaft. Diese sind nur einschlägig bei bestimmten Umsätzen, die an bestimmte unternehmerische Leistungsempfänger ausgeführt werden. Zu nennen sind hier die Erbringung von Bauleistungen (Abs. 2 Nr. 4), die Lieferungen von Gas und Elektrizität an Wiederverkäufer (Abs. 2 Nr. 5 Buchst. b), die Übertragung von Emissionsberechtigungen (Abs. 2 Nr. 6) und Gebäudereinigungsleistungen (Abs. 2 Nr. 8).

Zuletzt wurden bestimmte Umsätze in den Regelungsbereich des § 13b UStG aufgenommen, bei denen es neben der Art des Umsatzes auch darauf ankommt, dass eine Wertgrenze überschritten wird. Daher werden diese von mir als leistungs- und wertbezogen bezeichnet. Hierzu gehören die Lieferungen von Mobilfunkgeräten, Tablets, Spielekonsolen und integrierten Schaltkreisen (Abs. 2 Nr. 10) genauso wie die Lieferungen von bestimmten Metallen (Abs. 2 Nr. 11 i.V.m. Anlage 4).

Internationaler Kontext	Leistungsbezogen	Leistungs- und empfängerbezogen	Leistungs- und wertbezogen
• § 13b Abs. 1 stpfl. sonstige Leistungen von EU-Unternehmern (außer D) • § 13b Abs. 2 Nr. 1 Steuerpflichtige Werklieferungen und sonstige Leistungen von ausländischen Unternehmern (Drittland) • § 13b Abs. 2 Nr. 5a) Lieferungen von Gas, ELT, Wärme/Kälte durch ausländische Unternehmer	• § 13b Abs. 2 Nr. 2 Sicherungsübereignete Gegenstände • § 13b Abs. 2 Nr. 3 Umsätze, die unter das GrEStG fallen • § 13b Abs. 2 Nr. 7 Gegenstände der Anlage 3 (Abfälle und Schrotte) • § 13b Abs. 2 Nr. 9 Goldlieferungen	• § 13b Abs. 2 Nr. 4 Bauleistungen • § 13b Abs. 2 Nr. 5b) Lieferungen von Gas und ELT, die nicht von 5a) erfasst sind • § 13b Abs. 2 Nr. 6 Emmissionsberechtigungen • § 13b Abs. 2 Nr. 8 Gebäudereinigungsleistungen	• § 13b Abs. 2 Nr. 10 Lieferungen von Mobilfunkgeräten, Tablets, Spielekonsolen, integrierte Schaltkreise • § 13b Abs. 2 Nr. 11 Gegenstände der Anlage 4 (Metalle)

Abbildung 2.1.3: Überblick über die Ausprägungen des deutschen Reverse Charge-Verfahrens [24]

5.2. Sonstige Leistungen eines EU-Ausländers

Wie schon avisiert, soll es in diesem Abschnitt um die Verlagerung der Steuerschuldnerschaft bei Leistungen gehen, die nach dem Grundfall der Ortsbestimmungsregeln des § 3a Abs. 2 UStG in Deutschland steuerbar und mangels Befreiungsnorm steuerpflichtig sind und die von einem im einem der anderen Mitgliedstaaten der Europäischen Union ansässigen Unternehmer an einen anderen Unternehmer (oder dessen inländische umsatzsteuerliche Betriebsstätte[25]) ausgeführt werden.

Voraussetzungen für die Anwendung des § 13b Abs. 1 UStG ist also, dass der ausländische Unternehmer eine Leistung erbringt, die der Ortbestimmungs-Grundregel des § 3a Abs. 2 UStG unterfällt. Diese ist sehr weit gefasst, so dass sie in der Praxis auf die weitaus meisten Leistungen zwischen Unternehmern Anwendung findet. Hierzu gehören

---

[24] Quelle: Eigene Darstellung

[25] Zur Definition der „festen Niederlassung" vgl. Art. 11 Abs. 1 und Abs. 2 der Durchführungsverordnung (EU) Nr. 282/2011 des Rates vom 15.3.2011 zur Festlegung von Durchführungsvorschriften zur Richtlinien 2006/12/EG über das gemeinsame Mehrwertsteuersystem. Zur umsatzsteuerlichen Betriebsstätte aus deutscher Sicht vgl. Abschn. 3a.1. Abs. 3 Umsatzsteueranwendungserlass, bei der unzutreffend nicht zwischen empfangender und abgebender Betriebsstätte unterschieden wird. Dies ist allerdings unbeachtlich, da die insoweit spezifischer gefassten Regelungen des Art. 11 der Durchführungsverordnung (EU) Nr. 282/2011 verbindlich und unmittelbar in jedem Mitgliedstaat gelten.

beispielsweise Marketing- und Verwaltungsleistungen, die Lizenzgewährung, die Vermietung von beweglichen körperlichen Gegenständen außer Beförderungsmitteln und einiges mehr. Sämtliche Sonderfälle von Ortsbestimmungsregeln, wie beispielsweise grundstücksbezogene Leistungen, Restaurations- und Übernachtungsleistungen sowie die Einräumung von Eintrittsberechtigungen können demnach nicht von § 13b Abs. 1 UStG erfasst werden.

Weitere Voraussetzung ist, dass der Leistungsempfänger ein Unternehmer oder eine juristische Person ist.

Als leistender Unternehmer kommt im Falle des § 13b Abs. 1 UStG auch nur ein im übrigen Gemeinschaftsgebiet ansässiger Unternehmer in Betracht, was bedeutet, dass Drittlandsunternehmer nur dann von § 13b Abs. 1 UStG erfasst werden würden, wenn sie die Leistung durch eine im übrigen Gemeinschaftsgebiet ansässige Betriebsstätte erbringen würden. Ansonsten sieht das Gesetz jedoch in § 13b Abs. 2 Nr. 1 UStG eine vergleichbare Regelung vor, so dass Drittlandsunternehmer nicht schlechter gestellt werden als in der EU Ansässige.

Als letzte Voraussetzung, die wohl in der Praxis recht wenig Bedeutung hat, muss die in Deutschland steuerbare Leistung auch steuerpflichtig sein. Hier zeigt sich in der Praxis ein Vollzugsdefizit. Wenn eine Leistung zwar in Deutschland steuerbar, aber steuerfrei ist, so träfe den ausländischen Unternehmer eine Registrierungspflicht in Deutschland, um den steuerfreien Umsatz zu deklarieren. Solche Registrierungen dürften zumeist unterbleiben, da auch die Finanzverwaltung zumindest in diesen Fällen kein Interesse an Verwaltungsarbeiten hat, die lediglich dazu dienen, der Form Genüge zu tun, ohne Steueraufkommen einzubringen.[26]

Bei dieser Regelung handelt es sich im Wesentlichen um eine Verwaltungsvereinfachungsvorschrift und Maßnahme zur Verringerung der Komplexität für international agierende Unternehmen. Sie vermeidet nämlich die umsatzsteuerliche Erfassung (Registrierung) von ausländischen Unternehmern im Inland. Weiterer positiver Aspekt dürfte daneben auch die Vermeidung von Steuerausfällen durch bewusste Nichtveranlagung und Nichtabführung trotz Umsatzsteuerausweises durch den Ausländer, d. h. also die Vermeidung von Umsatzsteuerbetrug, sein. Auch trotz grundsätzlich funktionsfähiger Amtshilfe zwischen den EU-Staaten ist die Vollstreckung gegenüber Ausländern für die deutsche Finanzverwaltung immer noch schwieriger als gegenüber Inländern.

---

[26] In bestimmten Fällen kann ein solches vereinfachtes Vorgehen aber auch Nachteile bzw. Risiken bergen, da ausländische Unternehmer, die steuerbare, aber steuerfreie Leistungen erbringen, vom Vorsteuervergütungsverfahren ausgeschlossen sind und etwaige Vorsteuer nur im Wege der Registrierung und Abgabe von Umsatzsteuervoranmeldungen und -erklärungen erstattet erhalten können.

5.3. Bauleistungen

Bei der Anwendung der Verlagerung der Steuerschuldnerschaft bei Bauleistungen darf man angesichts der Entwicklungen der vergangenen drei Jahre getrost zwischen Weinen und Lachen schwanken. Der aus meiner Sicht größte anzunehmende Unfall der Umsatzsteuergeschichte nahm seinen Beginn in der gesetzlichen Regelung des § 13b Abs. 2 Nr. 4 UStG, die nach Auffassung der Finanzverwaltung – wie so häufig – einer Auslegung durch die Finanzverwaltung im Wege der Verwaltungsanweisung bedurfte. Diese Auslegung gipfelte im Streit vor den Finanzgerichten, scheiterte dort und führte nach Auffassung des Gesetzgebers zu einer notwendigen Anpassung des Gesetzes, um weitgehend die „alte Rechtslage" vor dem ungeliebten BFH-Urteil wieder herzustellen.

Aber nun von vorn:

Nach der heutigen wie auch früheren gesetzlichen Regelung des § 13b Abs. 2 Nr. 4 UStG gilt für die Werklieferungen und sonstigen Leistungen, die der Herstellung, Instandsetzung, Instandhaltung, Änderung oder Beseitigung von Bauwerken dient, die Verlagerung der Steuerschuldnerschaft, es sei denn, es handelt sich um Planungs- und Überwachungsleistungen – zusammenfassend also Bauleistungen. So schlicht wie im Gesetz formuliert, so kompliziert ist diese Regelung unter Berücksichtigung der Verwaltungsauslegung. Der Umsatzsteueranwendungserlass gibt recht umfassend in seinem Abschnitt 13b.2. Auskunft über inhaltliche Details und verweist jedoch selbst auch wieder auf die Auslegung zu §§ 48 ff. EStG und die §§ 1 und 2 der Baubetriebe-Verordnung.

Vor Änderung des § 13b UStG durch das Kroatiengesetz zum 1.10.2014[27] regelte der Wortlaut des Gesetzes noch in Absatz 5, dass in den Bauleistungsfällen der Leistungsempfänger dann die Umsatzsteuer schuldet, wenn er selbst ein Unternehmer ist, der Bauleistungen erbringt. Die Definition der Finanzverwaltung, wer Bauleistungen erbringt, war allerdings recht weitgehend, und so fielen neben „normalen" Bauunternehmern, die an fremden Grundstücken Bauleistungen erbringen, auch die Bauträger, die ja bekanntlich bebaute (eigene) Grundstücke beispielsweise an Privatpersonen liefern, nach Auffassung der Finanzverwaltung in den Anwendungsbereich.[28] Letztlich war jeder Unternehmer, der im vorangegangenen Kalenderjahr mindestens 10 % seiner weltweiten Umsätze als Bauleistungen verwirklichte, Bauleister und hatte seine Eingangsumsätze dem § 13b UStG zu unterwerfen. Zur Dokumentation, dass der Leis-

---

[27] Geändert durch Artikel 8 Nr. 2 Buchst. B, Gesetz zur Anpassung des nationalen Steuerrechts an den Beitritt Kroatiens zur EU und zur Änderung weiterer steuerlicher Vorschriften vom 25.7.2014, BGBl. I 2014, S. 1266.
[28] Vgl. R 182a Abs. 11 UStR 2005, wortlautidentisch ersetzt durch Abschn. 13b.1. Abs. 19 UStAE 2010/2011; Abschn. 13b.3. Abs. 10 UStAE 2012/2013/2014, geändert durch BMF-Schreiben vom 5.2.2014, IV D 3-S 7279/11/10002, BStBl. I 2014, S. 233.

tungsempfänger als Bauleister einzustufen war, konnte dieser die ihm in völlig anderem Zusammenhang erteilte Freistellungsbescheinigung nach § 48b EStG für umsatzsteuerliche Zwecke gegenüber seinem leistenden (Sub-) Unternehmer verwenden, der ihm daraufhin eine Netto-Rechnung erteilte. Das Reverse Charge-Verfahren galt für alle Bauleistungsumsätze, die an diesen Bauleister erbracht wurden unabhängig davon, für welche Umsätze er wiederum diese Eingangsleistungen bezog. Im Übrigen hatte die Finanzverwaltung eine Anweisung gegeben, dass für den Fall, indem Zweifel bestanden, ob es sich um eine Bauleistung handelte, über die abgerechnet wurde, sich die beiden Steuerpflichtigen über die Anwendung des § 13b UStG einigen konnten, wenn der Leistungsempfänger den bezogenen Umsatz korrekt versteuerte.[29]

Das Urteil des Bundesfinanzhofes vom 22.8.2013[30], welches den Stein, besser: den Felsbrocken, ins Rollen brachte, bemängelt dann auch die weite Interpretation der Finanzverwaltung. Man sah zum einen die 10 %-Umsatzgrenze für die Bestimmung, ob ein Unternehmer nachhaltig Bauleistungen erbringt, als ungeeignetes Mittel an. Ferner hielt der Senat einen unmittelbaren Zusammenhang zwischen der empfangenen und der damit erbrachten Bauleistung für erforderlich. Die Möglichkeit, sich über die Steuerschuldnerschaft des einen oder des anderen zwischen den potentiell Steuerpflichtigen zu einigen, beurteilten die Richter als unzulässig. Schließend folgte aus Sicht des BFH, dass die Werklieferung die Be- und Verarbeitung einer fremden Sache voraussetzt, was nun gerade im Falle der Bauträger nicht gegeben ist, da diese bebaute Grundstücke liefern und nicht an fremden Grundstücken Bauleistungen ausführen. Im Ergebnis war im Urteilsfall der leistungsempfangende Bauträger nicht Steuerschuldner für den an ihn ausgeführten Umsatz. Das bedeutete, dass er von seinem Finanzamt die Erstattung der von ihm zunächst nach § 13b UStG angemeldeten Umsatzsteuer verlangen konnte. Da er aufgrund der Art seines Ausgangsumsatzes – der Lieferung des bebauten Grundstückes – nicht zum Vorsteuerabzug berechtigt war, führte das Urteil bei ihm zu dem beabsichtigten Rückzahlungsanspruch nebst Steuerzinsen.[31]

Die Finanzverwaltung reagierte auf das Urteil des BFH mit einem BMF-Schreiben vom 5.2.2014[32], mit dem es die Grund-sätze des Urteils als uneingeschränkt anwendbar akzeptierte und vorsah, dass sie in allen offenen Fällen anzuwenden seien. Ab dem 15.2.2014 sei zu jedem einzelnen Umsatz nachzuweisen, dass der Leistungsempfänger wiederum diesen selbst zur Ausführung einer Bauleistung verwendet. Die verwendete

---

[29] Abschn. 13b.8 UStAE, z. B. in der am 31.12.2012 geltenden Fassung.
[30] Vgl. BFH vom 22.8.2013 V R 37/10, BStBl. II 2014, S. 128.
[31] So auch BFH vom 11.12.2013 XI R 21/11, BStBl. II 2014, S. 425 und BFH vom 5.2.2014 V B 2/14, BFH/NV 2014, S. 738.
[32] BMF-Schreiben vom 5.2.2014 IV D 3-S 7279/11/10002, BStBl. I 2014, S. 233.

Bescheinigung nach § 48b EStG habe diesbezüglich indizielle Wirkung. Zudem regelte die Finanzverwaltung, dass für die Vergangenheit die Anwendung des Reverse Charge-Verfahrens von der Finanzverwaltung unbeanstandet bleiben sollte, wenn sowohl Leistungsempfänger als auch Leistender daran festhalten wollten. Aufregung verursachte das BMF-Schreiben, weil es tatsächlich mit einem Handstreich die für die Steuerpflichtigen so wichtige Norm des § 176 Abs. 2 AO – den so genannten Vertrauensschutz – hinwegwischte. Hiernach hätte der leistende Unternehmer darauf vertrauen können, dass er für den fraglichen Umsatz keine Umsatzsteuer schuldet. Im Ergebnis wäre es nämlich ansonsten dazu gekommen, dass weder der Leistungsempfänger noch der leistende Unternehmer die Umsatzsteuer für die betroffenen Umsätze schuldet, der Staat also einen erheblichen Steuerschaden erleiden würde.

Da diese Ausführungen augenscheinlich noch nicht ausreichend waren, erging am 8.5.2014 ein weiteres BMF-Schreiben[33] mit Ausführungen zu der Frage, wie der leistende Unternehmer den nunmehr erforderlichen Verwendungszusammenhang noch nachweisen könne. Diesbezüglich wurden (vertragliche) zeitlich vor- oder auch nachgelagerte Bestätigungen des Leistungsempfängers mit Bezug zum konkreten Bauvorhaben für ausreichend erachtet.

Insbesondere die Frage des Vertrauensschutzes, aber auch die Unsicherheiten im neu geschaffenen Nachweisprozess führten auch nach Ansicht des Gesetzgebers zur Notwendigkeit einer gesetzlichen Neuregelung. Man wollte sicher gehen, nicht ein weiteres Mal mit einer reinen Auslegung gesetzlicher Regelungen vor dem BFH Schiffbruch zu erleiden.

Das Kroatiengesetz, welches diesbezüglich mit Wirkung vom 1.10.2014 in Kraft trat, brachte den Steuerpflichtigen schließlich zwei wesentliche Neuregelungen in Bezug auf die Bauleistungen:

Zum einen wurde § 13b Abs. 5 Satz 2 dahingehend geändert, dass kein Verwendungszusammenhang durch den Leistungsempfänger erforderlich ist, von diesem aber nachhaltig Bauleistungen erbracht werden müssen. Von Nachhaltigkeit kann als gesetzlich geregelte Unterstellung ausgegangen werden, wenn dem Leistungsempfänger eine besondere Bescheinigung (USt 1TG) seitens seines Finanzamtes erteilt wurde.[34] Der Gesetzesbegründung ist zu entnehmen, dass man auch hier wieder als Maßstab die vom BFH als ungeeignet verworfene 10 %-Umsatzgrenze zur Beurteilung der Nachhaltigkeit heranziehen möchte, um zu entscheiden, ob ein Unternehmer als Bauleister qualifiziert und eine Bescheinigung erhalten soll. Faktisch hat man damit weitgehend

---

[33] BMF-Schreiben vom 5.2.2014 IV D 3 – S 7279/11/10002-03, BStBl. I 2014, S. 823.
[34] Geändert durch Artikel 8 Nr. 2 Buchst. b) Gesetz zur Anpassung des nationalen Steuerrechts an den Beitritt Kroatiens zur EU und zur Änderung weiterer steuerlicher Vorschriften vom 25.7.2014, BGBl. I 2014, S 1266.

den Zustand hergestellt, der vor Ergehen des BFH-Urteils geherrscht hat – Bauträger ausgenommen – und man darf abwarten, ob der BFH Gelegenheit erhält, seinen Unmut darüber zu äußern.

Zum anderen wurde allerdings § 27 Abs. 19 UStG[35] zur Bewältigung der Vergangenheit eingeführt, der hinsichtlich seines Regelungsgehaltes wirklich ein einmaliges Possenspiel ist! Und weil weder Steuerpflichtige noch Beratungspraxis aus Sicht der Finanzverwaltung in der Lage scheinen, das Gesetz ohne weitere Ausführungen nachzuvollziehen, hat man sogleich am 31.7.2014 ein BMF-Schreiben[36] erlassen, welches uns die Wirrungen näher bringen soll. Hiernach ergibt sich nun für den leistenden Unternehmer Folgendes:

Wie schon zuvor erwähnt, kann es aus Sicht der Finanzverwaltung für die Vergangenheit nur bei der Anwendung des Reverse Charge-Verfahrens bleiben, wenn sich beide – der leistende Unternehmer und der Leistungsempfänger – daran halten. Dies wird aber nur bei Kleinbeträgen oder vorsteuerabzugsberechtigten Leistungsempfängern der Fall sein, denn alle anderen können (mindestens) den Steuerzins von 6 % pro Jahr erzielen.

„Widerruft" der Leistungsempfänger seine Steuerschuld gegenüber seinem Finanzamt[37] und verlangt die zunächst angemeldete Umsatzsteuer nebst Steuerzinsen zurück, so soll das zu einer Änderung der Steuerfestsetzung beim leistenden Unternehmer führen, weil nach § 27 Abs. 19 Satz 2 UStG der Leistende sich nicht auf den Vertrauensschutz nach § 176 Abs. 2 AO berufen können soll. Der Erstattungsantrag des Leistungsempfängers soll als rückwirkendes Ereignis dazu führen, dass beim Leistenden der Steuerzinslauf erst später, nämlich 15 Monate nach Ablauf des Kalenderjahrs, in dem der Erstattungsantrag gestellt wurde, eintritt.[38] Dies ist sicher als Bonbon für den Leistenden zu werten, damit dieser überhaupt bereit ist, beim vermeintlichen „Spiel" gegen den Leistungsempfänger mitzuspielen.

Und das Spiel soll so gehen: Die Finanzverwaltung ist unter bestimmten Umständen, die hier nicht weiter erläutert werden sollen, bereit, die zivilrechtliche Forderung des leistenden Unternehmers, die dieser (möglicherweise) aus seinem Werkvertrag noch gegenüber dem Leistungsempfänger geltend machen kann, zur Begleichung seiner

---

[35] Eingeführt durch Art. 7 Nr. 9 Gesetz zur Anpassung des nationalen Steuerrechts an den Beitritt Kroatiens zu EU und zur Änderung weiterer steuerlicher Vorschriften vom 25.7.2014, BGBl. I 2014, S. 1266 (gültig ab 31.7.2014).

[36] Vgl. BMF-Schreiben vom 31.7.2014 IV A 3 – S 0354/14/10001, BStBl. I 2014, S. 1073.

[37] Die Auffassung der Leistungsempfänger könne die Steuerschuldnerschaft „widerrufen", ist nicht tragfähig, da die Steuerschuldnerschaft nicht zur Disposition der Beteiligten steht, vgl. BFH vom 22.8.2013, V R 37/10, BStBl. II 2014, S. 128. Vielmehr ist der Leistungsempfänger bei zutreffender Anwendung des § 13b Abs. 5 UStG niemals Steuerschuldner gewesen, vgl. Hummel, D., MwStR, 2016, S.6.

[38] Vgl. BMF-Schreiben vom 31.7.2014 IV D 3 – S 7279/11/10002, BSBl. I 2014, S. 1073.

Umsatzsteuerschuld aus dem Umsatz im Wege der Abtretung an Zahlungs statt zu akzeptieren.[39] Das Finanzamt will mittels der abgetretenen Forderung sodann gegenüber dem Leistungsempfänger die Aufrechnung erklären und ihm „nur" die Steuerzinsen auszahlen. Ginge das Spiel auf, würde sich der Schaden des Staates auf den Erstattungszinsanspruch der Leistungsempfänger begrenzen lassen.

Diese Lösung mag vielleicht auf den ersten Blick eingängig erscheinen, weil sie im Falle einer reibungslosen Abwicklung dazu führt, dass weder der Leistungsempfänger die von ihm entrichtete Umsatzsteuer von seinem Finanzamt ausgezahlt bekommt noch der leistende Unternehmer eine Steuernachzahlung zu leisten hat. Die Praxiserfahrungen des letzten Jahres haben allerdings deutlich gemacht, dass die vom Gesetzgeber eingeführte Regelung zur Abfederung des fiskalischen Desasters, das sich aus der Rückabwicklung der Bauträger-Fälle auf Kosten der Finanzkasse ergeben würde, ebenfalls als nur Katastrophe bezeichnet werden kann.[40] Im Rahmen des bestehenden Drei-Parteien-Verhältnisses zwischen leistendem Unternehmer, Leistungsempfänger und Finanzverwaltung sind nunmehr nämlich nicht nur komplexe steuerverfahrens- und umsatzsteuerrechtliche Fragestellungen zu klären. Der Gesetzgeber hat diese Thematik mit der geschaffenen Möglichkeit zur Abtretung zivilrechtlicher Forderungen zusätzlich noch um einen Strauß zivilrechtlicher Fragestellungen angereichert.

Daher haben sich bereits sowohl die ersten Finanzgerichte als auch die zivilrechtliche Gerichtsbarkeit[41] mit dieser Thematik auseinandersetzen dürfen. Aufgrund der Vielschichtigkeit der komplexen Thematik scheint es daher auch wenig überraschend, dass die ersten Beschlüsse der Finanzgerichte, die in Verfahren zum einstweiligen Rechtsschutz zunächst nur summarisch zu prüfen hatten, ob eine Änderung der Steuerfestsetzung zu Lasten des leistenden Unternehmers rechtswidrig sein könnte, sowohl im Ergebnis als auch hinsichtlich der Argumente sehr unterschiedlich ausfielen.[42] Die bisher ergangenen Beschlüsse des BFH halten hingegen

---

[39] Die h.M. sieht entgegen dem Wortlaut des § 27 Abs. 19 Satz 3 UStG auf Seiten des Finanzamts kein Ermessen betreffend die Annahme angebotener Abtretungen, vgl. Sterzinger, C., UR 2014, S. 797; Hechtner, F., NWB 2014, S. 2234; Lippross, O.-G., NWB 2015, S. 677; Klenk, F., in: Sölch/Ringleb, UStG, 2014, § 27, Rn. 61; FG Niedersachsen vom 29.10.2015 5 K 80/15, MwStR 2016, S. 172 (m. Anm. Hummel; FG Münster vom 15.3.2016 15 K 3669/15 U, [JAAAF-73230], Tz. 24; FG Düsseldorf vom 31.8.2015, 1 V 1486/15 A (U), EFG 2015, S. 2131; FG Köln vom 1.9.2015; EFG 2015, S. 2005; a.A. Grebe, C., UStB 2016, S. 91.

[40] Ebenso: Stadie, der die Norm als „missglückt" bezeichnet, Stadie, H., UStG, 2015a, § 27, Rn. 48ff; zustimmend: Hummel, D., MwStR 2016a, S. 178.

[41] vgl. LG Köln vom 30.10.2015 7 O 103/15, BeckRS 2015, S. 18284.

[42] vgl. FG Berlin-Brandenburg vom 3.6.2015 5 V 5026/15, UR 2015, S. 592; FG Düsseldorf vom 31.8.2015 1 V 1486/15 A (U), EFG 2015, S. 2131; FG Köln vom 1.9.2015 9 V 1376/15, EFG 2015, S. 2005; FG Niedersachsen vom 3.7.2015 16 V 95/15, BeckRS 2015, S. 95382; FG Niedersachsen vom 20.7.2015 16 V 135/15, BeckRS 2016, S. 94045; FG Münster vom 12.8.2015 15 V 2153/15 U, EFG 2015, S. 1863; FG Münster vom 21.9.2015 5 V 2152/15 U, EFG 2015, S. 2129; FG Sachsen vom 22.9.2015 4 V 1014/15, BeckRS 2015, S. 95992; FG Nürnberg vom 26.8.2015 2 V 1107/15, EFG 2015, S. 2135.

die Rechtmäßigkeit des § 27 Abs. 19 UStG für ernstlich zweifelhaft.[43] Auch wenn nunmehr die ersten Hauptsacheverfahren von den Finanzgerichten entschieden worden sind, die eine grundsätzliche Verfassungswidrigkeit der Vorschrift ebenso verneinen, wie einen etwaigen Ermessensspielraum der Finanzverwaltung bzgl. der Annahme von zur Abtretung angebotenen Forderungen[44], wird diese Thematik sowohl die Steuerpflichtigen als auch die Gerichte voraussichtlich noch über mehrere Jahre beschäftigen.

Und weil das alles noch nicht genug ist, hat der BFH ein Jahr nach seinem Bauträger-Urteil nachgelegt: Im Urteil vom 28.8.2014[45] hat er dazu Stellung genommen, dass Betriebsvorrichtungen als in ein Bauwerk eingebaute Anlagen keine Bauwerke i.S.d. § 13b Abs. 1 Nr. 4 UStG sind, wenn sie nicht für die Konstruktion, den Bestand, die Erhaltung oder die Benutzbarkeit des Bauwerkes von wesentlicher Bedeutung sind, sondern eigenen Zwecken dienen. Auch hier konnte der Verweis der Finanzverwaltung auf die Baubetriebe-Verordnung nicht tragen. In diesem Fall haben allerdings sowohl die Finanzverwaltung als auch der Gesetzgeber dem BFH nicht folgen wollen. Die Finanzverwaltung reagierte nach Erscheinen des Urteils mit einem Nichtanwendungserlass, mit dem sie die Anwendbarkeit der Grundsätze des Urteils über den entschiedenen Einzelfall hinaus verneinte.[46] Darüber hinaus hat der Gesetzgeber die Auffassung der Finanzverwaltungsauffassung hinsichtlich dieser Frage im Rahmen des Steueränderungsgesetzes 2015 kurzerhand in die gesetzliche Regelung des § 13b Abs. 2 Nr. 4 UStG aufgenommen, um insoweit erneute rechtliche Auseinandersetzungen zu vermeiden.[47]

5.4. Lieferungen von Metallen

Eine der zeitlich zuletzt eingeführten Regelungen des § 13b UStG ist die Verlagerung der Steuerschuldnerschaft bei Lieferungen von Gegenständen der Anlage 4, vereinfachend gesagt: edlen und unedlen Metallen und Cermets.

---

[43] BFH vom 17.12.2015 XI B 84/15, DB 2016, S. 390 und BFH vom 27.1.2016 V B 87/15, DStR 2016, S. 470

[44] FG Münster vom 15.3.2016 15 K 3669/15 U, [JAAAF-73230]; FG Münster vom 15.3.2016 15 K 1553/15 U, [MAAAF-73229]; FG Niedersachsen vom 29.10.2015 5 K 80/15, EFG 2016, S. 338.

[45] Vgl. BFH vom 28.8.2014 V R 7/14, BFH/NV 2015, S. 131. In diesem Urteil ging es um die Entwicklung und Montage einer Entrauchungsanlage für ein Produktionsgebäude. Die Finanzverwaltung betrachtete die Entrauchungsanlage als Gebäudebestandteil, für den § 13b Abs. 2 Nr. 4 UStG einschlägig sei, wären die Klägerin Eingangsrechnungen von Subunternehmern über Bauleistungen an der Anlage erhalten hatte, die Umsatzsteuer ausweisen und aus denen sie Vorsteuer geltend gemacht hatte.

[46] Vgl. BMF-Schreiben vom 28.7.2015 III C 3 - S 7279/14/10003, BStBl. I 2015, S. 623.

[47] Geändert durch Art. 11 Nr. 2 Steueränderungsgesetz vom 2.11.2015, BGBl. I 2015, S. 1834.

In Hinführung auf den im nächsten Abschnitt noch darzustellenden Schnellreaktionsmechanismus möchte ich neben einem sehr kurzen Überblick über den Inhalt der Norm insbesondere auf das Verfahren der Einführung eingehen, welches bei den betroffenen Unternehmen Angst und Schrecken verbreitet hat und nicht gerade hoffnungsfroh auf das einstimmt, was mit dem Schnellreaktionsmechanismus möglicherweise noch kommen mag.

Der heute gültige Wortlaut des § 13b Abs. 2 Nr. 11 UStG umfasst die Lieferungen von Gegenständen der Anlage 4, wenn die Summe der für sie in Rechnung zu stellenden Entgelte im Rahmen eines wirtschaftlichen Vorganges mindestens 5.000 €beträgt, wobei nachträgliche Entgeltminderungen, wie z. B. Jahresboni oder Skonti, unberücksichtigt bleiben. Wie Abs. 5 Satz 1 2. Halbsatz zu entnehmen ist, sind von der Regelung sämtliche Unternehmer betroffen, die die relevanten Produkte an- oder verkaufen.

Ein Blick in die Anlage 4 in der seit dem 1.1.2015 geltenden Fassung vermittelt zunächst das Gefühl, dass die Einordnung der Gegenstände klar und übersichtlich ist. Es werden elf laufende Nummern mit Metallen und Cermets aufgeführt, die auf Positionen und Unterpositionen des Zolltarifs verweisen. Ohne an dieser Stelle auf den tatsächlichen Umfang und die Komplexität der Abgrenzung im Detail eingehen zu können – hier sei der Leser bei Bedarf auf die umfangreichen Ausführungen des Umsatzsteueranwendungserlasses[48] verwiesen – muss man erwähnen, dass sich aufgrund der schlichten Verweise in der Praxis erhebliche Abgrenzungsschwierigkeiten und Probleme bei der Handhabung ergeben haben, was ja schließlich auch zu einer Überarbeitung der Anlage 4 innerhalb von drei Monaten nach Einführung des Gesetzes geführt hat.

Die Verfahrensweise bei der Einführung kann man aus Sicht der Praxis durchaus als Katastrophe bezeichnen:

Die Neuregelung, die im Übrigen auf dem schon vorgestellten Art. 199b MwStSystRL beruht, wurde durch das Kroatiengesetz mit Wirkung zum 1.10.2014 eingeführt. Dieses wurde am 30.7.2014, also gut zwei Monate vor Inkrafttreten dieses Gesetzesteils verkündet, für steuerliche Änderungen aus Sicht des Gesetzgebers sicher eher großzügig. Wie oft schon wurden steuergesetzliche Änderungen den Steuerpflichtigen als Weihnachtsgeschenke präsentiert und galten dann wenige Tage später. Für die Wirtschaft jedoch sind zwei Monate nicht ausreichend, um notwendige Anpassungen in der IT-Systemlandschaft zu konzipieren, programmieren, zu testen und dann zu implementieren. Obwohl dies von den Verbänden schon oft vorgetragen wurde, scheint es den Gesetzgeber nachhaltig nicht zu interessieren oder – ohne urteilen zu wollen, was schlimmer ist – er scheint es nicht begreifen zu können. Selbst wenn man die Zeit von der erstmaligen Aufnahme in den Gesetzesentwurf am 2. Juni 2014 aufgrund der Emp-

---

[48] Vgl. Abschnitt 13b.7a Umsatzsteueranwendungserlass in der bisherigen und neuen Fassung.

2. Teil: Steuervermeidung 95

fehlungen des Finanz- und Wirtschaftsausschusses des Bundesrates mit hinzuzählt, sind dies immer noch nur vier Monate. Da hilft es auch nicht, wenn einzelne Abgeordnete im Deutschen Bundestag in Lesungen selbstbeweihräuchernd unterstellen, dass die Beratungsbranche und die Praxis mit Erleichterung zur Kenntnis nimmt, dass die zu treffenden Regelungen nicht kurz vor Abschluss des Kalenderjahres, sondern weit vorher beschlossen werden.[49]

Der erste Wurf des Gesetzes sah noch keine Wertgrenze von 5.000 € vor und enthielt eine sehr umfassende Anlage 4, die eine Vielzahl mehr an Gegenständen enthielt. Schnell ergab sich Widerstand in der Wirtschaft, die darauf hinwies, dass die Regelung zu viele Gegenstände enthielt und ohne Wertgrenze insbesondere im Einzelhandel nicht handhabbar ist. Als häufig zitiertes Beispiel sei hier der Einkauf von Kleinmaterial durch den Bauhandwerker im Baumarkt oder die Alufolie im Supermarkt genannt. Weder die Kassensysteme noch die Mitarbeiter können dies realistisch in der Praxis abbilden.

Da man wieder einmal erkennen musste, dass für die Regelung nicht ausreichend Zeit für die Umsetzung in der Praxis vorhanden war, erließ das Bundesministerium der Finanzen am 26.9.2014[50] eine erste Nichtbeanstandungsregelung mit einer Übergangsfrist bis zum 31.12.2014 sowie ersten Detailerläuterungen, welche Gegenstände denn nun tatsächlich erfasst sein sollten. Die Wirtschaft war da schon geraume Zeit in heller Aufruhr.

In den Diskussionen der folgenden Monate erkannte man, dass wohl eine Einschränkung der zum 1.10.2014 eingeführten Norm notwendig war, um für die Wirtschaft einen gangbaren Weg, nämlich z. B. ohne Bau- und Supermärkte, zu gehen. Dementsprechend plante man die Einführung der Wertgrenze vergleichbar zu der der Lieferung von Mobilfunkgeräten & Co. sowie die Ausdünnung der Anlage 4. Beides konnte erst mit dem Zollkodexanpassungsgesetz[51] mit Wirkung zum 1.1.2015 umgesetzt werden. Aufgrund dieser absehbaren Änderung erließ man mit Datum vom 5.12.2014 ein weiteres BMF-Schreiben[52], welches die Übergangsfrist vom 31.12.2014 auf den 30.6.2015 verlängerte.

Mit Inkrafttreten des Zollkodexanpassungsgesetzes ergab sich die Situation, dass nunmehr faktisch drei unterschiedliche Umsetzungsstände in der Praxis denkbar waren. Die einen Unternehmer, die noch gar nichts getan hatten und noch so fakturierten,

---

[49] Vgl. Deutscher Bundestag, Plenarprotokoll der 39. Sitzung am 5.6.2014, S. 3476.
[50] BMF-Schreiben vom 26.9.2014 IV D 3 – S 7279/14/10002, BStBl. I 2014, S. 1297.
[51] Gesetz zur Anpassung der Abgabenordnung an den Zollkodex der Union und zur Änderung weiterer steuerlicher Vorschriften vom 22.12.2014, BGBl. I 2014, S. 2417.
[52] BMF-Schreiben vom 5.12.2014 D 3 S 7279/14/10002, BStBl. I 2014, S. 1618.

als hätte es gar keine gesetzliche Änderung gegeben. Die nächsten Unternehmer, die die erste Einführung des Gesetzes mit dem weiten Geltungsbereich der Anlage 4 und ohne Wertgrenze schon implementiert hatten. Und diejenigen Unternehmer, die nun sogleich den eingeschränkten Regelungsbereich umsetzten und daher eine limitierte Anzahl an Gegenständen unter Berücksichtigung der Wertgrenze unter Anwendung des § 13b UStG fakturierten. Um dies alles zulässig sein zu lassen, erließ die Finanzverwaltung dann am 22.1.2015 ein BMF-Schreiben[53], nachdem noch bis zum 30.6.2015 galt: Anything goes – Jeder fakturiert, wie er will oder kann!

5.5. Der Schnellreaktionsmechanismus

Die durch § 13b Abs. 10 UStG Gesetz gewordene Geheimwaffe ist der schon im Koalitionsvertrag avisierte Schnellreaktionsmechanismus, der durch das Zollkodexanpassungsgesetz mit Wirkung zum 1.1.2015 eingeführt wurde. Er basiert – wie schon in Abschnitt 3 ausgeführt – auf Art. 199b MwStSystRL und ist also zunächst erst einmal kein Kind des deutschen Gesetzgebers, sondern setzt EU-Recht um.

Nach dieser Neuregelung wird das Bundesministerium der Finanzen mit Zustimmung des Bundesrates ermächtigt, durch Rechtsverordnung den Anwendungsbereich des § 13b UStG zu erweitern, wenn

- bei bestimmten Umsätzen und in vielen Fällen
- Steuerhinterziehung in besonders schwerem Fall auftritt und
- diese voraussichtlich zu erheblichen und unwiederbringlichen Mindereinnahmen des Staates führt.

Dies gilt jedoch nur unter den weiteren Bedingungen, dass

- gegen die kurzfristige Erweiterungsermächtigung nach Art. 199b Abs. 3 MwStSystRL seitens der EU-Kommission keine Einwände bestehen und
- ein (langfristiger) Ermächtigungsantrag nach Art. 395 MwStSystRL gestellt wurde und
- die Rechtsverordnung innerhalb von neun Monaten außer Kraft tritt, wenn der Antrag nach Art. 395 MwStSystRL nicht genehmigt wurde oder wenn das Gesetz in Kraft tritt, für das die Ermächtigung nach Art. 395 MwStSystRL erteilt wurde.

Schon der hier vorgesehene Prozess symbolisiert die Komplexität der von mir so genannten Dicken Bertha, die als schweres Geschütz im Ersten Weltkrieg zwar die älteren Festungsanlagen durchschlug, den modernen jedoch standhielt. Noch ist nicht absehbar, wann und in welchem umsatzsteuerlichen Schlachtfeld die Dicke Bertha eingesetzt werden wird, allerdings führt das vorgesehene Verfahren der augenscheinlich

---

[53] BMF-Schreiben vom 22.1.2015 IV D 3 – S 7279/14/10002-02, BStBl. I 2015, S. 123.

kurzfristig beabsichtigten Schaffung einer Rechtsverordnung – daher auch der Name Schnellreaktionsmechanismus – verbunden mit ihrem möglichen ebenso kurzfristigen Außerkrafttreten nach neun Monaten und den voraussichtlich damit verbundenen Auslegungshilfen der Finanzverwaltung vermutlich nicht nur bei mir zu einem Schauer des Entsetzens. Nur, weil ein Mechanismus den Zusatz „Schnellreaktion" trägt, bedeutet dies für die Wirtschaft nämlich nicht, dass sich dieser schnell – auf Knopfdruck – umsetzen lässt.

6. Zusammenfassung

Neben der Schaffung eines grundlegenderen Verständnisses der Wirkweise der Verlagerung der Steuerschuldnerschaft war Ziel dieser Darstellung eine Halbzeitanalyse der Aktivitäten der Großen Koalition 2013/2017 in Bezug auf die durch Koalitionsvertrag abgesteckten umsatzsteuerlichen Ziele. Es galt und gilt danach, Umsatzsteuerbetrug frühzeitig zu unterbinden und darauf zu achten, dass deutsches Umsatzsteuerrecht nicht unnötig kompliziert wird.

Festzustellen ist, dass während der ersten Halbzeit verschiedentlich weitere Anwendungsfälle des § 13b UStG gesetzliche Realität oder ihre weitere Anwendung durch gesetzliche Änderungen sichergestellt wurden. Ferner wurde der von der EU vorgesehene Schnellreaktionsmechanismus – die Dicke Bertha – in deutsches Recht überführt. Weitere Initiativen sind zumindest mir derzeit nicht bekannt.

Ob das deutsche Umsatzsteuerrecht unnötig kompliziert ist oder geworden ist, mag jeder Leser für sich selbst entscheiden. Komplexität ist ebenso wie Gerechtigkeit m.E. ein Begriff, mit dem sich Steuerrecht nur höchst subjektiv bewerten lässt.

Bleibt zu fragen, ob sich der Umsatzsteuerbetrug durch die bisherigen oder möglicherweise noch zu schaffenden Regelungen wirksam und frühzeitig unterbinden lässt, oder ob man – wie beispielsweise hinsichtlich der Anwendung des schon länger geltenden § 13c UStG – irgendwann in aller Subjektivität feststellen muss, dass die Dicke Bertha eigentlich ein Rohrkrepierer ist. Dies wird die Zeit beweisen.

II. Karussellgeschäfte und der Steuerbetrug bei der Umsatzsteuer

Dr. Alois Th. Nacke, Richter am Bundesfinanzhof, München

1. Analyse der haftungsrechtlichen und umsatzsteuerlichen Instrumentarien 101

2. Modell des klassischen innergemeinschaftlichen Umsatzsteuerkarussells...101

3. Rechtsprechung zu diesen Umsatzsteuerbetrugsmodellen..............103
   3.1 Versagung des Vorsteuererstattungsanspruchs 103
       3.1.1 Grundlagen..103
       3.1.2 Kriterien für die Beurteilung der subjektiven Voraussetzung 104
   3.2. Versagung der Steuerbefreiung für eine innergemeinschaftliche Lieferung 105
       3.2.1. Reicht Kenntnis des Steuerpflichtigen aus? 105
       3.2.2 Entscheidung des EuGH vom 18.12.2014 106
       3.2.3. Transformation in nationales Recht................................106
   3.3. Inanspruchnahme von Haftungsschuldnern 107
       3.3.1. Haftung nach § 25d UStG 107
           3.3.1.1. Überblick 107
           3.3.1.2. Haftungsvoraussetzungen 108
           3.3.1.3. Rechtsfolgen 109
           3.3.1.4. Kritische Anmerkungen 109
       3.3.2. Haftung nach § 69 AO 110
           3.3.2.1. Schuldhafte Pflichtverletzung............................110
           3.3.2.2. Grundsatz der anteiligen Tilgung 110
           3.3.2.3. Ermessen..111
       3.3.3. Haftung nach § 71 AO 111
           3.3.3.1. Überblick 111
           3.3.3.2. Haftungsschaden...112
           3.3.3.3. Ermessen..112

4. Verhältnis des Haftungsrechts zum Umsatzsteuerrecht 112
   4.1. Schadensersatzcharakter der Haftungsvorschrift......................112

4.2. Akzessorietät der Haftung 113
4.3. Trennungsprinzip zwischen Umsatzsteuer und
Haftungsrecht 113

5. Fazit 114

1. Analyse der haftungsrechtlichen und umsatzsteuerlichen Instrumentarien

Der Steuerbetrug durch Karussellgeschäfte ist ein Problem in der EU, das besondere fiskalische Bedeutung hat.[1] Das Volumen des Schadens durch Karussellgeschäfte ist so groß, dass auf verschiedenen Ebenen versucht wird, den Umsatzsteuerbetrügern das Handwerk zu legen. Bisher gelingt dies nur mit mäßigem Erfolg. Bis heute ist es den beteiligten Organisationen nicht gelungen, den Umsatzsteuerbetrug effektiv in den Griff zu bekommen. Deshalb ist auch der Umsatzsteuerbetrug allgemein zum Gegenstand des Koalitionsvertrags gemacht worden.[2] Wenn auch der Koalitionsvertrag den Umsatzsteuerbetrug allgemein behandelt, ist dessen Bekämpfung insbesondere auf die Karussellgeschäfte gerichtet.[3] Neben gesetzgeberischen Maßnahmen, die insbesondere durch das ZollkodexAnpG bereits erfolgten (so z. B. die kurzfristige Erweiterung des Reverse-Charge-Verfahrens durch eine Rechtsverordnung in § 13b Abs. 10 UStG), bleibt abzuwarten, ob weitere Maßnahmen gesetzgeberischer Art getroffen werden. Im Folgenden werden die Schwierigkeiten behandelt, die das vorhandene steuerrechtliche Instrumentarium im weitesten Sinne bei der Bekämpfung von Karussellgeschäften bereitet (ausgenommen das Reverse-Charge-Verfahren).[4]

2. Modell des klassischen innergemeinschaftlichen Umsatzsteuerkarussells

Es gibt verschiedene Formen des Umsatzsteuerkarussellbetrugs; neuerdings auch in Form des Umsatzsteuerbetrugs mit CO_2-Emissionszertifikaten, der hier nicht näher behandelt werden soll.

Wie aktuell diese Form des Steuerbetrugs aber in der Rechtsprechung ist, zeigt der Vorlagebeschluss des BGH an den EuGH vom 22. 7. 2015.[55]

Der EuGH hat danach im Ergebnis zu entscheiden, ob ein Vorsteuerabzug im Rahmen des Umsatzsteuerbetrugssystems in Betracht kommt; dies entscheidet sich danach, ob der Leistungsort in der Bundesrepublik Deutschland ist, was wiederum von der Ausle-

---

[1] Ebber, B., NWB infoCenter „Karussellgeschäfte", http://datenbank.nwb.de/Dokument/Anzeigen/123580/, 11.12.2015.
[2] s. Bundesregierung, Koalitionsvertrag, 27.11.2013, http://www.bundesregierung.de/Content/DE/_Anlagen/2013/2013-12-17-koalitionsvertrag.pdf;jsessionid=DD01BEB0C36CC8D22101A3CF2CC377B2.s1t2?blob=publicationFile&v=2, S. 92, 18.12.2015.
[3] Zum Schnellreaktionsmechanismus s. Huschens, F., NWB 2015, S. 747, 750 f.
[4] Eine Kurzfassung dieses Beitrags finden Sie in NWB direkt 46/2015 S. 1236.
[5] BGH vom 22.07.2015 1 StR 447/14, [RAAAE-99497].

gung des Art. 56 Abs. 1 Buchst. a MwStSystRL abhängig ist. Fraglich ist konkret, ob die Emissionszertifikate „ähnliche Rechte" im Sinne dieser Richtlinie sind.

Gegenstand des innergemeinschaftlichen Umsatzsteuerkarussells sind typischerweise Waren, die leicht hin- und hertransportiert werden können, z. B. Computerteile, Mobiltelefone und Kraftfahrzeuge.

Das klassische Modell des innergemeinschaftlichen Karussellgeschäfts stellt sich wie folgt dar (s. auch Abbildung 2.II.1):[6]

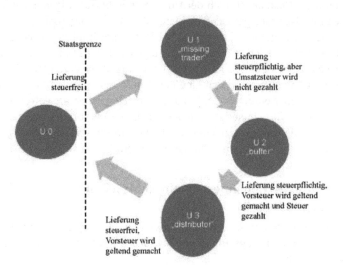

Abbildung 2.II.1.: Grundmodell des innergemeinschaftlichen Karussellgeschäfts

Das Betrugsmodell beginnt – vereinfacht dargestellt – bspw. mit der Lieferung aus dem Gemeinschaftsgebiet nach Deutschland – Lieferung von U 0 an U 1. Dieser Vorgang ist umsatzsteuerfrei. Der Erwerber (sog. missing trader, in der Abb. U 1) veräußert die Ware an ein weiteres Unternehmen in Deutschland (den sog. buffer, in der Abb. U 2). Die aufgrund der Lieferung an U 2 entstandene Umsatzsteuer wird von U 1 nicht an das Finanzamt abgeführt. Er meldet – wie von vornherein beabsichtigt – sein Gewerbe ab und/oder ist nicht auffindbar. U 2 veräußert die Ware an einen weiteren inländischen Unternehmer, der als Exporteur tätig wird (sog. distributor, in der Abb. U 3). U 2 führt die aus der Lieferung an U 3 entstandene Umsatzsteuer nach Abzug der Vorsteu-

---

[6] s. hierzu BFH vom 19.05.2010 XI R 78/07, BFH/NV 2010, S. 2132.

er aus der Rechnung des U 1 an das Finanzamt ab. U 3 veräußert die Ware an den Ausgangsunternehmer aus dem Gemeinschaftsgebiet. Diese Lieferung ist wiederum steuerfrei. U 3 macht daher nur die Vorsteuer aus der Rechnung des U 2 geltend. Dieses Grundmodell lässt sich beliebig erweitern, indem weitere Zwischenhändler eingeschaltet werden (z. B. „buffer I", „buffer II").

Die Modelle sind immer so ausgestaltet, dass die eingebundenen Unternehmen den erzielten „Gewinn" aus der nicht abgeführten Umsatzsteuer des missing traders untereinander aufteilen. Nicht untypisch ist dabei, dass Doppel- oder Mehrfachdurchläufe vorgesehen sind. Nach „Verbrauch" des Modells wird nicht selten mit weiteren Unternehmen ein neues Karussellgeschäft aufgebaut. Der Schaden des Finanzamts ist mit der nicht abgeführten Umsatzsteuer durch den missing trader zu beziffern.

3. Rechtsprechung zu diesen Umsatzsteuerbetrugsmodellen

Sieht man von dem Reverse-Charge-Verfahren ab, hat die Verwaltung die nachfolgend dargestellten Instrumente zur Bekämpfung dieser Betrugsmodelle zu erwägen. Zu unterscheiden ist zwischen den umsatzsteuerlichen und den haftungsrechtlichen Möglichkeiten.[7]

3.1 Versagung des Vorsteuererstattungsanspruchs

3.1.1 Grundlagen

Anknüpfungspunkt für die Versagung des Vorsteuerabzugs ist die Geltendmachung des Vorsteuererstattungsanspruchs durch den Empfänger der Ware vom missing trader (in unserem Modell insbesondere durch den „buffer"). Ausgangspunkt ist hier die Rechtsprechung des EuGH, wonach ein Vorsteuerabzug zu versagen ist, wenn der Steuerpflichtige (also in unserem Beispiel der „buffer") eine Steuerhinterziehung begeht. Gleiches gilt nach der Rechtsprechung des EuGH, wenn aufgrund objektiver Umstände feststeht, dass der Steuerpflichtige wusste oder wissen konnte bzw. hätte wissen müssen, dass er sich mit seinem Erwerb an einem Umsatz beteiligte, der in eine Mehrwertsteuerhinterziehung einbezogen war.[8] Jedoch besagt die Rechtsprechung des EuGH aber auch, dass Teilnehmer am Wirtschaftsverkehr, die alle Maßnahmen getroffen haben, um sicherzustellen, dass ihre Umsätze nicht in einen Betrug einbezogen sind, auf die Rechtmäßigkeit des Umsatzes vertrauen können.[9]

---

[7] Zu einem Merkblatt der Finanzverwaltung zur Bekämpfung von Umsatzsteuerbetrug s. Kaiser, D., NWB 2014, S. 3056.

[8] Z. B. EuGH vom 21.06.2012 C-80/11 und C-142/11, DB 2012, S. 1484.

[9] Z. B. EuGH vom 06.07.2006 C-439/04 und C-440/04, [NAAAB-90242], Rn. 51.

Der BFH hat im Sinne dieser Rechtsprechung des EuGH zu den Umsatzsteuerkarussellgeschäften einen entsprechenden „eigenständigen Vorsteuerversagungsgrund" kreiert. Um eine Abgrenzung zu § 42 AO zu vermeiden spricht er deshalb auch nicht von „Missbrauch" des Vorsteuerabzugs.

Der BGH geht insoweit einen anderen Weg. Er hatte in einem strafrechtlichen Fall zu einem Karussellgeschäft entschieden, dass bereits keine unternehmerische Tätigkeit des Erwerbers (z. B. des buffer) im Sinne des Umsatzsteuerrechts vorliegen würde[10] Dies wird zu Recht in der Literatur[11] kritisch gesehen, da für eine unternehmerische Tätigkeit allein ausreicht, dass jemand bei einem Umsatz als Leistender anzusehen ist. Dies ergibt sich regelmäßig aus den abgeschlossenen zivilrechtlichen Vereinbarungen. Der BFH geht daher auch bei Umsatzsteuerhinterziehung von einer unternehmerischen Tätigkeit aus.[12]

Hinweis

Die Versagung des Vorsteueranspruchs kann für jeden Unternehmer, der im Umsatzsteuerkarussell eingeschaltet ist, in Betracht kommen. Er muss nicht unbedingt in direktem Kontakt zum „missing trader" stehen. Damit können von dieser Versagung betroffen sein: der „buffer I", aber auch ein weiterer Zwischenhändler („buffer II") oder der „distributor".[13]

3.1.2 Kriterien für die Beurteilung der subjektiven Voraussetzung

Die Rechtsprechung hat in der Vergangenheit Kriterien, die auf das Vorliegen der subjektiven Voraussetzungen bei der Versagung des Vorsteuerabzugs schließen lassen, erarbeitet. Zunächst ist aber darauf hinzuweisen, dass die Antwort auf die Frage, ob der Leistungsempfänger von dem Betrug wusste bzw. wissen konnte oder hätte wissen müssen, eine tatsächliche Würdigung darstellt, die auf der Ebene der Finanzgerichte entschieden wird.[14] Der BFH kann nur insoweit diese Würdigung überprüfen, als sie gegen Denkgesetze oder Erfahrungssätze verstößt.[15] Sie bindet den BFH daher gem. § 118 Abs. 2 FGO, auch wenn sie nicht zwingend, sondern nur möglich ist.[16]

---

[10] BGH vom 08.02.2011 1 StR 24/10, BFH/NV 2011, S. 1103.
[11] Grube, F., MwStR 2013, S. 9; Heinrichshofen, S., wistra 2011, S. 310.
[12] BFH vom 12.08.2009 XI R 48/07, BFH/NV 2010, S. 259.
[13] Vgl. Grube, F., MwStR 2013, S. 10.
[14] BFH vom 19.05.2010 XI R 78/07, BFH/NV 2010, S. 2132.
[15] Zuletzt z. B. BFH vom 04.03.2015 IV R 30/12, BB 2015, S. 1365.
[16] Z. B. BFH vom 15.09.2006 VII S 16/05 (PKH), BFH/NV 2007, S. 455; s. Ruban, R., in: Gräber, FGO, 2010, § 118 Rn. 54, m. w. N.

2. Teil: Steuervermeidung

Folgende Anhaltspunkte können nach der Rechtsprechung für das Vorliegen des subjektiven Tatbestands sprechen: „Doppel- oder Mehrfachdurchläufe" von Waren im Umsatzsteuerkarussell, ein im Vorhinein festgelegter Händlerkreis, ein im Vergleich zum Marktpreis auffallend niedriger Einkaufspreis, Unterlassung von Maßnahmen, die der Unternehmer hätte vernünftigerweise treffen müssen, um sicherzustellen, dass seine Umsätze nicht in einen Betrug einbezogen sind.[17] Zu beachten ist, dass ein einzelner Anhaltspunkt unter Umständen nicht ausreicht, um einen Vorsteuerabzug zu versagen.[18] Nach Ansicht des BFH gilt bei der GmbH als personaler Anknüpfungspunkt für den subjektiven Tatbestand das etwaige Wissen ihres Geschäftsführers als ihres gesetzlichen Vertreters nach § 35 GmbHG, aber auch das ihrer sonstigen Angestellten in analoger Anwendung von § 166 BGB.[19]

3.2. Versagung der Steuerbefreiung für eine innergemeinschaftliche Lieferung

3.2.1. Reicht Kenntnis des Steuerpflichtigen aus?

Ein weiterer Anknüpfungspunkt für die Bekämpfung des Umsatzsteuerbetrugs bei Karussellgeschäften ist die Versagung der Steuerbefreiung für eine innergemeinschaftliche Lieferung. Die Steuerfreistellung basiert in der Regel auf § 4 Nr. 1 Buchst. b UStG i.V.m. § 6a UStG (Steuerbefreiung der innergemeinschaftlichen Lieferung). Hier könnte der Unternehmer, der die Ware in einen anderen Mitgliedstaat liefert, zur Umsatzsteuer herangezogen werden, wenn man eine Versagung der Steuerbefreiung für zulässig hält.

Fraglich ist, ob für eine solche Versagung ausreichend ist, dass der liefernde Unternehmer weiß, dass der in dem anderen Mitgliedstaat ansässige Abnehmer ein „missing trader" oder ein anderer Umsatzsteuerhinterzieher ist, der zu keiner Zeit die Absicht hatte, die Lieferung als innergemeinschaftliche Lieferung wie auch die Weiterveräußerung der Umsatzbesteuerung zu unterwerfen. Reicht diese Kenntnis aus oder müssen weitere subjektive Umstände hinzutreten? Hier wurden bisher unterschiedliche Ansichten in der Rechtsprechung vertreten.[20]

---

[17] BFH vom 19.05.2010 XI R 78/07, BFH/NV 2010, S. 2132.
[18] s. FG Berlin-Brandenburg vom 17.11.2014 7 V 7295/14, [VAAAE-82648].
[19] BFH vom 19.05.2010 XI R 78/07, BFH/NV 2010, S. 2132.
[20] S. BGH vom 20.11.2008 1 StR 354/08, BFH/NV 2009, S. 699; zur bisherigen Ansicht des BFH s. BFH vom 29.07.2009 XI B 24/09, BFH/NV 2009, S. 1567; zur bisherigen Ansicht des EuGH und der Reaktion des BFH s. EuGH vom 07.12.2010 Rs. C-285/09, BStBl 2011 II, S. 846; BFH vom 17.02.2011 V R 30/10, BStBl 2011 II, S. 769; BFH vom 11.08.2011 V R 50/09, BStBl 2012 II, S. 151; BFH vom 14.12.2011 XI R 33/10, BFH/NV 2012, S. 1009.

3.2.2 Entscheidung des EuGH vom 18.12.2014

Nunmehr hat der EuGH in seinem Urteil vom 18.12.2014[21] entschieden, dass die oben dargestellten Grundsätze, die beim Vorsteuererstattungsanspruch gelten (z. B. Geltendmachung durch den Abnehmer der Ware des „missing trader"), auch bei der Steuerbefreiung beim innergemeinschaftlichen Erwerb gelten. Eine Versagung kann also erfolgen, wenn anhand objektiver Umstände nachgewiesen ist, dass der Lieferer wusste oder hätte wissen müssen, dass er sich durch den Umsatz, auf den er sich zur Begründung des betreffenden Rechts beruft, an einer im Rahmen einer Lieferkette begangenen Mehrwertsteuerhinterziehung beteiligt hat.

Das Recht auf Geltendmachung dieser Steuerbefreiung kann unter diesen Voraussetzungen ungeachtet der Tatsache – so der EuGH – versagt werden, dass die Steuerhinterziehung in einem anderen Mitgliedstaat als dem begangen wurde, in dem diese Rechte beansprucht werden, und dass der Steuerpflichtige in letzterem Mitgliedstaat die in den nationalen Rechtsvorschriften vorgesehenen formalen Voraussetzungen für die Inanspruchnahme dieser Rechte erfüllt hat.

Hinweis

Zu beachten ist, dass diese Entscheidung des EuGH auch den Vorsteuerabzug betrifft. Soweit ein Missbrauch auf der Ausgangsseite festgestellt wird, „infiziert" dies auch den Vorsteuerabzugs auf der Seite der Eingangsleistung. Diese Erweiterung des Missbrauchs ist ebenfalls neu durch die Entscheidung des EuGH.[22]

3.2.3. Transformation in nationales Recht

Auf diese neue Rechtsprechung des EuGH reagiert man in der Literatur unterschiedlich. Einige lehnen dieses weitreichende Recht zur Versagung von systemimmanenten Ansprüchen ab. Es sei eine fehlerhafte Auslegung des Unionsrechts, es verletze die Gesetzgebungskompetenz der Mitgliedstaaten und der EU, es führe zu einer nicht gerechtfertigten Überkompensation von Steuerausfällen und einer unzulässigen Rechtsfortbildung im Sinne einer einschränkenden Wortlautanwendung (= Rechtsfortbildung durch teleologische Reduktion; zur Kritik[23]).

Dieser Kritik tritt Heuermann entgegen, der eine Anwendung der neuen EuGH-Rechtsprechung befürwortet und eine Rechtsfortbildung im Sinne einer teleologischen Reduktion für rechtens hält.[24] Dies gelte für die Rechtsfortbildung des EuGH ebenso

---

[21] EuGH vom 18.12. 2014 C-131/13, C-163/13 und C-164/13, [VAAAE-83351].

[22] S. hierzu Beispiel mit Lösung Heuermann, B., DStR 2015, S. 1416, 1417 f.

[23] S. z. B. Reiß, W. in: Fischer/Mellinghoff, Festgabe für Heinrich List, 2014 S. 149; Reiß, W., Umsatzsteuerrecht, 2015, Rn. 192; Wäger, C., UR 2015, S. 81.

[24] Heuermann, B., DStR 2015, S. 1416; zustimmend Treiber, A., MwStR 2015 S. 633.

wie für die des BFH. Insbesondere sei der MwStSystRL der Rechtsgrundsatz immanent, dass Rechte nicht wahrgenommen werden, wenn der Unternehmer hätte wissen müssen, dass er sich mit dem betreffenden Umsatz an einem Umsatz beteiligt, der Teil einer Steuerhinterziehung in einer Lieferkette darstellt. Dem ist m. E. zuzustimmen. Es ist Aufgabe der Rechtsprechung, dem genannten Grundsatz, der dem Mehrwertsteuersystem in der EU zugrundeliegt, notfalls durch Rechtsfortbildung Gehör zu verschaffen. Hierzu ist § 4 Nr. 1 Buchst. b UStG i. V. mit § 6a UStG (der Anspruch auf Steuerbefreiung einer innergemeinschaftlichen Lieferung) wie auch § 15 Abs. 1 UStG (der Vorsteuerabzugsanspruch) im Wege der teleologischen Reduktion einschränkend anzuwenden.

Hinweis

Im Ergebnis bleibt also festzuhalten, dass nach der Rechtsprechung des EuGH der Vorsteuererstattungsanspruch bzw. der Anspruch auf Steuerbefreiung bei innergemeinschaftlichen Lieferungen versagt werden kann, wenn der Steuerpflichtige wusste oder hätte wissen müssen, das der Abnehmer oder der Lieferant an einer Umsatzsteuerhinterziehung beteiligt ist (Frage der Doppel- und Mehrfachbesteuerung durch Versagung des Vorsteuerabzugs und gleichzeitiger Versagung der Steuerbefreiung der innergemeinschaftlichen Folgelieferung.[25]

3.3. Inanspruchnahme von Haftungsschuldnern

Ein weiteres Instrument für die Bekämpfung des Steuerbetrugs ist die Haftung. Das deutsche steuerliche Haftungsrecht sieht verschiedene Möglichkeiten vor, Dritte bei Umsatzsteuerkarussellgeschäften in Anspruch zu nehmen. Neben der speziellen Haftungsvorschrift des § 25d UStG kommt insbesondere eine Haftung nach § 69 AO bzw. § 71 AO in Betracht.

3.3.1. Haftung nach § 25d UStG

3.3.1.1. Überblick

§ 25d UStG stellt einen eigens zur Bekämpfung des Umsatzsteuerkarussellbetrugs geschaffenen Haftungstatbestand dar, der durch das Steuerverkürzungsbekämpfungsgesetz vom 19. 12. 2001 eingeführt wurde. Ermächtigungsgrundlage für diese Haftung soll Art. 21 Abs. 3 der 6. EG-RL bzw. Art. 205 MwStSystRL sein.[26]

---

[25] S. z. B. Treiber, A., MwStR 2015, S. 633, 634; Treiber, A., in: Sölch/Ringleb, UStG, 2015, § 6a Rn. 63.

[26] Schuska, F., MwStR 2015, S. 325; a. A. Stadie, H., in: Rau/Dürrwächter, UStG, 2015, § 25d Rn. 5.

3.3.1.2. Haftungsvoraussetzungen

(1) Objektiver Tatbestand

Die Haftung setzt zunächst voraus, dass die Steuer aus dem vorangegangenen Umsatz nicht entrichtet wurde. Als „vorangegangener Umsatz" im Sinne der Vorschrift kommt nicht nur der unmittelbare Eingangsumsatz in Betracht, sondern auch der Umsatz auf einer der vorangegangenen Vorstufen.[27] Weiterhin muss die Umsatzsteuer in einer nach § 14 UStG ausgestellten Rechnung ausgewiesen worden sein, d. h. die Rechnung muss den Nettoumsatz ausweisen, die Steuernummer/Umsatzsteuer-Identifikationsnummer des Ausstellers und auch eine fortlaufende Rechnungsnummer beinhalten.

Ob die Haftung auch für Fälle des § 14c Abs. 1 UStG (unrichtiger Steuerausweis) oder § 14c Abs. 2 UStG (unberechtigter Steuerausweis) gilt, ist umstritten. Nach hier vertretener Ansicht dürfte die Vorschrift für diese Fälle wohl nicht anzuwenden sein, da § 25d UStG nur die Haftung für die Fälle der Geltendmachung von Vorsteueransprüchen betrifft. Vorsteueransprüche setzen aber das Bestehen eines Vorsteuerabzugsrechts voraus und dieses besteht nur für die für den Umsatz „gesetzlich geschuldeten Steuern".[28]

(2) Subjektiver Tatbestand

Seit der Neufassung des § 25d Abs. 1 Satz 1 UStG durch das Steueränderungsgesetz 2003 ist haftungsverschärfend ausreichend, wenn der Haftungsschuldner von der Nichtentrichtung der Umsatzsteuer eines vorangegangenen Umsatzes nach der Sorgfalt eines ordentlichen Kaufmanns Kenntnis hätte haben müssen. In § 25d Abs. 2 Satz 1 und 2 UStG wird eine gesetzliche Fiktion des subjektiven Tatbestands geregelt. Danach ist vom Kennenmüssen oder Kenntnis auszugehen, wenn

- der Unternehmer für seinen Umsatz einen Preis in Rechnung stellt, der zum Zeitpunkt des Umsatzes unter dem marktüblichen Preis liegt;
- der dem Unternehmer in Rechnung gestellte Preis unter dem marktüblichen Preis liegt;
- der dem Unternehmer in Rechnung gestellte Preis unter dem Preis liegt, der seinem Lieferanten oder anderer Lieferanten, die am Erwerb der Ware beteiligt waren, in Rechnung gestellt wurde.

Weist der Unternehmer die Marktüblichkeit des Preises nach, ist also die Preisgestaltung betriebswirtschaftlich begründet, gilt die Fiktion nicht (§ 25d Abs. 2 Satz 3 UStG).

---

[27] So auch Leonard, A., in: Bunjes, UStG, 2015, § 25d Rn. 6; a. A. Kühn, A., Winter, M., UR 2001, S. 479, die nur den unmittelbar vorangegangen Umsatz erfassen wollen.

[28] Ebenso Leonard, A., in: Bunjes, UStG, 2015, § 25d Rn. 7; Nacke, A. T., Haftung für Steuerschulden, 2012, Rn. 537; a. A. Stahl, R., KÖSDI 2002, S. 13205; Mende, S., Huschens, F., INF 2002, S. 69.

3.3.1.3. Rechtsfolgen

Die Haftung nach § 25d UStG führt zu einer Inanspruchnahme des Haftungsschuldners (= Unternehmer) in Höhe der ausgewiesenen Umsatzsteuer. Der Grundsatz der anteiligen Tilgung – wie er bei der Haftung nach § 69 AO Bedeutung hat – kommt bei dieser Haftung nicht in Betracht. Der Grund hierfür ist der im Umsatzsteuerrecht herrschende Grundgedanke der Neutralität.[29]

3.3.1.4. Kritische Anmerkungen

(1) Unionsrecht, marktüblicher Preis und gutgläubiger Abnehmer der Ware

Die Haftungsvorschrift begegnet wegen ihres weiten Wortlauts unionsrechtlichen Bedenken insbesondere im Hinblick auf die Beachtung des Grundsatzes der Verhältnismäßigkeit, der als allgemeiner Rechtsgrundsatz auch aufgrund des EU-Rechts zu beachten ist.[30] Kritisch wird auch angemerkt, dass eine wirtschaftliche Vorgehensweise auch einen unter dem marktüblichen Preis liegenden Verkauf beinhalten kann, wie Rabatt- und Preisschlachten zeigen. Eine Haftung in diesen Fällen wäre nicht mit dem Zweck der Vorschrift vereinbar. Überdies dürfte eine Haftung eines Abnehmers dann nicht greifen, wenn ein Vorlieferant, zu dem der gutgläubige Abnehmer keinerlei Kontakt hat, einen Umsatzsteuerbetrug vorgenommen hat.[31]

(2) Ermessensfehler

Wie so oft, wird auch bei der Haftung nach § 25d UStG häufig verkannt, dass es sich um eine Haftung handelt, die nach § 191 AO mittels eines Haftungsbescheids erlassen wird. Die Entscheidung darüber ist aber eine Ermessensentscheidung der Finanzverwaltung, die sich wiederum in dem Verwaltungsakt widerspiegeln muss. Verstöße dagegen führen in der Regel zur Rechtswidrigkeit der Haftung.

Vor allem das Auswahlermessen ist zu beachten. So kommt als Haftungsschuldner bspw. nicht nur der Abnehmer der Ware vom „missing trader" in Betracht, sondern auch alle weiteren Abnehmer. Aber auch der (faktische) Geschäftsführer der GmbH, die als „missing trader" fungierte, kann Haftungsschuldner nach § 69 AO sein. Zu beachten bleibt hier, dass allein die Aufzählung aller in Betracht kommenden Haftungsschuldner nicht ausreicht.[32] Wird nur einer aus der Kette in Anspruch genommen, gilt es sachlich

---

[29] Nacke, A. T., Haftung für Steuerschulden, 2012, Rn. 541; Blesinger, K., Haftung und Duldung im Steuerrecht, 2005, S. 121; Halaczinsky, R., Die Haftung im Steuerrecht, 2013, Rn. 491.

[30] EuGH vom 11.05.2006 Rs. C-384/04, BFH/NV 2006, S. 1290; s. BFH vom 28.02.2008 V R 44/06, BStBl 2008 II, S. 586; s. auch Grube, F., MwStR 2013, S. 12; a. A. Schuska, F., MwStR 2015, S. 325, 327.

[31] Kritisch auch Forster, E., Schorer, E., UR 2002, S. 363 m. w. N.; Nieskens, H., UR 2002, S. 73; Nacke, A. T., Haftung für Steuerschulden, 2012, Rn. 540.

[32] So wohl Leonard, A., in: Bunjes, UStG, 2015, § 25d Rn. 23.

zu begründen, weshalb die weiteren potenziellen Haftungsschuldner nicht in Betracht kommen.

Hinweis

M. E. ist aber zu berücksichtigen, dass ein Auswahlermessen hinsichtlich der Haftungsschuldner nach § 25d UStG dann nicht stattfinden muss, wenn für die Haftung dieser Personen andere Finanzämter zuständig sind.[33] Gleichwohl ist aber zu beachten, dass die potenziellen Haftungsschuldner Gesamtschuldner sind, so dass es nicht zu einer Doppelhaftung kommen darf. Insoweit besteht somit doch ein Abstimmungsbedarf zwischen den Finanzämtern.[34]

3.3.2. Haftung nach § 69 AO

Auch die klassische Haftung des (faktischen) Geschäftsführers oder Prokuristen nach § 69 AO kommt als Haftungsgrundlage in Betracht. Der Geschäftsführer oder faktische Geschäftsführer oder unter bestimmten Bedingungen auch der Prokurist kann nach § 69 AO i. V. mit §§ 34, 35 AO für die Steuerschulden der GmbH in Anspruch genommen werden, wenn er schuldhaft eine steuerrechtliche Pflicht verletzt hat und daraus ein Steuerschaden beim Fiskus entstanden ist. Ohne hier die einzelnen Probleme dieser Haftung näher darzustellen, ist im Hinblick auf die Haftung bei Karussellgeschäften auf Folgendes zu achten:

3.3.2.1. Schuldhafte Pflichtverletzung

Die Pflichtverletzung des (faktischen) Geschäftsführers liegt bei den umsatzsteuerlichen Karussellgeschäften gewöhnlich in der Nichterklärung oder Nichtentrichtung der entstandenen Steuerschulden. Schuldhaft handelt der Geschäftsführer, wenn er dies zumindest grob fahrlässig macht. Hier wird vielfach der Geschäftsführer des „missing trader" vorsätzlich handeln, so dass insoweit kein Problem bei dieser Voraussetzung entsteht.

3.3.2.2. Grundsatz der anteiligen Tilgung

Auch der Grundsatz der anteiligen Tilgung ist in den Karussellfällen zu beachten. Hat der Haftungsschuldner eine Steuerhinterziehung begangen, haftet er nur insoweit, als er andere Gläubiger bevorzugt hat. Nach diesem Grundsatz haftet der Geschäftsführer einer GmbH für die von dieser geschuldete, nicht an das Finanzamt entrichtete Um-

---

[33] Nacke, A. T., Haftung für Steuerschulden, 2012, Rn. 545; a. A. Leonard, A., in: Bunjes, UStG, 2015, § 25d Rn. 23.
[34] Zum Abstimmungsbedarf s. Abschn. 25d.1 Abs. 8 Satz 3 UStAE.

satzsteuer nur insoweit, als er aus den ihm zur Verfügung stehenden Mitteln die Steuerschulden hätte tilgen können. Bei insgesamt nicht ausreichenden Zahlungsmitteln liegt eine schuldhafte Pflichtverletzung des Geschäftsführers nur insoweit vor, als er die vorhandenen Mittel nicht zu einer in etwa gleichmäßigen anteiligen Befriedigung der privaten Gläubiger und des Finanzamts (wegen der Umsatzsteuer) verwendet hat.[35] Der Grundsatz der anteiligen Tilgung kommt nicht bei der unberechtigten Auszahlung von Steuervergütungen zur Anwendung. Somit kommt bei einer unberechtigten Geltendmachung von Vorsteuern im Rahmen eines Karussellgeschäfts der Grundsatz der anteiligen Tilgung nicht in Betracht. Denn wäre die Steueranmeldung ordnungsgemäß durchgeführt worden, wäre es nicht zu einer Auszahlung gekommen.[36]

3.3.2.3. Ermessen

Auch hier ist zu beachten, dass alle Haftungsschuldner Gesamtschuldner i. S. von § 44 AO sind und das Finanzamt an sich ein Auswahlermessen treffen muss. Aber hier dürfte ein Ermessensfehler dann nicht bestehen, wenn die Pflichtverletzung an eine Steuerhinterziehung angeknüpft wird. Der BFH hat entschieden, dass nicht nur im Fall der Steuerhinterzieherhaftung nach § 71 AO, sondern auch bei einer anderen Haftung (z. B. § 42d EStG oder wie hier bei § 69 AO) ein gesondertes Auswahlermessen nicht zu treffen ist, wenn die Haftung auf einem strafrechtlichen Verhalten des Haftenden beruht.[37]

3.3.3. Haftung nach § 71 AO

3.3.3.1. Überblick

Häufig kommt eine Haftung nach § 71 AO in Betracht, da die Inanspruchnahme des Betroffenen auf dem Vorwurf der Umsatzsteuerhinterziehung nach § 370 AO beruht. Nach § 71 AO haftet derjenige, der eine Steuerhinterziehung oder eine Steuerhehlerei begeht oder an einer solchen Tat teilnimmt, für die verkürzten Steuern und die zu Unrecht gewährten Steuervorteile. Ebenso haftet er für die Zinsen nach § 235 AO . Hinsichtlich der Haftung im Rahmen von Umsatzsteuerkarussellen ist auf folgende Besonderheiten hinzuweisen:

---

[35] BFH vom 26.08.1992 VII R 50/91, BStBl 1993 II, S. 8; BFH vom 04.12.2007 VII R 18/06, GmbHR 2008, S. 386, jeweils m. w. N.
[36] BFH vom 25.04.1995 VII R 99-100/94, GmbHR 1996, S. 387; FG Hamburg vom 26.10.2010 3 V 85/10, BB 2011, S. 1686; s. zu Karussellgeschäften FG München vom 25.11.2014 2 K 40/12, [JAAAE-83517].
[37] BFH vom 12.02.2009 VI R 40/07, BStBl 2009 II, S. 478.

3.3.3.2. Haftungsschaden

Der BFH hat darauf hingewiesen, dass eine Haftung nach § 71 AO in einem Umsatzsteuerkarussell grds. den verkürzten (vorsätzlich nicht angemeldeten) nominalen Steuerbetrag umfasst. Es kommt daher nicht darauf an, ob und in welcher Höhe beim Leistungsempfänger zu dessen Gunsten unberechtigt Umsatzsteuer verrechnet oder an diesen ausgezahlt wurde.[38]

3.3.3.3. Ermessen

Insbesondere bei einer Haftung nach § 71 AO hat der BFH stets allgemein zum Ausdruck gebracht, dass ein Auswahlermessen nicht erforderlich ist.[39] Das FG Hamburg hat dies vor ca. zwei Jahren bezogen auf einen Fall eines Umsatzsteuerkarussells ebenso entschieden.[40]

4. Verhältnis des Haftungsrechts zum Umsatzsteuerrecht

Aufgrund der dargestellten verschiedenen Instrumente zur Bekämpfung des Umsatzsteuerbetrugs durch Karussellgeschäfte kommt es durch eine parallele Anwendung des Haftungs- und Umsatzsteuerrechts womöglich zu einer Überkompensation des beim Fiskus entstandenen Schadens. Die Beurteilung dieses von dem Steuerschuldner bzw. Haftungsschuldner zumeist vorgetragenen Arguments hängt von verschiedenen Grundsätzen ab, die hier zu beachten sind.

4.1. Schadensersatzcharakter der Haftungsvorschrift

Die drei dargestellten Haftungsvorschriften sind keine Sanktionsvorschriften, sondern reine Schadensersatzvorschriften. Dabei gilt dies für den unmittelbar betroffenen Steueranspruch ohne Berücksichtigung weiterer Faktoren aufgrund einer Gesamtschau. Maßgeblich ist allein, ob die Tatbestandsmerkmale der Haftungsvorschrift erfüllt sind.[41] Somit bleibt z. B. bei der Haftung des Leistungsempfängers außer Betracht, ob der Leistende seine Umsatzsteuerschuld entrichtet hat oder nicht. Eine solche Überkompensation hätte – läge sie vor – ihre Ursache nicht im Haftungs-, sondern im Um-

---

[38] BFH vom 05.08.2010 V R 13/09, BFH/NV 2011, S. 81.
[39] BFH vom 12.02.2009 VI R 40/07, BStBl 2009 II, S. 478; BFH vom 02.12.2003 VII R 17/03, BFHE 2004, S. 380, m. w. N.; BFH vom 22.02.2005 VII B 213/04, BFH/NV 2005, S. 2005.
[40] FG Hamburg vom 06.09.2012 2 K 232/11, [GAAAE-25285].
[41] BFH vom 26.09.2012 VII R 3/11, BFH/NV 2013, S. 337, Rn. 26; wie hier zum Verhältnis Lohnsteuer zur späteren Einkommensteuerschuld des Arbeitnehmers s. Wagner, K., in: Blümich, EStG 2015, § 42d Rn. 32 ff.; Heuermann, B., DB 1994, S. 2411; Nacke, A. T., Haftung für Steuerschulden, 2012, Rn. 48; Thomas, M.-I., DStR 1995, S. 273; a. A. Krüger, R., in: Schmidt, EStG, 2015, § 42d Rn. 2 m. w. N.

satzsteuerrecht und müsste ggf. mit den dort vorgesehenen Instrumentarien korrigiert werden.[42]

4.2. Akzessorietät der Haftung

Ebenso bedeutsam ist der Grundsatz der Akzessorietät der Haftung. Damit ist gemeint die Abhängigkeit der Haftung vom Bestand einer Steuerschuld. Eine Haftung ist nur gegeben, wenn und soweit die Steuerschuld entstanden ist und noch besteht. § 191 Abs. 5 Satz 1 AO enthält ausdrücklich mehrere Fälle, in denen wegen der Akzessorietät der Haftung eine Inanspruchnahme entfällt (Fall der Festsetzungsverjährung, Zahlungsverjährung und Erlass der Steuerschuld). Dies gilt aber nach § 191 Abs. 5 Satz 2 AO nicht für Steuerhinterzieher. Wird die Steuerfestsetzung angefochten, bleibt die Haftung bestehen, da bei Erlass des Haftungsbescheids bzw. der Einspruchsentscheidung von einer gesicherten Rechtsposition bzgl. der Steuerschuld nicht ausgegangen werden kann.[43] Hatte sich die Steuerschuld vor diesem Zeitpunkt reduziert, ist der Haftungsbescheid in überschießender Höhe rechtswidrig. Ist nach Klageerhebung die Zahlung erfolgt, bleibt der Haftungsbescheid rechtmäßig. Es kommt dann aber ein Widerruf nach § 131 AO in Betracht.

4.3. Trennungsprinzip zwischen Umsatzsteuer und Haftungsrecht

Ergibt sich aufgrund der umsatzsteuerlichen Korrekturmöglichkeiten für das Finanzamt die Möglichkeit, einen Schaden auf umsatzsteuerlicher Ebene zu beheben, ist diese Möglichkeit nicht auf der Ebene des Haftungsrechts zu berücksichtigen. Entscheidend ist allein die formale umsatzsteuerrechtliche Lage (Besteht eine dem Haftungsanspruch zugrunde liegende Umsatzsteuerschuld?).

Dabei kann eine Haftung z. B. nach § 71 AO die Versagung des Vorsteuerabzugs zur Voraussetzung haben. In dem Fall des BFH-Beschlusses vom 12. 9. 2014 - VII B 99/13[44] konnte es zu einer Haftung nach § 71 AO nur kommen, weil der Vorsteuerabzug versagt worden war. Denn durch die Versagung des Vorsteuerabzugs entsteht eine bislang ungetilgte Steuerschuld, die der Steuerpflichtige (z. B. eine GmbH) nicht mehr abführen kann, so dass dafür ein Dritter in Haftung genommen werden kann. Der BFH weist in dieser Entscheidung ausdrücklich darauf hin, dass es sich um keinen eigenen Anspruch auf eine zusätzliche Steuerschuld handelt, die dem Unternehmer erst einmal auferlegt werden müsste.

---

[42] BFH vom 26.09.2012 VII R 3/11, BFH/NV 2013, S. 337, Rn. 29.
[43] Vgl. BFH vom 12.9.2014 VII B 99/13, [VAAAE-80506], Rn. 26.
[44] BFH vom 12.9.2014 VII B 99/13, [VAAAE-80506].

Kommt es zu einer Überkompensation allein auf der Ebene der Umsatzsteuer (bspw. weil der Leistende die Umsatzsteuer abgeführt hat, aber der Leistungsempfänger nicht die Vorsteuer geltend machen kann), hätte diese ihre Ursache nicht im Haftungs-, sondern im Umsatzsteuerrecht und müsste ggf. mit den dort vorgesehenen Instrumentarien korrigiert werden.[45] Dies gilt auch für die aufgrund der EuGH-Rechtsprechung sich ergebende Möglichkeit der Versagung der Steuerfreistellung innergemeinschaftlicher Lieferungen.

Besteht eine Überkompensation in der Person des Haftungsschuldners durch Zusammenspiel umsatzsteuerlicher Korrekturmaßnahmen und der Haftungsschuld (z. B. durch Versagung des Vorsteuerabzugs nach § 15 UStG des „buffer" und Haftungsinanspruchnahme des „buffer" nach § 25d UStG), ist streitig, ob auf der Ebene des Entschließungsermessens bzgl. des Haftungsbescheids dieser Umstand zu berücksichtigen ist.[46]

Besteht eine Überkompensation allein durch die Inanspruchnahme mehrerer Haftungsschuldner (z. B. Haftung des „buffer" nach § 25d UStG und Haftung des Geschäftsführers des „buffer" nach § 71 AO), hat dies in der Regel keinen Einfluss auf die Rechtmäßigkeit des Haftungsbescheids.[47] Erst bei der Begleichung der Haftungsschuld ist zu beachten, dass die Haftungsschuldner Gesamtschuldner sind und es nicht zu einer Überkompensation kommt.

5. Fazit

Mit dem Schnellreaktionsmechanismus zur Unterbindung von Umsatzsteuerbetrug hat das Umsatzsteuerrecht durch das ZollkodexAnpG ein Instrument bekommen, dessen Wirkung noch abzuwarten bleibt und dessen Rechtmäßigkeit einer Überprüfung bedarf. Für die Fälle, in denen es zu einem umsatzsteuerlichen Schaden gekommen ist, stellt die Rechtsordnung eine Reihe von möglichen Handlungsfeldern zur Verfügung. Die dargestellten Instrumentarien zeigen m. E., dass durch die Rechtsprechung des EuGH, BFH und der Finanzgerichte der letzten Jahre mehr Rechtssicherheit geschaffen wurde, wenn auch immer noch offene Rechtsfragen verblieben sind. Die Verwaltung wird daher in Zukunft auf diese Instrumentarien leichter zurückgreifen können.

---

[45] BFH vom 26.09.2012 VII R 3/11, BFH/NV 2013, S. 337, Rn. 29.
[46] Bejahend Treiber, A., MwStR 2015, S. 632; Schuska, F., MwStR 2015, S. 325, 328; vgl. auch Wäger, C., UR 2006, S. 599, 600; derselbe, UR 2015, S. 81, 98; offen gelassen BFH vom 28. 2. 2008 V R 44/06, BStBl 2008 II, S. 586.
[47] S. Nacke, A. T., Haftung für Steuerschulden, 2012, Rn. 740, m. w. N. in Fn 4.

III. Internationale Steuervermeidung, Verrechnungspreise und Betriebsstätten

Dr. Xaver Ditz, Flick Gocke Schaumburg, Bonn

1. Regelungen des Koalitionsvertrags zur Steuerpolitik 116
2. Abgeschlossene Gesetzgebungsverfahren 117
   2.1. Zollkodexanpassungsgesetz vom 22.12.2014 117
      2.1.1. Erweiterung von § 3c Abs. 2 EStG auf Substanzverluste aus Darlehensforderungen 117
      2.1.2. Definition der Geschäftsbeziehung nach § 1 Abs. 4 AStG 119
      2.1.3. Neuregelung des Anrechnungshöchstbetrages nach § 34c Abs. 1 EStG 121
      2.1.4. Ausweitung der Steuerstundung in § 6 AStG 121
      2.1.5. Zwischenfazit 122
   2.2. Kroatiengesetz vom 25.7.2014 122
   2.3. Betriebsstättengewinnauteilungsverordnung v. 13.10.2014 124
      2.3.1. Authorised OECD Approach 124
      2.3.2. Umsetzung des AOA in deutsches Recht 125

3. Geplante Gesetzgebungsverfahren 128
   3.1. Betriebsausgabenabzugsbeschränkungen 128
      3.1.1. Entwurf des § 4 Abs. 5a EStG 128
      3.1.2. Einführung einer Lizenzschranke 130
      3.1.3. Beschränkungen bei „Briefkastenfirmen" 131
   3.2. Country-by-Country Reporting 131
   3.3. Fremdvergleichsverordnung 134
   3.4. Betriebsstättenbegriff 135
      3.4.1. Definition der Betriebsstätte gem. Art. 5 OECD-MA 135
      3.4.2. Geplante Neukommentierung des Betriebsstättenbegriffs 136

4. Fazit 137

1. Regelungen des Koalitionsvertrags zur Steuerpolitik

Die Koalitionsparteien stellen im Koalitionsvertrag vom 27.11.2013 fest, dass Deutschland ein insgesamt zeitgemäßes und wettbewerbsfähiges Steuerrecht hat, das in einer sich veränderten Welt kontinuierlich fortentwickelt werden muss, zugleich aber eine hohe Planungssicherheit für die Steuerzahler und die öffentliche Hand gewährleisten soll.[1] Daraus ergibt sich, dass die Große Koalition in der 18. Legislaturperiode keine „große" Steuerreform plant, sondern stattdessen Maßnahmen zur Gestaltung solider, nachhaltiger und generationengerechter Staatsfinanzen. So ist die Erreichung eines nachhaltig ausgeglichenen Haushalts und beginnend mit 2015 ein Haushalt ohne Nettoneuverschuldung ein übergeordnetes Ziel der Koalition aus CDU, CSU und SPD.[2] Daneben strebt die Koalition die Erreichung folgender Ziele an: Zum einen ist die Daueraufgabe der Steuervereinfachung ein wichtiges politisches Ziel der Regierungsparteien.[3] Zum anderen wird im Koalitionsvertrag der Kampf gegen die grenzüberschreitende Gewinnverlagerung international operierender Unternehmen als zentrale politische Aufgabe genannt. Zu diesem Ziel gehören die umfassende Transparenz zwischen den Steuerverwaltungen, die Vermeidung der doppelten Nichtbesteuerung von Einkünften sowie die Vermeidung eines doppelten Betriebsausgabenabzugs. In diesem Zusammenhang erklärt der Koalitionsvertrag die aktive Unterstützung des OECD-BEPS-Projekts[4] und der Umsetzung der Aktionen in nationale Maßnahmen.[5]

Der Beitrag stellt einen Überblick über die zur „Halbzeit" der Legislaturperiode der Großen Koalition abgeschlossenen steuerpolitischen Maßnahmen des Koalitionsvertrages dar und gibt einen Ausblick auf eine Auswahl an geplanten Gesetzgebungsverfahren, die den Versuch unternehmen, die Ergebnisse des OECD-BEPS-Projekts in innerstaatliche Vorschriften umzusetzen.

---

[1] Vgl. Presse- und Informationsamt der deutschen Bundesregierung, Deutschlands Zukunft gestalten – Koalitionsvertrag zwischen CDU, CSU und SPD – 18. Legislaturperiode, 17.12.2013, http://www.bundesregierung.de/Content/DE/_Anlagen/2013/2013-12-17-koalitionsvertrag.pdf?__blob=publicationFile&v=2, S. 89, 08.2.2015.

[2] Vgl. Ebenda, S. 87f.

[3] Vgl. Ebenda, S. 89f.

[4] Vgl. OECD, BEPS Action Plan on Base Erosion and Profit Shifting, 2013, http://dx.doi.org/10.1787/9789264202719-en, 18.8.2015.

[5] Vgl. Presse- und Informationsamt der deutschen Bundesregierung, Deutschlands Zukunft gestalten – Koalitionsvertrag zwischen CDU, CSU und SPD – 18. Legislaturperiode, 17.12.2013, http://www.bundesregierung.de/Content/DE/_Anlagen/2013/2013-12-17-koalitionsvertrag.pdf?__blob=publicationFile&v=2, S. 91f., 08.2.2015.

2. Abgeschlossene Gesetzgebungsverfahren
2.1. Zollkodexanpassungsgesetz vom 22.12.2014
2.1.1. Erweiterung von § 3c Abs. 2 EStG auf Substanzverluste aus Darlehensforderungen

Wird eine Beteiligung an einer Kapitalgesellschaft im Betriebsvermögen einer natürlichen Person gehalten, so war bislang davon auszugehen, dass die in § 3c Abs. 2 EStG a.f. geregelte Abzugsbeschränkung auf die steuerliche Abzugsfähigkeit von Teilwertabschreibungen auf eigenkapitalersetzende Darlehen keine Anwendung findet.[6] Durch das Zollkodexanpassungsgesetz vom 22.12.2014 (ZKAnpG)[7] wird dieser Sichtweise nunmehr eine Absage erteilt. Denn der neu eingefügte § 3c Abs. 2 Satz 2 EStG stellt klar, dass das Teilabzugsverbot nach § 3c Abs. 2 Satz 1 EStG auch für „Betriebsvermögensminderungen oder Betriebsausgaben im Zusammenhang mit einer Darlehensforderung oder aus der Inanspruchnahme von Sicherheiten anzuwenden [ist], die für ein Darlehen hingegeben wurden, wenn das Darlehen oder die Sicherheit von einem Steuerpflichtigen gewährt wird, der zu mehr als einem Viertel unmittelbar oder mittelbar am Grund- oder Stammkapital der Körperschaft, der das Darlehen gewährt wurde, beteiligt ist oder war." Das Teilabzugsverbot soll nach § 3c Abs. 2 Satz 3 EStG jedoch insoweit nicht zur Anwendung kommen, als nachgewiesen wird, dass auch ein fremder Dritter das Darlehen unter sonst gleichen Umständen gewährt und noch nicht zurückgefordert hätte – soweit es sich also um ein fremdübliches Darlehen handelt (Escape durch Drittvergleich). Für Forderungen aus Rechtshandlungen, die einer Darlehensgewährung wirtschaftlich vergleichbar sind, gilt dies nach der „Auffangklausel" in § 3c Abs. 2 Satz 4 EStG entsprechend.

---

[6] Vgl. BFH vom 18.4.2012 X R 5/10, BStBl. II 2013, S. 785; BFH vom 18.4.2012 X R 7/10, BStBl. II 2013, S. 791.
[7] Vgl. Gesetz zur Anpassung der Abgabenordnung an den Zollkodex der Union und zur Änderung weiterer steuerlicher Vorschriften vom 22.12.2014, BGBl. I 2014, S. 2417.

III. Internationale Steuervermeidung

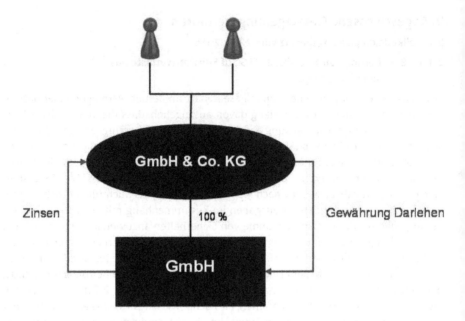

Abbildung 2.III.1: ZKAnpG vom 22.12.2014 - § 3c Abs. 2 EStG

§ 3c Abs. 2 Satz 2 EStG stellt ein Nichtanwendungsgesetz im klassischen Sinne dar,[8] durch das die Rechtsprechung unterlaufen werden soll. Dabei ist offensichtlich, dass die neuerliche Ergänzung des Teilabzugsverbotes § 8b Abs. 3 Sätze 4 ff. KStG nachgebildet ist. Die prinzipielle Beweislast zulasten der Finanzbehörde wird also auch durch § 3c Abs. 2 Satz 3 EStG umgekehrt. Den Gegenbeweis erfolgreich zu führen, dürfte in der Praxis hingegen schwierig sein, da taugliche Vergleichsparameter in Gestalt des fremden Dritten durch den Steuerpflichtigen regelmäßig nicht beigebracht werden können.[9] Für betroffene Steuerpflichtige stellt die Ausweitung des § 3c Abs. 2 EStG somit eine erhebliche Verschärfung dar. Schließlich ist es durch § 3c Abs. 2 Satz 2 EStG zu einer massiven Durchbrechung der Systematik des Teileinkünfteverfahrens bzw. Teilabzugsverbotes gekommen. Denn systematisch bildet § 3c Abs. 2 EStG die Kehrseite der in § 3 Nr. 40 EStG angeordneten anteiligen Steuerbefreiung. Aus einer Darlehensforderung werden keine Einnahmen erzielt, die nach § 3 Nr. 40 EStG nur zu 60 % der

---

[8] Kritisch ebenfalls Haarmann, W., BB 2015, S. 24f.
[9] Vgl. in diesem Sinne Gosch, D., in: Gosch, KStG, 2015, § 8b Rz. 279e.

Besteuerung unterliegen.[10] Vielmehr geht eine Darlehensforderung mit Zinseinnahmen einher, die als Erträge aus sonstigen Kapitalforderungen i.S.v. § 20 Abs. 1 Nr. 7 EStG nicht dem Teileinkünfteverfahren unterliegen, sondern voll steuerpflichtig sind.[11]

2.1.2. Definition der Geschäftsbeziehung nach § 1 Abs. 4 AStG

Durch das ZKAnpG wurde § 1 Abs. 4 AStG wie folgt angepasst (die Änderungen sind kursiv und unterstrichen gekennzeichnet):

„Geschäftsbeziehungen im Sinne dieser Vorschrift sind

1. einzelne oder mehrere zusammenhängende wirtschaftliche Vorgänge (Geschäftsvorfälle) zwischen einem Steuerpflichtigen und einer ihm nahestehenden Person,

    a) die Teil einer Tätigkeit des Steuerpflichtigen oder der nahestehenden Person sind, auf die die §§ 13, 15, 18 oder 21 des Einkommensteuergesetzes anzuwenden sind oder anzuwenden wären, wenn sich der Geschäftsvorfall *im Inland unter Beteiligung eines unbeschränkt Steuerpflichtigen und einer inländischen nahestehenden Person* ereignet hätte, und

    b) denen keine gesellschaftsvertragliche Vereinbarung zu Grunde liegt; *eine gesellschaftsvertragliche Vereinbarung ist eine Vereinbarung, die unmittelbar zu einer rechtlichen Änderung der Gesellschafterstellung führt;*

2. Geschäftsvorfälle zwischen einem Unternehmen eines Steuerpflichtigen und seiner in einem anderen Staat gelegenen Betriebsstätte (anzunehmende schuldrechtliche Beziehungen)."

---

[10] Vgl. Ditz, X., in Wassermeyer/Baumhoff, Verrechnungspreise international verbundener Unternehmen, 2014, Rz. 6.479.
[11] Vgl. FG Düsseldorf vom 20.1.2010 2 K 4581/07 F, EFG 2010, S. 1775.

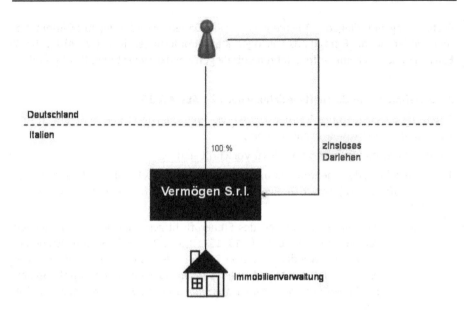

Abbildung 2.III.2: ZKAnpG vom 22.12.2014 - § 1 AStG

Die Anpassung der Definition der Geschäftsbeziehung gemäß § 1 Abs. 4 Nr. 1 Buchst. a) AStG ist vor dem Hintergrund der bestehenden Unsicherheiten bei der Anwendung des § 1 AStG in Bezug auf natürliche Personen zu sehen. In diesem Zusammenhang hatte die Finanzverwaltung bereits mit dem BMF-Schreiben v. 4.6.2014[12] versucht, den Anwendungsbereich des § 1 AStG klarzustellen. Dies ist auf Grund des unklaren und komplizierten Wortlauts des BMF-Schreibens jedoch nicht geglückt.

Durch die Ergänzung des § 1 Abs. 4 Nr. 1 Buchst. b) AStG wird der Anwendungsbereich des § 1 AStG ausgeweitet. Bislang konnte durch die Regelung einer Leistung der inländischen Muttergesellschaft im Gesellschaftsvertrag der ausländischen Tochtergesellschaft eine „Geschäftsbeziehung" vermieden werden. Eine Anwendung des § 1 AStG schied damit mangels einer Geschäftsbeziehung aus, wenngleich die Konsequenzen einer verdeckten Einlage (die z. B. aber keine Funktionsverlagerungsbesteuerung, Preisanpassungsklausel oder Transparenzthese (§ 1 Abs. 1 Satz 3 AStG) vorsieht) freilich zu beachten waren. Dieser Gestaltungsspielraum wird nunmehr durch § 1 Abs. 4 Nr. 1 Buchst. b) AStG n.F. unterbunden, indem ausdrücklich eine unmittelbare rechtliche

---

[12] Vgl. BMF-Schreiben vom 4.6.2014 IV B 5-S1341/07/10009, BStBl I 2014, S. 843.

Änderung der Gesellschafterstellung (z. B. Veränderung der Beteiligungshöhe oder Beteiligungsrechte) gefordert wird.[13]

2.1.3. Neuregelung des Anrechnungshöchstbetrages nach § 34c Abs. 1 EStG

Nach der Rechtsprechung von EuGH[14] und BFH[15] war die bislang in § 34c Abs. 1 Satz 2 EStG angeordnete Berechnung des Anrechnungshöchstbetrages unionsrechtswidrig. Als unionsrechtlich problematisch erwies sich hierbei insbesondere der Umstand, dass im Rahmen der Bestimmung des Anrechnungshöchstbetrages die der deutschen Einkommensteuer gegenüberzustellende Summe der Einkünfte nicht um die Kosten der persönlichen Lebensführung sowie der personen- und familienbezogenen Umstände (z. B. Sonderausgaben, außergewöhnliche Belastungen) zu kürzen war, wohingegen diese Aufwendungen bei der Bestimmung der deutschen Einkommensteuer mindernd berücksichtigt wurden. Durch die Neuregelung soll es künftig zu keiner Benachteiligung bei der Besteuerung ausländischer Einkünfte gegenüber der Besteuerung inländischer Einkünfte kommen.[16]

2.1.4. Ausweitung der Steuerstundung in § 6 AStG

Die Vorschrift des § 6 Abs. 5 Satz 3 AStG wurde um eine neue Nr. 4 ergänzt. Fortan ist die zinslose Stundung auch dann möglich, wenn „im Fall des Absatzes 1 Satz 1 Nummer 4 der Steuerpflichtige Anteile an einer in einem Mitgliedstaat der Europäischen Union oder in einem Vertragsstaat des EWR-Abkommens ansässigen Gesellschaft hält." Damit ist nunmehr auch die durch einen Fall des § 6 Abs. 1 Satz 2 Nr. 4 AStG ausgelöste Wegzugssteuer zinslos zu stunden, was in erster Linie aus unionsrechtlichen Gründen[17] längst überfällig war und deshalb zu begrüßen ist. Die Gesetzesänderung macht deutlich, dass die Änderung eines DBA (z. B. neuer Art. 13 DBA-Spanien[18]) aus Sicht des Gesetzgebers Auslöser einer Entstrickungsbesteuerung sein kann (sog. passive Entstrickung).[19]

---

[13] Vgl. Ditz, X./Quilitzsch, C., DStR 2015, S. 549f.
[14] Vgl. EuGH vom 28.2.2012 C-168/11, IStR 2013, S. 275.
[15] Vgl. BFH vom 18.12.2013 I R 71/10, IStR 2014, S. 302.
[16] Vgl. BT-Drs. 18/3017 vom 03.11.2014, S. 61.
[17] Vgl. zuletzt EuGH vom 23.1.2014 C-164/12, IStR 2014, S. 106.
[18] Vgl. BGBl. II 2012, S. 19.
[19] Zur Diskussion vgl. Häck, N., in: Haase, AStG/DBA, 2012, § 6 Rz. 109ff.; Bron, J.F., IStR 2012, S. 904ff., jeweils m.w.N. Kritisch außerdem jüngst Bron, J.F., IStR 2014, S. 919.

2.1.5. Zwischenfazit

Zusammenfassend ist festzustellen, dass die durch das ZKAnpG v. 22.12.2014 eingeführten und geänderten Vorschriften, neben den notwendigen unionsrechtlichen Anpassungen insbesondere eine Ausweitung der steuerlichen Bemessungsgrundlage bezwecken. Insoweit verfolgt die Regierung mit diesem Gesetz das Ziel der Sicherung des innerstaatlichen Steuersubstrats. Von einer „Steuervereinfachung", wie im Koalitionsvertrag als wesentliches steuerpolitisches Ziel dargestellt, kann indessen in diesem Zusammenhang keine Rede sein. Vielmehr führen insbesondere die Anpassung des § 1 AStG und des § 3c EStG zu einer weiteren Verkomplizierung des deutschen internationalen Steuerrechts.

2.2. Kroatiengesetz vom 25.7.2014

Der Gesetzgeber hat mit dem durch das AmtshilfeRLUmsG[20] eingeführten § 50i EStG a.f. auf die neuere Rechtsprechung zu gewerblich geprägten Personengesellschaften und ihre Behandlung im Abkommensrecht reagiert.[21] Die Vorschrift bezweckt die Sicherstellung der Besteuerung der stillen Reserven sowie der laufenden Einkünfte im Wege eines Treaty Overrides für den Fall, dass bei einem Wegzug in einen DBA-Staat eine Entstrickungsbesteuerung dadurch unterblieben ist, dass ein Vermögenstransfer in gewerblich geprägte Personengesellschaften oder andere fiktiv gewerbliche Strukturen (sog. „§ 50i-Strukturen") vorgeschaltet ist.[22] Die (nachvollziehbare) Idee des § 50i EStG ist, dass die unterbliebene Entstrickungsbesteuerung in diesen Fällen bei der späteren Veräußerung oder Entnahme von Wirtschaftsgütern nachgeholt wird.[23] § 50i EStG a.f. ließ indessen noch steuerfreie Entstrickungen zu.[24] Diese Gesetzeslücke beabsichtigt der Gesetzgeber durch den im Zuge des „Kroatiengesetzes"[25] neu geschaf-

---

[20] Vgl. Gesetz zur Umsetzung der Amtshilferichtlinie sowie zur Änderung steuerlicher Vorschriften, BGBl. I 2013, S. 1809.

[21] Vgl. BFH vom 28.4.2010 I R 81/09, BFHE 229, S. 252; BFH vom 4.5.2011 II R 51/09, BFHE 233, S. 517; BFH vom 25.5.2011 I R 95/10, BFHE 234, S. 63; BFH vom 24.8.2011 I R 46/10, BFHE 234, S. 339.

[22] Grundsätzlich erfasst von § 50i EStG ist der Wegzug von natürlichen Personen sowie – über den Generalverweis in § 8 Abs. 1 KStG – von Kapitalgesellschaften. Zu Hintergrund und Motivlage der Regelung vgl. z. B. BT-Drs. 17/13033 vom 10.04.2013, S. 73.

[23] Der gesetzliche Aufschub der Entstrickungsbesteuerung wurde deshalb notwendig, weil die Finanzverwaltung den Zeitpunkt der eigentlichen Entstrickung, wie er sich aus der von ihr seinerzeitigen Auffassung abweichenden BFH-Rechtsprechung ergibt, aufgrund zwischenzeitlich erteilter verbindlicher Auskünfte bzw. bestandskräftiger Veranlagungen der (wegziehenden) Steuerpflichtigen „verpasst" hat.

[24] BT-Drs. 18/1995 vom 02.7.2014, S. 116, nennt als Beispiel die einem Wegzug nachfolgende Umwandlung oder Einbringung.

[25] Vgl. Gesetz zur Anpassung des nationalen Steuerrechts an den Beitritt Kroatiens zur EU und zur Änderung weiterer steuerlicher Vorschriften, BGBl. I 2014, S. 1266.

fenen § 50i Abs. 2 EStG zu schließen.[26] Bei „50i-Strukturen" im Zusammenhang mit Umwandlungen und Einbringungen i.S.d. § 1 UmwStG (Satz 1), bei Überführungen und Übertragungen nach § 6 Abs. 3 und 5 EStG (Satz 2) sowie im Falle des Strukturwandels (Satz 3) nach dem 31.12.2013[27] wird zwingend der Ansatz des gemeinen Wertes vorgeschrieben.[28] Diese Rechtsfolge hat indessen deutlich überschießenden Charakter, da sie nicht darauf abstellt, ob tatsächlich eine steuerfreie Entstrickung droht. Weiterhin war bislang auch unklar, ob § 50i Abs. 2 EStG eine im DBA-Ausland ansässige Person voraussetzt oder auch auf reine Inlandssachverhalte Anwendung findet.[29]

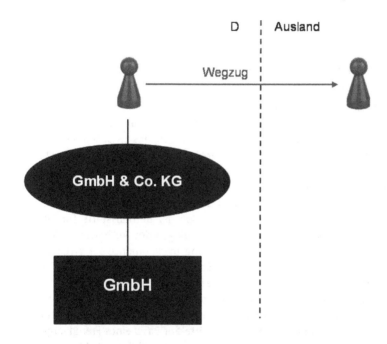

Abbildung 2.III.3: Kroatiengesetz vom 25.7.2014 - § 50i EStG

---

[26] Auslöser war dem Vernehmen nach ein Antrag auf verbindliche Auskunft in einem wichtigen Einzelfall.

[27] Bei Umwandlungen muss der Umwandlungsbeschluss nach dem 31.12.2013 erfolgt und bei Einbringungen der Einbringungsvertrag nach dem 31.12.2013 geschlossen worden sein. Sowohl bei Überführungen und Übertragungen als auch beim Strukturwandel kommt es darauf an, ob sie selbst nach dem 31.12.2013 stattfinden. Vgl. BT-Drs. 18/1995 vom 02.7.2014, S. 43.

[28] Vgl. Rödder, T., DB 2015, S. 1422.

[29] Vgl. zu offenen Auslegungsfragen Ebenda, S. 1423ff.

Mit der Einführung des § 50i Abs. 2 EStG durch das Kroatiengesetz schießt der Gesetzgeber im Ergebnis deutlich über das Ziel der Sicherung des deutschen Steuersubstrats hinaus. Die Vorschrift führt zu einer steuerlichen Gewinnrealisierung bei einer Vielzahl an Umstrukturierungen, soweit Personengesellschaften involviert sind.[30] Diese überschießende Wirkung hat indessen auch die deutsche Finanzverwaltung anerkannt und mit der Veröffentlichung des BMF-Schreibens vom 21.12.2015 eine Entlastung für reine Inlandssachverhalte über einen Billigkeitsantrag eingegliedert.[31] Eine Anpassung des Gesetzeswortlautes des § 50 i Absatz 2 EStG durch den deutschen Gestzgeber wäre zu begrüßen, denn der eindeutige Wortlaut des § 50 i Absatz 2 EStG verwehrt faktisch den Steuerpflichtigen die Möglichkeit den Rechtsweg einzugehen.

2.3. Betriebsstättengewinnauteilungsverordnung v. 13.10.2014

2.3.1. Authorised OECD Approach

Die internationale Gewinnabgrenzung zwischen Stammhaus und Betriebsstätte gehört zu den umstrittensten und schwierigsten Themengebieten des internationalen Steuerrechts. Nicht zuletzt vor dem Hintergrund des Spannungsfeldes zwischen den abkommensrechtlichen Vorgaben des dem Art. 7 OECD-MA nachgebildeten DBA-Normen, den innerstaatlichen Gewinnermittlungsvorschriften und der daraus häufig resultierenden internationalen Doppelbesteuerung hat der OECD-Rat am 22.7.2010 – aufbauend auf den OECD-Betriebsstättenberichten 2008 und 2010[32] – eine uneingeschränkte Anwendung und Umsetzung der Selbständigkeitsfiktion der Betriebsstätte für Zwecke ihrer Gewinnabgrenzung beschlossen. Zu den Grundlagen des Authorised OECD Approach („AOA") gehört, dass die Gewinnabgrenzung im Rahmen einer zweistufigen Vorgehensweise zu ermitteln ist. In dem ersten Schritt soll eine Grundlegende Funktions- und Risikoanalyse durchgeführt werden, wobei die Betriebsstätte als fiktiv selbständiges und unabhängiges Unternehmen zu behandeln ist.[33] In dem zweiten Schritt folgt die Bewertung der unternehmensinternen Liefer- und Leistungsbeziehungen („Dealings") zwischen Stammhaus und Betriebsstätte auf Basis eines Fremdvergleichs und unter der Berücksichtigung der OECD-Verrechnungspreisleitlinien 2010.[34]

---

[30] Vgl. Ebenda, S. 1431.

[31] Vgl. BMF-Schreiben vom 21.12.2015 IV B 5-S 1300/14/10007, BStBl. I 2016, S.7; Zu den Grenzen des BMF-Schreibens vgl. van Lislaut,I./Hanning, T. R., FR 2016, S. 50.

[32] Vgl. dazu im Einzelnen Ditz, X., in: Schönfeld/Ditz, DBA, 2013, Art. 7 OECD-MA 2010 Rz. 6f.

[33] Vgl. OECD, Permanent Establishments, 22.7.2010, http://www.oecd.org/ctp/transfer-pricing/45689524.pdf, Part I Rz. 60ff., 19.8.2015; Kahle, H./Mödinger, J., IStR 2010, S. 759; Kroppen, H.-K., in: Kessler/Förster/Watrin, Festschrfit Herzig, 2010, S. 1075ff.

[34] Vgl. OECD, Permanent Establishments, 22.7.2010, http://www.oecd.org/ctp/transfer-pricing/45689524.pdf, Part I Rz. 183, 19.8.2015.

2. Teil: Steuervermeidung

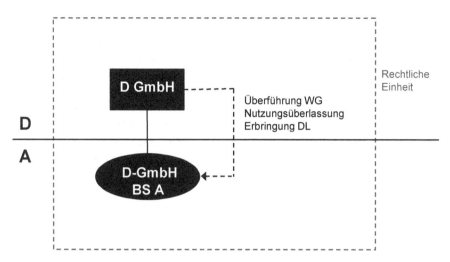

Abbildung 2.III.4: Schema zur Betriebsstättengewinnverteilungsverordnung

Bislang gab es nur wenige spezielle Vorschriften, die die Betriebsstättengewinnermittlung und -zuordnung betrafen. Die Rechtsprechung schloss diese Gesetzeslücke durch Anwendung des Veranlassungsprinzips im Rahmen der Zuordnung von tatsächlich realisierten Aufwendungen und Erträgen.[35] Des Weiteren hat der Gesetzgeber durch das SEStG[36] und das JStG 2010[37] nachgebessert, indem er § 4 Abs. 1 Satz 3 EStG, § 12 Abs. 1 KStG und § 16 Abs. 3a EStG Regelungen zur Steuerentstrickung eingeführt hat.[38] Bei der Überführung von Wirtschaftsgütern in eine ausländische Betriebsstätte soll demnach der gemeine Wert sowie bei der fiktiven Nutzungsüberlassung von Wirtschaftsgütern eine fremdvergleichskonforme Lizenzgebühr angesetzt werden.[39]

2.3.2. Umsetzung des AOA in deutsches Recht

Der deutsche Gesetzgeber hat den von der OECD postulierten AOA mit dem AmtshilfeRLUmsG[40] in § 1 AStG übernommen.[41] In diesem Zusammenhang wurde das BMF

---

[35] Vgl. nur BFH vom 17.7.2008 I R 77/06, BStBl. II 2009, S. 464; BFH vom 28.10.2009 I R 99/08, IStR 2010, S. 103; BFH vom 26.2.2014 I R 56/12, IStR 2014, S. 567.
[36] Vgl. Gesetz über steuerliche Begleitmaßnahmen zur Einführung der Europäischen Gesellschaft und zur Änderung weiterer steuerrechtlicher Vorschriften vom 7. 12. 2006, BStBl. I 2007, S. 4.
[37] Vgl. Jahressteuergesetz 2010 vom 8.12.2010, BGBl. I 2010, S. 1768.
[38] Vgl. dazu im Einzelnen Schaumburg, H., ISR 2013, S.197 ff.
[39] Siehe kritisch hierzu Ditz, X./Schneider, M., DStR 2010, S. 81 m.w.N.
[40] Vgl. AmtshilfeRLUmsG vom 26.6.2013, BStBl. I 2013, S. 802.

mit Zustimmung des Bundesrates ermächtigt, Einzelheiten der Anwendung des AOA in einer Rechtsverordnung zu regeln. Eine solche wurde nunmehr mit der Betriebsstättengewinnaufteilungsverordnung v. 13.10.2014 (BsGaV) verabschiedet, die Mitte 2016 durch die Verwaltungsgrundsätze Betriebsstättengewinnaufteilung (VWG-BsGa) konkretisiert werden wird.[42] Die BsGaV stellt die Gewinnermittlung und -zuordnung bei Betriebsstätten im internationalen Kontext auf ein völlig neues Fundament. Entsprechend den Vorgaben der OECD wird der AOA nach der BsGaV in zwei Stufen umgesetzt.

Im Zentrum der ersten Stufe steht die Bestimmung und Zuordnung der (maßgeblichen) Personalfunktionen, auf Basis derer die Vermögenswerte, Chancen und Risiken und die Geschäftsvorfälle des Unternehmens der Betriebsstätte zuzuordnen und darauf aufbauend deren Dotationskapital und Passivposten zu bestimmen sind.[43] Dazu enthält die BsGaV detaillierte Regelungen in ihrem „allgemeinen Teil" (§ 1 bis § 15 BsGaV). In Stufe 2 der Betriebsstättengewinnermittlung werden die identifizierten unternehmensinternen Liefer- und Leistungsbeziehungen auf Basis des Fremdvergleichsgrundsatzes und unter Anwendung der OECD-Verrechnungspreisleitlinien 2010 bewertet und „abgerechnet". Neben den allgemeinen Vorschriften enthält die BsGaV detaillierte Sonderregelungen für Bankbetriebsstätten,[44] Versicherungsbetriebsstätten,[45] Bau- und Montagebetriebsstätten,[46] Explorationsbetriebsstätten[47] sowie Vertreterbetriebsstätten[48].

Die detaillierte Regelung zur Betriebsstättengewinnermittlung ist ein begrüßenswertes Novum im deutschen Steuerrecht, werden damit doch die erheblichen Rechtsunsicherheiten hinsichtlich der Rechtsgrundlagen der Betriebsstättengewinnermittlung beseitigt. Durch die Aufnahme des AOA in § 1 AStG entwickelt sich die Vorschrift zusammen mit der BsGaV zu einer die abkommensrechtliche Betriebsstättengewinnermittlung nach Art. 7 Abs. 2 OECD-MA ausfüllenden Gewinnermittlungsvorschrift. Da weder § 1 AStG noch die BsGaV in ihrer Anwendung zwischen Alt- und Neu-DBA-Fällen (d. h. Art. 7 OECD-MA 2008 oder Art. 7 OECD-MA 2010) unterscheiden, gelten die neuen

---

[41] Zu Einzelheiten vgl. Schaumburg, H., ISR 2013, S. 197ff.; Ditz, X., ISR 2013, S. 261ff.; Ditz, X./Quilitzsch, C., DStR 2013, S. 1918f.; Richter, L./Heyd, S., Ubg 2013, S. 418ff; Schnitger, A., IStR 2012, S. 633ff.

[42] Vgl. Verordnung zur Anwendung des Fremdvergleichsgrundsatzes auf Betriebsstätten nach § 1 Abs. 5 AStG (Betriebsstättengewinnaufteilungsverordnung – BsGaV) vom 13.10.2014, BGBl. I 2014, S. 1603; zur Konkretisierung durch die Finanzverwaltung vgl. den Entwurf der VWG-BsGa vom 18.3.2016.

[43] Vgl. § 1 Abs. 2 BsGaV.

[44] Vgl. §§ 18ff. BsGaV.

[45] Vgl. §§ 23ff. BsGaV.

[46] Vgl. §§ 30ff. BsGaV.

[47] Vgl. §§ 35ff. BsGaV.

[48] Vgl. § 39 BsGaV.

Regelungen auch in Alt-DBA-Fällen. Eine Schranke ergibt sich diesbezüglich nur aus § 1 Abs. 5 Satz 8 AStG, der indessen mit weitreichenden Nachweispflichten, die in der BsGaV nicht geregelt werden, ausgestattet ist.[49] Darüber hinaus sind die Regelungen auch in Nicht-DBA-Fällen anzuwenden. Ferner wird die BsGaV auch im Hinblick auf die Ermittlung des für gewerbesteuerliche Zwecke zu kürzenden Gewinns ausländischer Betriebsstätten nach § 9 Nr. 3 GewStG Anwendung finden.

Allerdings stellt die BsGaV die Betriebsstättengewinnermittlung unter Verwendung völlig neuer Begrifflichkeiten auf ein neues Gerüst (z. B. Vermögenswerte, Personalfunktionen, maßgebliche Personalfunktionen, ausländisches Unternehmen, inländisches Unternehmen, fiktive Betriebseinnahmen, fiktive Betriebsausgaben). Überdies enthält die BsGaV Regelungstatbestände, die eigentlich im EStG (§ 4 ff. EStG und § 50 EStG) und der AO (Mitwirkungspflicht § 140 ff.) hätten geregelt werden müssen.[50] Bei § 1 AStG handelte es sich bislang um eine Einkünftekorrekturvorschrift zu Gunsten der Finanzverwaltung, die nunmehr zusammen mit der BsGaV faktisch zu einer Gewinnermittlungsnorm wird.[51] Es bleibt unklar, in welchem Verhältnis die Regelungen der BsGaV zu den Gewinnermittlungsvorschriften des EStG (insbesondere Veranlassungsprinzip, Gewinnermittlung durch Betriebsvermögensvergleich, der auf Wirtschaftsgüter abstellt, sowie Entstrickungsregelungen) stehen. Nach dem Wortlaut des § 3 Abs. 1 BsGaV ist zur Ermittlung des Ergebnisses einer Betriebsstätte „zum Beginn eines Wirtschaftsjahres eine Hilfs- und Nebenrechnung aufzustellen, während des Wirtschaftsjahres fortzuschreiben und zum Ende des Wirtschaftsjahres abzuschließen". Ausgangspunkt dieser Hilfs- und Nebenrechnung ist soweit vorhanden die Bilanz bzw. die Buchführung der Betriebsstätte. Sie soll auch fiktive Betriebseinnahmen und fiktive Betriebsausgaben beinhalten, die auf Grund anzunehmender schuldrechtlicher Beziehungen entstehen, und muss spätestens zum Zeitpunkt der Abgabe der Steuererklärung erstellt sein.[52] Die Erstellung der Hilfs- und Nebenrechnung soll allerdings keine Auswirkung auf die Anwendung der Entstrickungsregeln haben.[53]

Zusammenfassend kommt es im Hinblick auf die internationale Gewinnabgrenzung mit § 1 Abs. 5 AStG und der BsGaV zu einem Paradigmenwechsel im Hinblick auf die internationale Betriebsstättengewinnermittlung. Erstmalig enthält das deutsche Recht dazu detaillierte Regelungen, die weitestgehend auf den aktuellen Vorgaben der OECD

---

[49] Zu Einzelheiten vgl. Abschnitt VII.
[50] Vgl. auch Ditz, X., ISR 2013, S. 267; Ditz, X./Luckhaupt, H., ISR 2015, S. 3.
[51] Vgl. auch Schnitger, A., IStR 2012, S. 634f.; Wassermeyer, F., IStR 2012, S. 278ff.
[52] Vgl. § 3 Abs. 1 Satz 3 BsGaV; § 3 Abs. 2 Satz 3 BsGaV.
[53] Vgl. BR-Drs. 401/14 vom 28.08.2014, S. 51.

basieren.[54] Allerdings ist zu kritisieren, dass der Gesetzgeber die Regelungen in den Einkünftekorrekturvorschriften des § 1 AStG und einer dazu erlassenen Rechtsverordnung umgesetzt hat und nicht im EStG bzw. der AO. Dieses Vorgehen führt zu zahlreichen Abgrenzungsproblemen und offenen Fragen und trägt somit nicht zur Vereinfachung der Steuersystematik bei. Im Ergebnis folgt der Gesetzgeber auch mit dieser Regelung dem Trend der Sicherung des deutschen Besteuerungssubstrats.

3. Geplante Gesetzgebungsverfahren

3.1. Betriebsausgabenabzugsbeschränkungen

3.1.1. Entwurf des § 4 Abs. 5a EStG

Die Regierungsparteien haben im Koalitionsvertrag festgehalten, dass sie international koordinierte Maßnahmen zur Bekämpfung der Steuervermeidung im Rahmen des OECD BEPS-Aktionsplans aktiv unterstützen. In diesem Zusammenhang hat die Bundesregierung mehrfach betont, bis Ende 2015 keine nationalen Maßnahmen zu ergreifen.[55] Dennoch hat der Bundesrat einen Vorschlag zur Umsetzung von Teilen der OECD-Empfehlungen zu hybriden Gestaltungen (Maßnahme 2 des BEPS Aktionsplans[56]) unterbreitet.[57] In dem Regierungsentwurf des ZKAnpG hat der Bundesrat einen neuen § 4 Abs. 5a EStG vorgesehen, der ein Betriebsausgabenabzugsverbot in Bezug auf Finanzierungsbeziehungen für Fälle der Nichtbesteuerung beim Empfänger („Deduction/No Inclusion" bzw. D/NI) und für Fälle des doppelten Betriebsausgabenabzugs („Double Deduction" bzw. DD) beinhaltet.[58] Der Wortlaut des neu eingeführten Absatzes soll folgendermaßen lauten:

„(5a) Aufwendungen sind nicht als Betriebsausgaben abziehbar, soweit sie beim unmittelbaren oder mittelbaren Empfänger nicht als Einnahmen in der Steuerbemessungsgrundlage berücksichtigt werden oder einer Steuerbefreiung unterliegen, weil das zugrunde liegende Rechtsverhältnis bei der Besteuerung des Leistenden und des Empfängers nicht einheitlich als Fremdkapitalüberlassung behandelt wird. Die einer Betriebsausgabe zugrunde liegenden Aufwendungen sind nur abziehbar, soweit die nämlichen Aufwendungen nicht in einem anderen Staat die Steuerbemessungsgrundlage mindern. Satz 2 gilt nicht, wenn die Berücksichtigung der Aufwendungen aus-

---

[54] Vgl. Ditz, X./Luckhaupt, H., ISR 2015, S. 9.
[55] Vgl. Linn, A., IStR, 2014, S. 920.
[56] Vgl. OECD, Neutralising the Effects of Hybrid Mismatch Arrangements, Action 2 – 2015 Final Report, 5.10.2015.
[57] Vgl. BR-Drs. 432/1/14 vom 24.10.2014.
[58] Vgl. BR-Drs. 432/14 (B) vom 7.11.2014.

schließlich dazu dient, einen Progressionsvorbehalt im Sinne des § 32b Absatz 1 Satz 1 Nummer 3 oder eine Steueranrechnung im Sinne des § 34c oder im Sinne des § 26 Absatz 1 des Körperschaftsteuergesetzes zu berücksichtigen."

Der Entwurf des § 4 Abs. 5a EStG enthält somit zwei unterschiedliche Regelungen: Satz 1 bestimmt ein Abzugsverbot in Abhängigkeit der (Nicht-)Besteuerung der korrespondierenden Einnahmen beim Empfänger (Verhinderung von „Deduction / No Inclusion"). Das Abzugsverbot nach Satz 2 soll hingegen der Verhinderung von „Double Deduction" in Abhängigkeit der Behandlung der entsprechenden Aufwendungen im anderen Staat dienen.[59]

Der Entwurf der Vorschrift greift den Vorschlag der OECD in ihrem Bericht zu Maßnahme 2 des BEPS-Aktionsplans auf, den Betriebsausgabenabzug in Bezug auf hybride Finanzinstrumente zu beschränken. Hybride Finanzinstrumente werden im Allgemeinen bei dem Zahlungsverpflichteten als Fremdkapitalinstrument erfasst, mit der Folge der steuerlichen Abzugsfähigkeit bei dem Leistenden. Der Zahlungsempfänger hingegen erhält die Einnahmen steuerbefreit, da das hybride Finanzinstrument bei ihm als Eigenkapitalinstrument behandelt wird. Allerdings beschränkt die OECD den Anwendungsbereich des Betriebsausgabenabzugsverbots auf nahestehende Personen. Eine solche Beschränkung ist im Entwurf des § 4 Abs. 5a EStG nicht enthalten. Es stellt sich damit zwangsläufig die Frage, wie dieser ausgedehnte Anwendungsbereich praktisch umgesetzt werden kann. Es ist schwerlich vorstellbar, dass Finanzmarktakteure, die hybride Finanzinstrumente in großer Anzahl am Kapitalmarkt ausgeben, für jeden Anleger ermitteln können, ob die korrespondierenden Einnahmen steuerbefreit sind.[60] Im Übrigen stellen sich zahlreiche Auslegungsfragen, die die Anwendung der Vorschrift komplizieren. Eine wesentliche Unklarheit stellt der Begriff des „mittelbaren Empfängers" dar. Denn in Deutschland wird eine Zahlung immer einem Steuerpflichtigen zugerechnet und somit kann auch nur ein konkreter und kein mittelbarer Empfänger der Zahlung eines hybriden Finanzinstruments existieren. Die OECD hat erkannt, dass es bis zu der nationalen Anwendung der Maßnahme 2 des BEPS-Aktionsplans weiterer Konkretisierungen bedarf und somit von einer durch den Bundesrat gewünschte verfrühte Umsetzung dieser komplexen Regel abzuraten ist.[61]

Weiterhin führt ein Abzugsverbot für Betriebsausgaben zu einem Verstoß gegen das Leistungsfähigkeitsprinzips in Form des objektiven Nettoprinzips, das begründungs-

---

[59] Vgl. Linn, A., IStR, 2014, S. 921.
[60] Vgl. dazu ausführlich Ebenda, S. 922.
[61] Vgl. OECD, Neutralising the Effects of Hybrid Mismatch Arrangements, Action 2 – 2015 Final Report, 5.10.2015, Tz. 275.

pflichtig ist.[62] Ein doppeltes Betriebsausgabenabzugsverbot ist auch ein Verstoß gegen das Leistungsfähigkeitsprinzip, wenn es vorher zu einer doppelten Berücksichtigung von Einkünften gekommen ist. Des Weiteren ist europarechtlich fraglich, inwiefern die Doppelterfassung von Betriebsausgaben einen Rechtfertigungsgrund für die Beschränkung der Grundfreiheiten darstellt.[63] Abschließend bleibt darauf hinzuweisen, dass die Einführung des § 4 Abs. 5a EStG in zahlreichen Fällen zur Entstehung einer Doppelbesteuerung führen kann, beispielsweise wenn im Rahmen einer späteren Betriebsprüfung beim Empfänger der Zahlungen deren ursprüngliche Qualifikation als steuerfreie Einnahmen korrigiert wird.[64] Ob die dann entstehende Doppelbesteuerung durch ein Verständigungs- oder Schiedsverfahren beseitigt werden kann, ist ungewiss, da die Doppelbesteuerung Folge der innerstaatlichen Einkünftekorrekturvorschriften ist.[65]

3.1.2. Einführung einer Lizenzschranke

Der Koalitionsvertrag sieht die Einführung einer Lizenzschranke vor, wonach der Betriebsausgabenabzug für Lizenzaufwendungen vom Nachweis einer angemessenen Besteuerung der Lizenzerträge beim Empfänger abhängig gemacht wird.[66] Österreich hat bereits eine solche Regelung zur Begrenzung der Abzugsfähigkeit von konzerninternen Zins- und Lizenzzahlungen eingeführt.[67] Die Begrenzung setzt voraus, dass die Zahlungen beim Empfänger einem Steuersatz von weniger als 10 % oder aufgrund einer Steuerermäßigung einer tatsächlichen Steuerbelastung von weniger als 10 % unterliegen. Allerdings sind – im Gegensatz zur deutschen Zinsschrankenregelung – nur Zahlungen an konzernzugehörige oder unter dem beherrschenden Einfluss desselben Gesellschafters stehende Gesellschaften betroffen. Unklar ist, wie eine gesetzliche Regelung in Deutschland aussehen wird, ob sie sich an der bereits bestehenden Zinsschranke orientiert oder gemäß dem österreichischen Vorbild umgesetzt wird.[68] Bislang liegt kein Entwurf einer „Lizenzschrankenregelung" vor.

---

[62] Vgl. Linn, A., IStR, 2014, S. 923.

[63] Vgl. hierzu Scheipers, T./Linn, A., IStR, 2013, S. 139.

[64] Vgl. Linn, A., IStR, 2014, S. 923.

[65] Vgl. Wassermeyer, F., in: Wassermeyer, DBA, 2015, vor Art. 6-22 Rz. 13,15; Vogel, K./Lehner, M., in: Vogel/Lehner, DBA, 2015, Rz. 181a ff.

[66] Vgl. Presse- und Informationsamt der deutschen Bundesregierung, Deutschlands Zukunft gestalten – Koalitionsvertrag zwischen CDU, CSU und SPD – 18. Legislaturperiode, 17.12.2013, http://www.bundesregierung.de/Content/DE/_Anlagen/2013/2013-12-17-koalitionsvertrag.pdf?__blob=publicationFile&v=2, S. 91., 08.2.2015.

[67] Vgl. § 12 Abs. 1 Nr. 10 öKStG.

[68] Vgl. zu weiteren Überlegungen Hummel, R./Knebel, A./Born, A., IStR, 2014, S. 835ff.

3.1.3. Beschränkungen bei „Briefkastenfirmen"

Der Koalitionsvertrag sieht auch die Einführung einer Beschränkung des Betriebsausgabenabzugs für Zahlungen an „Briefkastenfirmen" ohne hinreichende aktive Geschäftstätigkeit vor. Derzeit ist allerdings noch völlig unklar, wie eine entsprechende Regelung ausgestaltet werden könnte. Dabei ist auch offen, ob die Vorschrift nur für verbundene Konzernunternehmen oder auch gegenüber fremde Dritte gelten soll.[69] Entsprechende Gesetzesentwürfe wurden bislang nicht vorgelegt. Es ist allerdings zu berücksichtigen, dass bereits de lege lata zahlreiche Missbrauchsbekämpfungsvorschriften existieren, die auf Briefkastengesellschaften Anwendung finden können (z. B. § 42 AO, § 160 AO, §§ 7 ff. AStG).[70]

3.2. Country-by-Country Reporting

Im Rahmen der Präsentation ihrer Ergebnisse zu dem BEPS-Aktionsplan hat die OECD am 5.10.2015 den finalen Bericht zum Country-by-Country Reporting (CbCR) vorgelegt.[71] Damit sollen internationale Konzerne verpflichtet werden, u.a. offenzulegen, in welchen Ländern sie tätig sind, welche Umsatzerlöse und Gewinne in diesen Ländern generiert werden und in welcher Höhe Steuern an die entsprechenden nationalen Finanzbehörden abgeführt werden.[72]

Abbildung 2.III.5: Schema zum dreiteiligen Dokumentationsansatz der OECD

---

[69] Vgl. zu weiteren Überlegungen Ebenda, S. 839f.

[70] Vgl. z. B. § 16 AStG i.V.m. § 160 AO; §§ 7ff. AStG; § 50d Abs. 3 EStG; § 42 AO.

[71] Vgl. OECD, Transfer Pricing Documentation and Country-by-Country Reporting, Action 13 - 2015 Final Report, 5.10.2015.

[72] Vgl. dazu ausführlich Ditz, X./Quilitzsch, C., DStR 2014, S. 127f.; Bärsch, S./Engelen, C./Färber, N., DB 2016, S.976ff.

Die OECD sieht eine dreiteilige Dokumentationsstruktur vor, die sich aus dem „Master File", dem „Local File" und dem „CbCR File" zusammensetzt. Das Master File dient der Bereitstellung von Informationen für ein grundlegendes Verständnis der Geschäftstätigkeiten der gesamten Unternehmensgruppe sowie der Bereitstellung eines Überblicks über die signifikanten Verrechnungspreisrisiken einer multinationalen Unternehmensgruppe für die Finanzbehörden. Die OECD erwartet aus den erweiterten Dokumentationspflichten im Rahmen des Master Files Zusatzinformationen über die Geschäftstätigkeit, die wirtschaftliche Lage und Steuerposition, die Auflistung wesentlicher immaterieller Werte sowie die allgemeine Beschreibung von Finanzierungstransaktionen des Konzerns.[73]

Die Zielsetzung des Local File ist die Sicherstellung, dass der Steuerpflichtige im Hinblick auf „landesbezogene" Transaktionen den Fremdvergleichsgrundsatz einhält und seinen Dokumentationsverpflichtungen nachkommt. Die geplanten Zusatzinformationen aus diesem Teil des Berichts sind die Beschreibung der Berichtsvorgaben des lokalen Managements, die Darstellung der Vorgesetzten des lokalen Managements sowie Kopien bestehender unilateraler, bilateraler und multilateraler „Advance Pricing Agreements" (APAs) und anderer verbindlicher Auskünfte.[74]

Der dritte Teil, das CbCR File, liefert den Finanzbehörden Informationen für die risikoorientierte Einschätzung der Verrechnungspreise. Es handelt sich um eine Hilfestellung der Finanzbehörden zur Einschätzung des allgemeinen Risikomanagements im Bereich der Verrechnungspreise. Die länderbezogene Dokumentation soll standardisierte Informationen im Hinblick auf die Konzernaktivität und Darstellung wertschöpfungsrelevanter Kennzahlen beinhalten. Insbesondere Kennzahlen zu Vorsteuergewinn/-verlust, gezahlten bzw. noch zu zahlenden Ertragsteuern, Beschäftigtenzahl, Buchwerten materieller Vermögenswerte sowie der Hauptfunktion jeder Konzerngesellschaft für alle betroffenen Steuerhoheitsgebiete.[75] Die OECD plant, ihre Vorhaben durch eine Neufassung von Kapitel V der OECD-Verrechnungspreisrichtlinien umzusetzen; die Abbildung 2.III.6 stellt ein Musterformular für den CbCR dar.[76]

---

[73] Vgl. OECD, Transfer Pricing Documentation and Country-by-Country Reporting, Action 13 - 2015 Final Report, 5.10.2015, Tz. 18ff.

[74] Vgl. OECD, Transfer Pricing Documentation and Country-by-Country Reporting, Action 13 - 2015 Final Report, 5.10.2015, Tz. 22f.; Elbert, D./Wellmann, R./Münch, M., IStR 2014, S. 804f.

[75] Vgl. OECD, Transfer Pricing Documentation and Country-by-Country Reporting, Action 13 - 2015 Final Report, 5.10.2015, Tz. 24; vgl. zu weiteren Überlegungen Ebenda, S. 839f.

[76] Vgl. zu weiteren Überlegungen Ebenda, S. 839f; OECD, Anhang III zu Kapitel V, Tabelle 1.

2. Teil: Steuervermeidung 133

Tax Jurisdiction	Revenues		Total	Profit (Loss) Before Income Tax	Income Tax Paid (on cash basis)	Income Tax Accrued – Current Year	Stated capital	Accumulated earnings	Number of Employees	Tangible Assets other than Cash and Cash Equivalents
	Unrelated Party	Related Party								

Abbildung 2.III.6: Musterformular für den CbCR

In Deutschland wäre für eine Umsetzung der angedachten Dokumentationsverpflichtungen der OECD eine Ausdehnung der steuerlichen Mitwirkungspflichten notwendig, denn insbesondere § 90 Abs. 2 AO sieht derzeit keine Pflicht des Steuerpflichtigen zur Erstellung eines CbCR vor.[77] Gleiches gilt für die geforderten Zusatzinformationen im Bereich des Master- und Local Files. Die Umsetzung entsprechender Dokumentationsvorschriften in deutsches Recht ist noch in 2016 zu erwarten.[78] Hinsichtlich des CbCR hat die EU-Kommission das Vorhaben der OECD aufgegriffen.[79] Es bleibt abzuwarten, ob ein europaweites CbCR implementiert wird, das gegebenenfalls einer Veröffentlichungspflicht unterliegen soll (sog. public CbCR).[80] Es ist jedoch fraglich, ob die Einführung des CbCR im Einklang mit dem Steuergeheimnis gemäß § 30 AO steht. So muss sichergestellt sein, dass ausschließlich die involvierten Finanzbehörden Zugang zu den Informationen erhalten. Zusätzlich besteht die Gefahr, dass aufgrund der erhöhten Transparenz insbesondere hoch verschuldete Staaten vermehrt Ansprüche an das Steuersubstrat international agierender Unternehmen geltend machen und somit das Doppelbesteuerungsrisiko deutlich erhöht wird.[81] Sollte Deutschland im Rahmen kostenintensiver Verständigungsverfahren auf sein Besteuerungsrecht verzichten müssen,

---

[77] Vgl. dazu ausführlich Ditz, X./Quilitzsch, C., DStR 2014, S. 128f.
[78] Vgl. Fehling, D., IWB 2016, S. 165f.
[79] Vgl. Vorschlag einer Richtlinie des Rates zur Änderung der Richtlinie 2011/16/EU bezüglich der Verpflichtung zum automatischen Austausch von Informationen im Bereich der Besteuerung („EU-Amtshilferichtlinie"), COM(2016) 25.
[80] Vgl. Vorschlag für eine Richtlinie des Euroräischen Parlaments und des Rates zur Änderung der Richtlinie 2013/34/EU im Hinblick auf die Offenlegung von Ertragsteuerinformationen durch bestimmte Unternehmen und Zweigniederlassungen(„EU-Bilanzrichtlinie"), COM(2016) 198.
[81] Vgl. Schlie, I./Malke, C., DB 2013, S. 2469f.

ginge dies zu Lasten des innerstaatlichen Steueraufkommens.[82] Grundsätzlich mag die Einführung des CbCR berechtigte Ziele verfolgen, allerdings muss der kaum zu erwartende Mehrwert für die deutsche Finanzverwaltung kritisch gegen den zusätzlichem Verwaltungsaufwand auf Seiten der Unternehmen und die möglichen „Begehrlichkeiten" ausländischer Finanzbehörden im Hinblick auf die Besteuerung von Gewinnen deutscher Konzerne abgewogen werden.[83]

3.3. Fremdvergleichsverordnung

Das BMF wird in § 1 Abs. 6 AStG ermächtigt, mit Zustimmung des Bundesrats durch Rechtsverordnung Einzelheiten des Fremdvergleichsgrundsatzes zu regeln. Dazu wurde bereits die Funktionsverlagerungsverordnung vom 12.8.2008 erlassen.[84] Darüber hinaus sollen Einzelheiten der Bestimmung von internationalen Verrechnungspreisen nach dem Fremdvergleichsgrundsatz in einer sog. Fremdvergleichsverordnung geregelt werden. In dieser neuen Rechtsverordnung sollen Details der Anwendung von Datenbankanalysen, Einzelheiten der Anwendung der Verrechnungspreismethoden, die Anwendung des hypothetischen Fremdvergleichs, die Durchführung nachträglicher Preisanpassungen sowie die Verrechnungspreisbestimmung für bestimmte Geschäftsvorfälle, wie z.B. Lizenzen, Dienstleistungen, Umlagen, Arbeitnehmerentsendungen sowie Finanzierungen, geregelt werden.

Die Fremdvergleichsverordnung würde rechtlich verbindliche Regelungen im Hinblick auf die Verrechnungspreisbestimmung schaffen, wodurch die Verbesserung der internationalen Durchsetzbarkeit im Rahmen von Verständigungs- und Schiedsverfahren erreicht werden soll. Fraglich ist allerdings, ob die erwünschte Klarheit für Unternehmen und die Betriebsprüfung erzielt werden kann. Des Weiteren sind der gewünschten Rechtssicherheit durch die Verordnung die bekannten Grenzen des Fremdvergleichs gesetzt.[85]

---

[82] Vgl. Ditz, X./Quilitzsch, C., DStR 2014, S. 130.

[83] Vgl. dazu ausführlich Ebenda, S.130f; Bärsch, S./Engelen, C./Färber, N., DB 2016, S. 976ff.

[84] Vgl. Funktionsverlagerungsverordnung vom 12.8.2008, BGBl. I 2008, S. 1680, geändert durch Artikel 24 des AmtshilfeRLUmsG.

[85] Vgl. auch Baumhoff, H./Liebchen, D., in Wassermeyer/Baumhoff, Verrechnungspreise international verbundener Unternehmen, 2014, Rz. 3.12ff.; Ditz, X., FR 2015, S. 115ff.

3.4. Betriebsstättenbegriff
3.4.1. Definition der Betriebsstätte gem. Art. 5 OECD-MA

Art. 5 Abs. 1 OECD-MA definiert die Betriebsstätte als eine feste Geschäftseinrichtung, durch die die Tätigkeit eines Unternehmens ganz oder teilweise ausgeübt wird. Zu den Voraussetzungen für die Existenz einer Betriebsstätte gehören demnach drei Kriterien: das Bestehen einer festen Geschäftseinrichtung, die Verfügungsmacht des Steuerpflichtigen und die Ausübung der Unternehmenstätigkeit.[86] Inhaltlich ergeben sich durch diese Definition parallelen zum Begriff der Betriebsstätte gemäß § 12 AO, lediglich die Mindestdauer der Tätigkeiten ist nach dem OECD-MA tendenziell länger.[87] Allerdings beschränkt Art. 5 Abs. 4 OECD-MA die allgemeine Definition der Betriebsstätten auf qualitativ und quantitativ bedeutsame Tätigkeiten.[88] Nicht als Betriebsstätte zählen insofern Einrichtungen zur Lagerung, Ausstellung oder Auslieferung von Gütern, Bestände von Gütern zur Lagerung, Ausstellung und Auslieferung, Einrichtungen zum Einkauf von Gütern, Einrichtungen zur Informationsbeschaffung sowie Einrichtungen für vorbereitenden Tätigkeiten oder Hilfstätigkeiten.

Durch mehrere Änderungen des OECD-MK wurde die Betriebsstättenschwelle durch die OECD in der jüngsten Vergangenheit deutlich abgesenkt. Im Jahr 2005 wurde die Betriebsstättendefinition erstmals durch eine Auflockerung des Kriteriums der „Verfügungsmacht des Steuerpflichtigen" ausgeweitet. Nach Ansicht der OECD ist der Wortlaut des Art. 5 Abs. 1 OECD-MA „Ausübung durch die Geschäftseinrichtung" weit auszulegen.[89] So soll z. B. ein Anstreicher, der sich zwei Jahre hindurch an drei Tagen in der Woche mit dem Anstreichen eines Bürogebäudes seines Auftraggebers beschäftigt, allein durch seine Anwesenheit im Bürogebäude eine Betriebsstätte begründen.[90] Die deutsche Finanzverwaltung steht dieser Entwicklung sehr kritisch gegenüber.[91]

Darüber hinaus wurde der OECD-MK in 2008 um einen optionalen Vertragstext zu Art. 5 OECD-MA zur sog. „Dienstleistungs-Betriebsstätte" ergänzt. Dieser sieht vor, dass Vergütungen für Dienstleistungen eines Unternehmens im Tätigkeitsstaat als Betriebsstätteneinkünfte besteuert werden können, wenn eine natürliche Person mehr als 183 Tage innerhalb einer beliebigen 12-Monats-Periode im Vertragsstaat Dienstleistungen

---

[86] Vgl. Art. 5 Tz. 4 OECD-MK; Art. 5 Tz. 42.3 OECD-MK; Art. 5 Tz. 7 OECD-MK.
[87] Vgl. Jacobs, O.H., Internationale Unternehmensbesteuerung, 2016, S. 308ff.; Hruschka, H., in: Schönfeld/Ditz, DBA, 2013, Art. 5 Rz. 90f.
[88] Vgl. Jacobs, O.H., Internationale Unternehmensbesteuerung, 2016, S. 309ff.; Fresch, A./Strunk, G., in Strunk/Kaminski/Köhler, AStG/DBA, 2015, Art. 5 OECD-MA Rz. 6.
[89] Vgl. Hruschka, H., in: Schönfeld/Ditz, DBA, 2013, Art. 5 Rz. 58 f.; Art. 5 Tz. 4.6 OECD-MK.
[90] Vgl. Art. 5 Tz. 4.5 OECD-MK, eingefügt am 28.1.2003.
[91] Vgl. Art. 5 Tz. 45.7 OECD-MK; Müller-Gatermann, G., FR 2012, S. 1034; Wichmann, M., FR 2011, S. 1084.

erbringt und der vor Ort durchgeführten Tätigkeit mehr als die Hälfte des Gesamtumsatzes des Unternehmens während dieser Periode zuzurechnen sind, oder ein Unternehmen im anderen Staat Dienstleistungen an mehr als 183 Tagen innerhalb einer beliebigen 12-Monats-Periode für das gleiche Projekt oder für verbunden Projekte durch „natürliche Personen" im Vertragsstaat erbringt.[92] Die Begründung einer Dienstleistungs-Betriebsstätte steht im deutlichen Gegensatz zur traditionellen deutschen Rechtsauffassung. So ist in den deutschen DBA lediglich mit China, den Philippinen, Taiwan und der Türkei eine vergleichbare Regelung enthalten. Die Neuregelung verleiht insbesondere Entwicklungs- und Schwellenländern einen Vorteil in DBA-Verhandlungen, das BMF zur Aufnahme einer entsprechenden Regelung in das DBA zu drängen.

3.4.2. Geplante Neukommentierung des Betriebsstättenbegriffs

Am 12.10.2011 hatte die „Working Party I" des OECD-Fiskalausschusses („WP I") einen ersten Bericht mit Handlungsempfehlungen zur Änderung des OECD-MK vorgelegt.[93] Die am 19.10.2012 veröffentlichte, überarbeitete Entwurfsfassung[94] setzte die Tendenz zur „Aufweichung" des Betriebsstättenbegriffs fort.[95] Die Arbeitsergebnisse der WP I wurden jedoch aufgrund der Arbeiten am BEPS-Projekt vorerst zurückgestellt.

Am 5.10.2015 hat die OECD den finalen Bericht zum BEPS-Aktionspunkt 7 veröffentlicht, der eine Änderung der Definition der Betriebsstätte nach Art. 5 OECD-MA verteilt.[96] Die Intention dieses Entwurfs ist eine Anpassung des Betriebsstättenbegriffs, um missbräuchliche Gestaltungen zu verhindern. Die konkreten Formulierungsvorschläge betreffen bspw. die Definition der Vertreterbetriebsstätte nach Art. 5 Abs. 5 und 6 OECD-MA und die Ausnahmetatbestände der Betriebsstätte nach Art. 5 Abs. 4 OECD-MA.

Es ist davon auszugehen, dass sich die deutsche Finanzverwaltung schwer tun wird, die Erkenntnisse des Berichts zu übernehmen.[97] Denn bereits zu früheren Entwicklungen bei der OECD haben Vertreter der deutschen Finanzverwaltung darauf hingewiesen,

---

[92] Vgl. Art. 5 Tz. 42.23 OECD-MK, eingefügt am 18.7.2008. Siehe hierzu Jacobs, O.H., Internationale Unternehmensbesteuerung, 2016, S. 326.

[93] Vgl. OECD, Interpretation and Application of Article 5, 12.10.2011-10.2.2012, http://www.oecd.org/tax/treaties/48836726.pdf, 19.8.2015.

[94] Vgl. OECD, OECD Model Tax Convention, 19.10.2012-31.1.2013, http://www.oecd.org/ctp/treaties/PermanentEstablishment.pdf, 19.8.2015.

[95] Vgl. zu Einzelheiten Ditz, X./Quilitzsch, C., FR 2012, S. 493ff.; Reiser, H./Cortez B., IStR 2013, 6 ff.

[96] Vgl. OECD, Preventing the Artificial Avoidance of Permanent Establishment Status, Action 7 – 2015 Final Report, 5.10.2015.

[97] Vgl. Wichmann, G., FR 2011, S. 1084.

dass sie den Tendenzen der Ausweitung der Betriebsstättenbesteuerung sehr kritisch gegenüberstehen.[98]

4. Fazit

Die im Koalitionsvertrag in Bezug auf die internationale Steuervermeidung, Verrechnungspreise und Betriebsstätten vorgesehenen gesetzlichen Regelungen wurden bislang zu einem Großteil noch nicht umgesetzt. Unabhängig von den konkreten Regelungen des Koalitionsvertrages hat der Gesetzgeber indessen Anpassungen vorgenommen, um das deutsche „Steuersubstrat" zu sichern. Mit der Erweiterung von § 3c Abs. 2 EStG im Rahmen des ZKAnpG findet dieser zukünftig auch auf Betriebsvermögensminderungen oder Betriebsausgaben im Zusammenhang mit Darlehensforderungen oder der Inanspruchnahme von Sicherheiten Anwendung. Diese Ausweitung kann insbesondere aufgrund der vollen Steuerpflicht von Zinserträgen systematisch nicht überzeugen. Des Weiteren kommt es durch die Anpassung der Definition der Geschäftsbeziehung in § 1 Abs. 4 AStG zu einer Ausweitung des Anwendungsbereichs des § 1 AStG. Auf Kosten einer Vereinfachung der Vorschriften sichert sich die Bundesrepublik durch diese Regelung weiteres Besteuerungssubstrat. Darüber hinaus hat der Gesetzgeber den hoch umstrittenen, durch das Kroatiengesetz eingeführten § 50i Abs. 2 EStG deutlich zu weit gefasst. Die prinzipiell positive Regelung der Gewinnermittlung und -abgrenzung bei Betriebsstätten durch die BsGaV im Zusammenhang mit § 1 Abs. 5 AStG setzt den Trend zur Sicherung des innerstaatlichen Steuersubstrats fort und hinterlässt u.a. aufgrund der Einordnung der Regelungen nicht im EStG bzw. der AO zahlreiche Abgrenzungsprobleme und offene Fragen, die einer Vereinfachung der Steuersystematik entgegenstehen.

Des Weiteren bestehen konkrete Gesetzesvorhaben, die ebenfalls die internationale Steuervermeidung zum Regelungsgegenstand haben, insbesondere zählt dazu das Betriebsausgabenabzugsverbot im Zusammenhang mit hybriden Finanzierungen. Darüber hinaus spricht vieles dafür, dass der deutsche Gesetzgeber die aus dem BEPS-Projekt der OECD resultierenden Konsequenzen in Bezug auf das Thema „Internationale Verrechnungspreise" umsetzen wird. Dies betrifft vor allem die Anpassung der Dokumentationsvorschriften und die Einführung der Fremdvergleichsverordnung.

Im Ergebnis kann festgehalten werden, dass die Bundesregierung in der ersten Hälfte ihrer aktuellen Legislaturperiode bei den neuen gesetzlichen Regelungen hauptsächlich auf eine Sicherung des deutschen Steuersubstrats geachtet hat und diese zu einer weiteren Verkomplizierung der Steuersystematik geführt haben.

---

[98] Vgl. Art. 5 Tz. 45.7ff. OECD-MK.

3. Teil: Halbzeitanalyse GroKo 2013/17: Steuervereinfachung, Steuervermeidung und Steuerreform – Steuervereinfachung

I. Steuergesetzgebung als Anwendungsfall des Föderalismus – Betrachtungen anhand der aktuellen Gesetzgebungsvorhaben

Ernst Hüdepohl, Niedersächsisches Finanzministerium, Hannover

1. Einleitung 141

2. Die Länder im Gesetzgebungsverfahren 141
   2.1. Mitwirkungsrechte der Länder im Gesetzgebungsverfahren 141
   2.2. Interessen der Länder bei der Steuergesetzgebung 141

3. Die Länder als Träger der Finanzverwaltung 143
   3.1. Vereinheitlichung und Feinstellung des Steuervollzuges 143
      3.1.1. Bedarf nach ständiger Überarbeitung der
         Verwaltungsvorschriften 145
      3.1.2. Beispiele für die Vereinheitlichung und die Feinjustierung
         des Steuervollzugs 146
         3.1.2.1. Reverse Charge – § 13b und § 27 Abs. 19 UStG 146
         3.1.2.2. § 40a KAGG – StEKO-Rechtsprechung 148
      3.1.3. Weitere aktuelle Regelungsfragen 148
      3.1.4. Gestaltungsideen der Steuerberater 151
      3.1.5. Das „Gremienwesen" im Abstimmungssystem zwischen
         Bund und Ländern 153
   3.2. Die Länder als Impulsgeber für punktuelle Vereinfachungen
      des Steuerrechts 154
      3.2.1. Überblick 154
      3.2.2. Derzeit fordert die Ländermehrheit vom Bund zum
         Beispiel: 154
         3.2.2.1. Erhöhung des Arbeitnehmerpauschbetrags 154
         3.2.2.2. Erhöhung der Behinderten-Pauschbeträge 154
         3.2.2.3. Pauschalierung der Kosten für ein häusliches
            Arbeitszimmer 155
      3.2.3. Weitere Steuervereinfachungsvorschläge 155

3.3. Die Länder als Impulsgeber für die Beseitigung systematischer
Widersprüche..156
3.4. Die Länder als Motoren für die Modernisierung des
Besteuerungsverfahrens..160

4. Gesamtbetrachtung..161
   4.1. Überblick...161
   4.2. Länderinitiative für ein einfaches Steuerrecht?..161
   4.3. Komplexität von Regelungsaufgaben..162
        4.3.1. Kirchensteuer auf Abgeltungsteuer..162
        4.3.2. RETT-Blocker-Blockade bei der Grunderwerbsteuer......................163
        4.3.3. Umsatzsteuerpflicht der Kommunen für kooperative
               Beistandsleistungen...163
        4.3.4. Erbschaftsteuer vs. Steuerbefreiung für
               Betriebsvermögen und Anteile an Kapitalgesellschaften..........165
        4.3.5. Grundsteuerreform..167

5. Schlussfazit...168

1. Einleitung[1]

Ziel des Beitrags soll es sein, anhand von Beispielen das Zusammenwirken von Bund und Ländern im Prozess der Steuergesetzgebung ebenso deutlich zu machen wie die Auswirkungen auf den von den Ländern wahrzunehmenden Steuervollzug. Es soll aufgezeigt werden, welche Vorteile (und welche Nachteile) die Verknüpfung der Zuständigkeiten bietet, und darüber hinaus auch, wie leistungs- und anpassungsfähig unser Steuerrecht tatsächlich ist – bei aller Kritik, die man angesichts seiner Kompliziertheit daran im Grundsätzlichen auch immer üben mag.

2. Die Länder im Gesetzgebungsverfahren

2.1. Mitwirkungsrechte der Länder im Gesetzgebungsverfahren

Die Länder wirken im Steuerrecht wesentlich am Gesetzgebungsprozess mit, auch wenn die Gesetzgebungszuständigkeit weitgehend beim Bund liegt (Art. 105 Abs. 2 GG). Denn: für Gesetze über Steuern, deren Aufkommen den Ländern ganz oder zum Teil zusteht (Art. 105 Abs. 3 GG), besteht eine Zustimmungspflichtigkeit des Bundesrates. Das bedeutet, dass der Bund zwar zuständig ist, der Bundesrat aber zustimmen muss. Die Einnahmen der bedeutendsten Steuern sind bekanntlich sowohl dem Bund als auch den Ländern zugewiesen (Umsatzsteuer, Einkommensteuer, Körperschaftsteuer, s. Art. 106 Abs. 3 GG). Und dann gibt es ganz wenige Ausnahmen, bei denen die Länder nicht mitwirken wie z. B. Mineralölsteuer, Brennelementesteuer, Kaffee-/Teesteuer, Sektsteuer. Das Aufkommen der Erbschaftsteuer steht den Ländern allein zu (Art. 106 Abs. 2 GG).Die Einnahmen aus der Grund- und der Gewerbesteuer fließen den Gemeinden zu (Art. 106 Abs. 6 GG). Sie haben also eine Situation, in der auf jeden Fall die Steuerarten so verteilt sind, dass die Länder in vielen Bereichen mitzumischen haben. Ebenso ist der Erlass von Verfahrensvorschriften für den Steuervollzug, der den jeweiligen Landesbehörden im Wege der Bundesauftragsverwaltung obliegt, zustimmungsbedürftig; für Verwaltungsvorschriften durch die Bundesregierung, z. B. aktuell der Entwurf der Körperschaftsteuerrichtlinien für 2015, ergibt sich dies aus Art. 108 Abs. 7 GG.

2.2. Interessen der Länder bei der Steuergesetzgebung

Die Länder haben verschiedenste Interessen, wenn sie an der Steuergesetzgebung mitwirken. An erster Stelle sind die fiskalischen zu nennen. Gerade weil die Länder kaum über eigene Einnahmequellen verfügen, verringern Steuersenkungen ihre Hand-

---

[1] Der Beitrag gibt die persönliche Auffassung des Autors wieder und ist nicht in dienstlicher Eigenschaft verfasst worden.

lungsspielräume, was sie tendenziell von Steuersenkungen Abstand nehmen oder zumindest Kompensation fordern lässt. Um je mehr Geld es für die Länder dabei geht, desto nachdrücklicher. Aktuelles Beispiel: Die Umsetzung des Vorhabens der Bundesregierung, die kalte Progression im Umfang von rund 1,5 Milliarden € abzubauen. Sie führt zu entsprechenden Steuerausfällen bei den Ländern. Der Bundesrat hat eine Kompensation für die Länder gefordert. Diesmal ohne Erfolg. Der Blick auf die Haushalte macht deutlich, warum die Länder ihre Kompensationswünsche an den Bund adressieren. Zumal den Ländern aufgrund der ab 2020 geltenden Schuldenbremse der Ausweg in eine erhöhte Schuldenaufnahme (künftig) versperrt ist.

Darüber hinaus gibt es die regionalen und standortpolitischen Interessen. Ein aktuelles Beispiel hierfür ist die Förderung der E-Mobilität, für die Hessen und Bayern sowie – in etwas abgewandelter Form – auch Niedersachsen derzeit im Bundesrat aktiv geworden sind. E-Mobilität, ein gesellschaftspolitisch und ökologisch wichtiges Ziel, welches aber gleichwohl nicht ganz von ungefähr von drei Standortländern der Autoindustrie vorangetrieben wird. Oft haben solche Themen in der Tat starke wirtschafts- und umweltpolitische Komponenten, was zeigt, dass bei steuerpolitischen Bundesratsinitiativen sehr oft auch weitergehende Aspekte eine Rolle spielen. Und die Länder haben selbstverständlich auch gesellschaftspolitische Ziele. Sie werden wie der Bund parteipolitisch regiert. Die jeweilige Regierungskonstellation spiegelt die gesellschaftspolitischen Vorstellungen wider, für die die Bürgerinnen und Bürger bei der letzten Wahl ihres Landesparlaments mehrheitlich gestimmt haben. Die Landesregierungen können daher (und – in machtpolitischer Logik – müssen damit auch) gesellschaftspolitisch Flagge zeigen, was sich in den letzten Jahrzehnten insbesondere vor wichtigen Wahlen oft dann ergeben und zugespitzt hat, wenn die Mehrheiten in Bundestag und Bundesrat voneinander abwichen oder ganz und gar gegensätzlich unterschiedlich waren.

In jüngerer Zeit ragt insbesondere die Ablehnung des Ratifizierungsgesetzes zum ausgehandelten deutsch-schweizerischen Steuerabkommen noch zu Zeiten der schwarz-gelben Bundesregierung durch die A-Länder[2] heraus. Diese Konstellation war insofern völlig atypisch, als normalerweise die Länder gerade die Ratifizierung der bilateral auf Regierungsebene ausverhandelten Besteuerungsabkommen eher nicht behindern. Diese Abkommen laufen in der Regel ohne Widerstand durch den Bundesrat. Im Fall des deutsch-schweizerischen Abkommens ergab sich jedoch die Besonderheit, dass nicht wie sonst ausschließlich Regelungen für zukünftige Steuerfälle getroffen werden

---

[2] Unter A-Ländern versteht man regelmäßig die Bundesländer mit einem sozialdemokratischen Regierungschef, bezogen auf eine Fachministerkonferenz die Länder mit einem sozialdemokratischen Fachminister. Meist werden Bundesländer, in denen Bündnis90/Die Grünen oder die Partei DIE LINKE den Ministerpräsidenten stellt, ebenfalls zur A-Seite gezählt. Länder mit einem christdemokratischen oder -sozialen Regierungschef heißen dementsprechend B-Länder. Das ist eine historisch gewachsene Bezeichnung.

sollten. Es ging um Kapitalfluchtfälle der Vergangenheit und Gegenwart. Es sollte einen Ausschluss der Informationsweitergabe geben und im Gegenzug die Zahlung eines Pauschalbetrages als schadensersatzähnliche „Abgeltungsteuer", also de facto eine Amnestie, eine moderne Form des Ablasshandels. Hier ging es den A-Ländern erkennbar vorrangig um die Steuergerechtigkeit. Im Anschluss an das Scheitern des Abkommens im Bundesrat ergriffen die SPD-geführten Länder auch als erste die Initiative zur Reform der Selbstanzeige, die schließlich eine Mehrheit auch auf Bundesebene fand und zum 1.1.2015 in Kraft trat. Dies war zweifelsohne ein Meilenstein: Die Zahl der steuerlichen Selbstanzeigen erreichte 2014 in Niedersachsen mit rund 3.800 ein „Allzeithoch", auch befördert durch die gezielte Auswertung von Steuerdaten-CDs. Die Einnahmen Niedersachsens aus den Ankäufen von Daten aus den Ländern Schweiz, Luxemburg und Liechtenstein betrugen zum 30.6.2015 rund 294 Millionen €; das Land hat sich an den Datenankäufen mit 855.000 € beteiligt. Ein Geschäft für das Land Niedersachsen war dies also allemal. Viel wichtiger aber ist: Die Botschaft ist bei den Steuersündern angekommen. Inzwischen ist eine Selbstanzeige deutlich teurer geworden und die Hürden liegen höher – auch in der Erwartung dieser Weiterentwicklung haben viele der Hinterzieher lieber „freiwillig" (vorher) den Weg in die Steuerehrlichkeit eingeschlagen.

Das Fazit aus dem Scheitern des dt.-schw. Abkommens und aus diesen gesetzlichen Änderungen zur Selbstanzeige lautet: Das Vertrauen des ehrlichen Steuerzahlers in den Staat und die Hoffnung, dass der Ehrliche vielleicht doch nicht immer der Dumme sein muss, sind gestärkt worden. Insgesamt hat in Deutschland ein weiterer durchaus positiver Mentalitätswandel stattgefunden, der auch durch spektakuläre Fälle wie Zumwinkel und Hoeneß befördert wurde – ein Mentalitätswandel zu gestärkter Steuermoral. Steuerhinterziehung ist endgültig kein Kavaliersdelikt mehr. Nicht nur in Griechenland wird es manchen geben, der Deutschland um diesen Erfolg beneidet!

3. Die Länder als Träger der Finanzverwaltung

3.1. Vereinheitlichung und Feinstellung des Steuervollzuges

Vorrangig sind die Länder die Träger der Finanzverwaltung. Sie verfügen über die große Masse der Finanzbeamten in den Finanzämtern. In Niedersachsen z. B. gibt es 67 Finanzämter mit über 13.000 Beschäftigten. Die Länder vollziehen als Träger der Finanzämter die fiskalisch bedeutsamsten Steuergesetze (Art. 108 Abs. 1 GG). Dies geschieht in Auftragsverwaltung des Bundes, soweit diesem das Aufkommen ganz oder teilweise zusteht (Art. 108 Abs. 3 GG). In einer modernen Gesellschaft und Marktwirtschaft ist auch der Besteuerungsalltag geprägt von dem unabweisbaren Bedürfnis nach einer möglichst weitgehenden einheitlichen Auslegung und Anwendung des Steuerrechts

(Stichwort: Die flächendeckende Steuergerechtigkeit als Grundprinzip). Dieses Bedürfnis ist gerade in Deutschland besonders stark ausgeprägt. Die Menschen erwarten gewissermaßen, dass man möglichst für jeden denkbaren Einzelfall Gerechtigkeit herstellt. Das prägt auch das Handeln der Finanzverwaltung und das Handeln in der Regelungsdichte. Dies wird maßgeblich durch Verwaltungsvorschriften der Länder sowie durch sogenannte BMF-Schreiben gewährleistet, die das Bundesfinanzministerium erlässt – allerdings nicht aus alleiniger Kompetenz, sondern nach Abstimmung und in Kooperation mit den Ländern (§ 21a Finanzverwaltungsgesetz). Die allseits bekannten BMF-Schreiben sind somit in Wahrheit eigentlich Bund-Länder-Schreiben oder BMF-LMF-Schreiben. Das wird bisweilen übersehen.

Bund und Länder kooperieren insoweit zügig und intensiv beim Vollzug der Steuergesetze. Der Bund wird auf diese Weise fortlaufend darüber informiert, wo die Länder welche Schwierigkeiten in der Anwendung des geltenden Steuerrechts sehen. Die Länder spielen damit also eine wichtige Rolle: Sie bringen ihre praktische Erfahrung ein, denn sie sind es, die sich tagtäglich mit sämtlichen Besteuerungsverfahren auseinanderzusetzen haben. Für die Steuerarten, die nicht der Bundesauftragsverwaltung unterfallen, weil die Einnahmen allein den Ländern zufließen (Erbschaftsteuer und Grunderwerbsteuer), gibt es sogenannte gleichlautende Erlasse aller Länder als große gemeinsame Klammer. Im Ergebnis bedeutet dies, dass es in aller Regel zu jedem steuerlichen Thema immer irgendeine länderübergreifende und damit deutschlandweite Abstimmung gibt. Weder Bund noch Länder agieren isoliert. Das ist auch gut so, damit die den Deutschen so wichtige flächendeckende Steuergerechtigkeit und Gleichmäßigkeit gewährleistet werden kann. Die Bedeutung der Länder im Besteuerungsverfahren wird im Übrigen auch dadurch unterstrichen, dass der Bund in die Organisationshoheit der Länder nicht eingreift. Sie kennen sicherlich die alljährlich zeitnah veröffentlichten gleichlautenden Ländererlasse zur Abgabefrist für die Einkommensteuer. Diese Erlasse sorgen regelmäßig für eine gewisse Entspannung bei der Einhaltung der Abgabefrist für die Einkommensteuererklärung. Denn für die von Steuerberatern vertretenen Bürgerinnen und Bürger wird damit der „Stichtag" vom 31.5. des Folgejahres auf den 31.12. verschoben. Übrigens: Mit dem aktuell in Vorbereitung befindlichen Gesetz zur Modernisierung des Besteuerungsverfahrens plant das Bundesfinanzministerium im Zusammenwirken mit den Finanzministerien eine Änderung der Abgabenordnung, mit der künftig die Frist zur Abgabe der Erklärung für die beratenen Steuerpflichtigen sogar auf den 28.2. des Fortfolgejahres verschoben wird – dies dann allerdings einhergehend mit einer vollautomatischen Festsetzung eines Verspätungszuschlags im Fall der Überschreitung auch dieser nochmals verlängerten Frist. Die Absicht ist bei der Beraterschaft und darüber hinaus auf Zustimmung gestoßen. Auch für die Durchführung von Straf- und Bußgeldverfahren sind es die Länder, die sich auf einheitliche Anwendungsregelungen verständigen (im Rahmen der sogenannten AStBV (Steuer), der „Anweisungen für das Straf- und Bußgeldverfahren"). Solcherart Verwaltungsregelungen müssen permanent geändert, erneuert und angepasst werden.

3.3.1. Bedarf nach ständiger Überarbeitung der Verwaltungsvorschriften

Durch jährlich neue Steuergesetze. Denn die unter bekanntlich nicht geringem Zeitdruck stehenden Kolleginnen und Kollegen in den Finanzämtern müssen so schnell wie möglich etwas an die Hand bekommen, das die vielen Veränderungen erläutert, verständlich macht und im Sinne eines gleichmäßigen Gesetzesvollzugs einheitlich interpretiert. Das bindet eine Vielzahl von Menschen! Das Steuerrecht ist zugleich aber auch so bedeutsam und einschneidend für unsere Wirtschaft und für die Bürgerinnen und Bürger, dass nach Einführung eines neuen Gesetzes auch unter diesem Aspekt keine lange Ungewissheitsphase hingenommen werden darf. Vereinzelt werden daher manchmal bereits „in vorauseilendem Gehorsam" Anwendungsregeln festgelegt, noch bevor das betreffende Gesetz im Bundesgesetzblatt erscheint. (Beispiel: Weil das Jahressteuergesetz 2013, das für den 1.1.2013 diverse Regelungen zum Kapitalertragsteuerabzugsverfahren vorsah, im Jahr 2012 nicht mehr beschlossen werden konnte, wurde vorgreiflich im Vertrauen auf eine baldige Verabschiedung des JStG 2013 bereits entsprechend den „Neuregelungen" verfahren.)

Auch erfordert die Rechtsprechung der Finanzgerichte, allen voran des BFH, immer wieder Reaktionen der Finanzverwaltung. Diese muss sich insbesondere mit zugunsten des klagenden Bürgers gefällten Urteilen auseinandersetzen und entscheiden, ob sie sie für die Masse der Fälle akzeptieren oder sich (zunächst) durch einen Nichtanwendungserlass die Chance auf eine (später gesetzliche) Korrektur der Rechtsprechung erhalten will. Dabei soll selbstverständlich – unter dem Gesichtspunkt der Gewaltenteilung – nicht der Eindruck entstehen, die Exekutive schiebe hier der Judikative einen Riegel vor. Vielmehr geht es in einer Art Gesamtschau auf die entscheidungserheblichen Vorschriften darum, welche Intention das Gesetz eigentlich hatte, was erreicht werden sollte, aber durch die im Einzelfall getroffene Gerichtsentscheidung so nun nicht mehr erreicht werden kann. Gegebenenfalls sieht sich die Verwaltung zur Nachbesserung aufgefordert und verpflichtet. Gleichwohl hält sich die Zahl der in den letzten Jahren ergangenen Nichtanwendungserlasse in engen Grenzen (Ende 2012 hat das BMF im „Glossar" zum Begriff „Nichtanwendungserlass" darauf hingewiesen, dass in den letzten Jahren in weniger als 2 % der Fälle ein Nichtanwendungserlass ergangen ist, dass der BFH aber dreimal so häufig seine Rechtsprechung geändert habe.)

Im Verlauf werden noch aktuelle Beispiele genannt, in denen die Verwaltung und zum Teil mit ihr der Gesetzgeber nach Urteilen des BFH nachträglich eingegriffen hat. Ein klassisches Beispiel für eine immer wieder neu aufkommende Unsicherheit bei der Gesetzeslage oder als grundsätzlicher Stein des Anstoßes bei der Umsatzsteuer ist der Steuersatz. 19 % oder 7 %? Warum mal so und mal anders? Das ist im Übrigen nicht nur eine mehr oder weniger amüsante akademische Fragestellung, sondern eine Frage von äußerster Praxisrelevanz. Denn ein bundesweit operierender Unternehmer z. B. aus Niedersachsen, der seine Produkte mit 19 % besteuern soll, könnte es nicht hinnehmen, wenn seine Konkurrenten in anderen Bundesländern nur 7 % Umsatzsteuer abführen müssten. Hier haben Bund und Länder also eine Aufgabe und Verantwortung, die man gar nicht ernst genug nehmen kann. Erfreulicher-weise ist zumindest beim Thema der Umsatzbesteuerung von „Speisen und Getränke" etwas Ruhe eingekehrt. Inzwischen hat sich herumgesprochen, dass man – obwohl leicht herbstlich fröstelnd – an der Bierzeltgarnitur seiner Lieblingsbratwurstbude die „Curry-Pommes" zu 19 % verspeist, während man stattdessen gemütlich im warmen Kinosessel die Nachos zu 7 % genießen könnte.[3] Bei Rechtsunsicherheiten und ggf. divergierender Praxis müssen die Verwaltungsspitzen in Bund und Ländern durch ihre Handreichungen also schnell für Klarheit sorgen.

3.1.2. Beispiele für die Vereinheitlichung und die Feinjustierung des Steuervollzugs

3.1.2.1. Reverse Charge – § 13b und § 27 Abs. 19 UStG

Unter dieser Überschrift wird eine gravierende Rechtsprechungsänderung durch den Bundesfinanzhof bezeichnet, die eine „bauwerksbezogene Betrachtungsweise" zur Folge hatte: Der Leistungsempfänger einer Bauleistung wurde nur noch dann zum Schuldner der Umsatzsteuer, wenn er diese selber gezielt für eine eigene „Ausgangs-Bauleistung" verwendete.[4] Insbesondere Bauträger waren in bestimmten Konstellationen plötzlich von der Steuerschuld nicht mehr betroffen – mit beachtlichen Folgen. Im Einzelnen: Es ist ja schon eine Ausnahme von der Regel, dass bei Bauleistungen nicht derjenige die Umsatzsteuer schuldet, der die Leistung erbringt, sondern der Empfänger der Leistung (Reverse Charge). Diese Ausnahme hat sich in einigen Bereichen als geeignetes Instrument zur Eindämmung des Umsatzsteuerbetrugs bewährt. Aber nun trat der BFH auf den Plan und schaffte durch Änderung seiner Rechtsprechung eine Ausnahme von der Ausnahme. Nur noch derjenige Leistungsempfänger sollte die Umsatzsteuer schulden, der die empfangene Leistung nutzt, um damit selbst als leistender Unternehmer gegenüber einem Dritten aufzutreten, und zwar auch nur dann, wenn diese eigene Leistung konkret als Bauleistung zu qualifizieren ist.

---

[3] Zum Problemkreis vgl. BMF-Schreiben vom 20.03.2013 IV D 2 – S 7100/07/10050-06, BStBl I 2013, S. 444.

[4] BFH vom 22.08.2013 V R 37/10, BStBl II 2014 S. 128.

Dies hat zu erheblichen Anwendungs- und Übergangsproblemen geführt. Bei vielen Betrieben änderte sich rückwirkend die Steuerschuldnerschaft. Hierdurch wurde angesichts der auf die Betriebe zukommenden Umsatzsteuernachforderungen durch die Finanzämter die Insolvenzangst geschürt. Bund und Länder haben zunächst, direkt nach dem Urteil der BFH, über Lösungsmöglichkeiten durch alleinige Änderung der Verwaltungsvorschriften nachgedacht, sich letztlich aber durchgerungen, dem Gesetzgeber eine kurzfristige gesetzliche Änderungsregelung vorzuschlagen. Bundestag und Bundesrat sind dem gefolgt. Zwei Auswege wurden daraufhin auf gesetzlichem Wege geschaffen: Durch das sogenannte Kroatien-Steueranpassungsgesetz wurde der „alte" Rechtszustand (bisher Verwaltungsauffassung, nun im UStG verankert) weitestgehend wiederhergestellt, indem es für den „Reverse Charge-Effekt" künftig wieder davon abhängt, dass der Leistungsempfänger der Bauleistung selber insgesamt nachhaltig Bauleistungen erbringt (nachhaltig = mindestens 10 % seines Weltumsatzes durch Bauleistungen), ohne dass es auf die konkrete im Einzelfall bezeichnete Leistung ankommt. Dies hat die Praxis auf breiter Front begrüßt. Und mit § 27 Abs. 19 UStG wurde den betroffenen leistenden Unternehmern außerdem eine Übergangsregelung an die Hand gegeben, mit deren Hilfe sie nicht mit Rückforderungen der Umsatzsteuer durch die Finanzämter konfrontiert werden sollen. Der Weg ist folgender: Sie treten ihre eigene Forderung gegenüber ihrem Kunden (also dem Leistungsempfänger) an das Finanzamt ab, das Finanzamt kann auf diese Weise mit dem Steuerrückforderungsanspruch des Leistungsempfängers aufrechnen und damit die Angelegenheit zu einem Nullsummenspiel für das leistende Bauunternehmen werden lassen. Leider ist es nicht in Gänze und in jedem Fall ein Nullsummenspiel, denn das Finanzamt versucht zwar mit großem Aufwand – aber teilweise ohne Erfolg – die Umsatzsteuer von den Kunden des Bauunternehmers zurückzufordern. Außerdem tauchen nach und nach immer wieder neue Einzelfragestellungen auf, die von den Reparaturregelungen nur begrenzt oder unzureichend erfasst werden und die nun die Praxis und die Rechtsprechung aufs Neue vielfach beschäftigen. Die Zahl der begleitenden Handreichungen und Verwaltungsregelungen ist in der Zwischenzeit beachtlich angestiegen. Diese Regelungen sind ein gutes Beispiel dafür, welche Anstrengungen manchmal unternommen werden müssen, um eine praxisnahe und auch praxisgerechte Abwicklung der Rechtsentwicklung sicherzustellen. In den hier beschriebenen Fallkonstellationen geht es um hohe dreistellige Millionenbeträge und um viele Arbeitsplätze bei den von Rückforderungen bedrohten Bauunternehmen.

3.1.2.2. § 40a KAGG – StEKO-Rechtsprechung

Aus einer Vielzahl von Maßnahmen zum notwendigen „Feintuning" sticht sicherlich auch die milliardenschwere „Rückwärtsentscheidung" des Bundesverfassungsgerichts[5] und des Bundesfinanzhofes[6] auf den Veranlagungszeitraum 2002 hervor (auch der EuGH war mit der StEKO-Rechtsprechung beteiligt[7]), bei der es um die Frage ging, wie Gewinnminderungen aus Beteiligungen steuerlich zu würdigen sind, wenn Kapitalgesellschaften ihrerseits an in- und ausländischen Kapitalgesellschaften über Investmentfonds beteiligt sind. Hier hat der BFH die rückwirkende gesetzliche Klarstellung einer Formulierungsungenauigkeit für die Vergangenheit nicht akzeptiert. Die Anwendung dieser neuen Rechtsprechungsgrundsätze über den Einzelfall hinaus führte (völlig unsystematisch) dazu, dass positive Aktiengewinne, die eine Kapitalgesellschaft als Anleger z. B. im Rahmen der Veräußerung von Investmentanteilen realisiert, insgesamt steuerfrei sind, wohingegen Aktienverluste, die bei Veräußerung (oder auch einer Teilwertabschreibung) realisiert werden, insgesamt steuerwirksam sein sollen. Und zwar brutto, d. h. in keiner Weise verrechnet. Jeder zwischenzeitlich erzielte Gewinn braucht nicht versteuert zu werden. Jeder zwischenzeitlich erlittene Verlust wäre anzuerkennen. Fachlich ist die Befassung mit diesen Fragen „Steuerrecht am Hochreck" – zweifellos spannend und hochkompliziert. Nur: Die Rechtsprechung führt (nach Schätzungen) allein für 2002 zu Steuermindereinnahmen in Milliardenhöhe, denn im Jahr 2002 hatte es an den deutschen Börsen dramatische Kursrückgänge gegeben und insbesondere die deutsche Versicherungswirtschaft war zu Teilwertabschreibungen in enormen Größenordnungen gezwungen. Die Konsequenzen aus dieser Rechtsprechung – insbesondere dann auch für die Folgejahre nach 2002 – werden daher zurzeit auf Bund-Länder-Ebene intensiv beraten.

Aber auch ohne Gesetzesänderung und Rechtsprechungsimpulse ergeben sich allein aus der Vollzugspraxis der Finanzämter und den einem raschen Wandel unterworfenen Lebensverhältnissen ständig neue Auslegungsprobleme, die nach bundesweit einheitlichen Lösungen verlangen.

3.1.3. Weitere aktuelle Regelungsfragen

Die Geschäftsmodelle des neuen Mobilitätsdienstleiters Uber und die damit verbundenen Fragen nach Gewinnerzielungsabsicht und Umsatzsteuersatz (der bei 19 % liegt). Uber ist ein Online-Vermittlungsdienst für Fahrdienstleistungen des gleichnamigen

---

[5] BVerfG vom 17.12.2013, Az. 1 BvL 5/08, BFH/NV 2014 S. 653.
[6] BFH vom 22.04.2009 I R 57/06, BStBl 2011 II, S. 66; BFH vom 28.10.2009 I R 27/08, BStBl 2011 II, S. 229.
[7] EuGH vom 22.01.2009 C-377/07, BStBl 2011 II, S. 95.

amerikanischen Unternehmens. Er vermittelt Fahrgäste an Mietwagen mit Fahrer sowie zunächst auch private Fahrer mit eigenem Auto. Die Vermittlung erfolgt u.a. über eine Smartphone-App. Das Unternehmen erhebt dabei eine Provision von 20 % des Fahrpreises. Bei der angebotenen Art der Vermittlung fallen verschiedene Kosten nicht an, die bei anderen gewerblichen Personenbeförderern entstehen, zum Beispiel geeichte Fahrpreisanzeiger, der Betrieb einer Taxifunkanlage etc. Aufgrund der Konkurrenzsituation erfuhr der Dienst durch die bestehenden gewerblichen Strukturen vielfach erheblichen Widerstand. Im Mai 2015 begann Uber in Deutschland einen weiteren Dienst als Option in ihrer App anzubieten: UberX. Hiermit wurden die wesentlichen Kritikpunkte der bisherigen rechtlichen Diskussion aufgenommen. Uber ist ein Beispiel für neuartige Geschäftsmodelle, die vielfach mit der Entwicklung des Internet einhergehen.

So auch die sog. Airbnb-Fälle, die in dieselbe Kerbe schlagen. Airbnb ist ein 2008 im kalifornischen Silicon Valley gegründeter Community-Marktplatz für die Buchung und Vermietung von Unterkünften, ähnlich einem Computerreservierungssystem. Private Vermieter vermieten ihr Zuhause oder einen Teil davon unter Vermittlung des Unternehmens, jedoch ohne dass Airbnb rechtliche Verpflichtungen übernimmt. Von der Gründung im Jahr 2008 bis zum Juni 2012 wurden nach Angaben des Unternehmens mehr als zehn Millionen Übernachtungen über Airbnb gebucht. Die Kritik entzündete sich u.a. daran, dass angeblich viele der Vermieter keine Steuern auf ihre Einnahmen zahlen und dass sich nicht mehr nur private Gastgeber, sondern umfangreiche kommerzielle Strukturen dahinter entwickelt haben. Diese entziehen dem Wohnungsmarkt Raum, so dass dieses Geschäftsmodell in den für Reisende attraktivsten Vierteln für erhöhten Mietdruck sorgen kann. Dies zeigt im Übrigen, dass solcherart neue Geschäftsmodelle keineswegs allein neue steuerrechtliche Fragen aufwerfen. Da geht es mindestens genauso um planungs- und ordnungsrechtliche Fragen und um weitergehende gesellschaftliche Auswirkungen.

Nicht das Steuerrecht beeinflusst also immer das tägliche Leben, sondern das tägliche Leben bewegt sich tänzelnd auf das Steuerrecht zu. Was zu dem Beispiel der „Tanzschulfälle" im Umsatzsteuerbereich führt: Der Bundesfinanzhof hat gleich in mehreren Urteilen entschieden, dass die in der Mehrwertsteuersystemrichtlinie (MwStSystRL) vorgesehene Umsatzsteuerbefreiung für Bildungsleistungen im UStG nicht hinreichend umgesetzt ist, so dass sich Betroffene unmittelbar auf die Befreiung nach der MwStSystRL berufen könnten.[8] Demzufolge kommt eine Steuerbefreiung u. a. für Kurse an Tanzschulen in Betracht – dies allerdings nur, sofern diese nicht der Freizeitgestaltung

---

[8] BFH vom 05.06.2014 V R 19/13, [IAAAE-71567]; BFH vom 28.05.2013 XI R 35/11, BStBl 2013 II, S. 879; BFH vom 24.01.2008 V R 3/05, BStBl 2012 II, S. 267.

dienen. Die Formulierung lautet, eine Freizeitgestaltung liege dann vor, wenn die vermittelten Kenntnisse und Fähigkeiten nicht durch Vertiefung und Fortentwicklung zur Ausübung einer beruflichen Tätigkeit genutzt werden können. Diese Formulierung hat dann die Phantasie mancher Fachautoren angeregt und unnötige Debatten ausgelöst, die erst nach einiger Zeit zu einem Ende geführt werden konnten. So ist zum Beispiel die Auffassung vertreten worden, dass auch Senioren ja noch eine Zweitkarriere als Tänzer oder Tanzlehrer anstreben könnten und deswegen auch der Seniorentanz steuerbefreit sein müsse. War dieser Aufsatz auch einem angehenden Ruheständler gewidmet, so war diese Aussage gleichwohl nicht als Satire gemeint. Tatsächlich verhält es sich so, dass unter Beachtung der Rechtsprechung Tanzkurse, die sich von ihrer thematischen Zielsetzung her an Freizeittänzer richten, nicht von der Umsatzsteuer befreit sind. Auch einzelne beruflich ambitionierte Teilnehmer geben solchen Kursen kein anderes Gepräge. Etwas anderes kann gelten für die Ausbildung an speziellen Berufsausbildungseinrichtungen für Tanzlehrer. Das Beispiel der Tanzschulen wird deswegen erwähnt, weil es hier zwischen dem BMF und verschiedenen Länderfinanzministerien – gerade auch Niedersachsen – über lange Zeit beachtliche Diskussionen und Einschätzungsunterschiede gegeben hat. Da ist also das Bemühen um bundeseinheitliche gleichmäßige Besteuerung erst nach langen Klimmzügen erfolgreich abgeschlossen worden. Auch das gehört zur Realität der eben teilweise mühsamen und langwierigen Abstimmungen zwischen BMF und Länderfinanzministerien. Im Übrigen ist aber der Gesetzgeber im Interesse der Rechtssicherheit und Rechtsklarheit weiterhin aufgefordert, die Steuerbefreiung für Bildungsleistungen im UStG an die Rechtsprechung und an die Vorgaben des EU-Mehrwertsteuerrechts anzupassen.

Die einheitliche Anwendung des Umsatzsteuersatzes ist aktuell auch ein Thema bei den „Werkstätten für behinderte Menschen". Bereits vor mittlerweile fast einem Jahrzehnt ist der Gesetzgeber hier tätig geworden, was von manchen Betroffenen aber zunächst nicht recht beachtet worden ist. Es ist nämlich im Jahr 2006 die Umsatzsteuerermäßigung für gemeinnützige Einrichtungen durch die Einfügung einer sog. Wettbewerbsklausel eingeschränkt worden. Hintergrund dieser Gesetzesänderung waren in jener Zeit aufgetretene missbräuchliche Gestaltungen, die in erster Linie der Erzielung von Steuervorteilen dienten. Im Fall von Werkstätten für behinderte Menschen bedeutet dies, dass der Anwendungsbereich des ermäßigten Umsatzsteuersatzes von 7 % im Wesentlichen auf den Verkauf selbst hergestellter Gegenstände und auf Werkleistungen beschränkt worden ist. Wie der zeitweise umfangreichen Berichterstattung in der Presse entnommen werden konnte, ist nun durch steuerliche Außenprüfungen zu Tage getreten, dass in mehreren Einzelfällen Werkstätten auch auf ihre Umsätze aus Dienstleistungen und aus Handelsgeschäften den ermäßigten Umsatzsteuersatz angewandt haben. Ein klarer Verstoß gegen die bindenden Regelungen im UStAE. Die Frage ist: Ist der UStAE in diesem Punkt möglicherweise überholt und anpassungsbedürftig? Niedersachsen hat hier alles getan und in Gang gesetzt, was unter den gegebenen rechtlichen Rahmenbedingungen zugunsten der Werkstätten möglich ist. Das Niedersächsische Finanzministerium hat u. a. gegenüber dem Bund und den anderen Ländern die Erörterung angestoßen, ob der Umsatzsteueranwendungserlass dem heutigen Bild einer Werkstätte noch entspricht oder ob es zum Bild einer Werkstätte inzwischen dazugehört, dass es auch Verkäufe und Dienstleistungen gibt, die z. B. von behinderten Menschen erbracht werden. Die Entscheidung bleibt abzuwarten. Immerhin hat sich der BMF zu einer Überprüfung durch eine neuerliche Bund-Länder-Befassung und Evaluation bereiterklärt. Rechtsänderungen werden möglicherweise nur für die Zukunft möglich sein. Jedenfalls kann Niedersachsen im Rahmen der Auftragsverwaltung nicht von den Regelungen des Anwendungserlasses abweichen. Es bedarf eines Einvernehmens zwischen dem Bundesfinanzministerium und einer Mehrheit der Länder. Im Vordergrund steht der Anspruch, die bundesweite Gleichmäßigkeit der Besteuerung zu gewährleisten.

3.1.4. Gestaltungsideen der Steuerberater

Für Arbeit sorgt natürlich auch die Tätigkeit der Steuerberater, die damit immer neuen Gestaltungsideen Grenzen ausloten. Manche nennen es Hase-Igel-Spiel. Besonders deutlich lässt sich an der sogenannten Cash-GmbH aufzeigen, wie man dem Gesetzgeber bei der Schenkungsteuer „ein Bein stellen konnte":

Beispiel: Herr Vater gründete als Alleingesellschafter die Cash-GmbH. Deren Zweck war die Verwaltung eigenen Vermögens. Das Aktivvermögen bestand ausschließlich aus Sicht- und Spareinlagen. Herr Vater will die GmbH-Anteile zum 31.12.2012 an seinen Sohn verschenken (Wert der Anteile = 2.000.000 €). In diesem Fall schaffte es der Vater, die Schenkungsteuer auf 0 € zu bringen! Da er unmittelbar zu mehr als 25 % an der GmbH beteiligt war, handelte es sich bei den Anteilen um sogenanntes „begünstigtes" Vermögen.

Es dauerte leider sehr lange – zu lange, bis der Gesetzgeber diese Konstruktion unterbunden hat: Aufgrund der Neuregelung durch das Amtshilferichtlinie-Umsetzungsgesetz gelten diese Begünstigungen nun nicht mehr. Bei derartigen Gestaltungen wird nunmehr „(begünstigungs-)schädliches" Vermögen übertragen. Damit hatte der Gesetzgeber erste Konsequenzen aus dem Vorlagebeschluss des Bundesfinanzhofs an das Bundesverfassungsgericht gezogen, das – wie heute bekannt ist – u. a. auch wegen dieser Gestaltungen den „Begünstigungsquell" des Erbschaft- und Schenkungsteuergesetzes zum Versiegen gebracht hat. Zur Erbschaftsteuerreform später mehr.

Auch bei den sog. Cum/ex-Geschäften ging es zur Sache. Unter Cum/ex-Geschäften, auch Leerverkäufe über den Dividendenstichtag genannt, versteht man modellhafte Gestaltungen mit Aktiengeschäften in zeitlicher Nähe zum Dividendenstichtag. Cum/ex-Geschäfte wurden in der Beratungs- und Bankenpraxis entwickelt und von vielen in- und ausländischen Banken in der Zeit zwischen 2002 und 2011 vertrieben. Nach Schätzungen bewegt sich der entstandene Schaden für den Fiskus in zweistelliger Milliardenhöhe. Es geht um die Doppel- oder sogar Mehrfachanrechnung einer nur einmal erhobenen Kapitalertragsteuer unter Ausnutzung einer vermeintlichen Gesetzeslücke. Tatsächlich gab es diese nicht. Die mehrfache Anrechnung einer nur einmal erhobenen Kapitalertragsteuer war zu keinem Zeitpunkt durch das geltende Steuerrecht gedeckt. Die cum/ex-Geschäfte nutzten lediglich das Zusammenspiel der Vorschriften zum Steuerabzug mit den Besonderheiten der bankentechnischen Abwicklung von Aktiengeschäften und den Börsengepflogenheiten aus, um eine nur einmal erhobene Kapitalertragsteuer doppelt oder mehrfach erstatten zu lassen. Hierzu verkaufte ein Leerverkäufer eine girosammelverwahrte Aktie kurz vor dem Dividendenstichtag mit Dividendenanspruch (cum), deckte sich nach dem Dividendenstichtag mit der Aktie ohne Dividendenanspruch (ex) ein und lieferte diese entsprechend den Börsengepflogenheiten auch erst nach dem Dividendenstichtag an den Leerkäufer. Zusätzlich zahlte er dem Leerkäufer für die entgangene Dividende eine sogenannte Dividendenkompensationszahlung in Höhe der Nettodividende. Neben der Steuerbescheinigung, die dem bisherigen Eigentümer der Aktie (dem Leerverkäufer) ausgestellt wurde, händigte auch das Kreditinstitut des Leerkäufers dem Leerkäufer in Unkenntnis des Sachverhalts eine (weitere) Steuerbescheinigung aus. Obwohl also die Kapitalertragsteuer von dem ausschüttenden Unternehmen nur einmal einbehalten wurde, stellten bis 2011 (mindestens) zwei Kreditinstitute Steuerbescheinigungen aus.

Der Gesetzgeber hat darauf in zwei Schritten reagiert: Seit einer Gesetzesänderung in 2007 (1. Schritt) funktionierten solche Modelle nur noch, wenn der Verkauf der Aktie über eine ausländische Stelle abgewickelt wurde. 2. Schritt: Seit 2012 kann es gar nicht mehr zur mehrfachen Ausstellung von Steuerbescheinigungen kommen, weil die Dividendenregulierung seither brutto abgewickelt wird und die Steuerbescheinigung deshalb nur noch von der Person ausgestellt wird, die auch die Kapitalertragsteuer einbehalten hat. Es wurde also keine Gesetzeslücke geschlossen, die zuvor eine mehrfache Anrechnung einer nur einmal einbehaltenen Kapitalertragsteuer erlaubte, sondern lediglich das Verfahren zum Einbehalt der Kapitalertragsteuer und zur Ausstellung der Steuerbescheinigung wurde so umgestellt, dass es nicht mehr zur unberechtigten Ausstellung von Steuerbescheinigungen kommt. Man kann sich vielleicht vorstellen, wie eng die Verwaltungen von Bund und Ländern für diese komplexen steuerrechtlichen Anpassungen zusammenarbeiten mussten.

Ein weiteres Beispiel zu guter Letzt: die „Goldfinger-Fälle": Wohl besser eine „Goldfinger-Falle" für die Finanzverwaltung, bei der es um Folgendes ging:

Beispiel: Mr. Goldfinger gründet zunächst eine Personengesellschaft mit Sitz und Betriebsstätte (angemietetes Büro) in einem anderen EU-Mitgliedstaat. Diese hat den Gesellschaftszweck „Handel mit Gold". Die Goldbarren werden im ersten Jahr gekauft und im Safe einer Großbank aufbewahrt, um im zweiten Jahr oder später verkauft zu werden. Die Personengesellschaft ermittelt ihren Gewinn nach Einnahme-Überschuss-Grundsätzen (§ 4 Abs. 3 EStG). Bei dieser Art der Gewinnermittlung sind die Erwerbsaufwendungen für das Gold, bei dem es sich ja um Umlaufvermögen handelt, im Zeitpunkt der Zahlung als Betriebsausgabe zu berücksichtigen. Die Folge war: Mr. Goldfinger konnte durch Anwendung des negativen Progressionsvorbehalts Steuersatz und Steuerlast deutlich senken.

Mit der Neuregelung durch das Amtshilferichtlinie-Umsetzungsgesetz wird nunmehr verhindert, dass ein dem Spitzensteuersatz unterliegender Steuerpflichtiger durch Anwendung des negativen Progressionsvorbehalts für im Ausland erworbene wertvolle handelbare Wirtschaftsgüter (Gold) im Jahr des Erwerbs erheblich weniger Einkommensteuer zahlt, ohne dass es im Jahr der Veräußerung dieser Güter zu einer entsprechenden inländischen Besteuerung in Deutschland kommt. Dies also als ein weiteres Beispiel für von den Ländern initiierte Reparaturmaßnahmen gegen Gestaltungen, die den Gesetzeszweck unterlaufen.

3.1.5. Das „Gremienwesen" im Abstimmungssystem zwischen Bund und Ländern

Die vorangegangenen Beispiele erfordern allesamt ein enges Zusammenwirken von Bund und Ländern auf den diversen Fachebenen mit den einschlägigen Steuerexperten aus den Ministerien. Es gibt weit mehr als 50 Arbeitsgruppen mit Vertretern von Bund und Ländern. Das spricht schon Bände für Umfang und Intensität, Quantität und Qualität der gemeinsamen Arbeit an unserem Steuerrecht. Geregelt ist diese Form der Zusammenarbeit in § 21a FVG und in einer Geschäftsordnung über die Zusammenarbeit zwischen BMF und den Länder-Finanzministerien im Bereich des Steuervollzugs (aber nicht im Bereich Personal, Organisation und IT, denn dies ist nach dem Grundgesetz allein originäre Zuständigkeit der Länder!). Vorteile des Systems sind: Den BMF-Schreiben kommt die Vollzugspraxis der Länder zugute. Die Beteiligung der Länder sichert zugleich einen Diskussionsprozess, der Einseitigkeiten vermeidet und den unterschiedlichen Sichtweisen und Interessenlagen in den einzelnen Teilen unseres Landes Rechnung trägt. Die vorgenannten Beispiele machen deutlich: Im Verhältnis zur Rechtsprechung wird bei der Erarbeitung von Verwaltungsvorschriften stärker noch als in der tendenziell einzelfallorientierten Spruchpraxis auf die Konsequenzen einer Entscheidung für gleich- oder ähnlich gelagerte Fälle geachtet. Durch Anwendungs- oder Nichtanwendungserlasse wird eine einheitliche Reaktion der Finanzverwaltung sichergestellt. Die Arbeit an den Verwaltungsvorschriften für die einheitliche Handhabung des geltenden Rechts führt dementsprechend oft (im Konsens von Bund und Ländern oder auch im Dissens) zu Initiativen für Gesetzesänderungen. Gesetzesvollzug und Gesetzgebung stehen daher in einer engen Beziehung.

3.2. Die Länder als Impulsgeber für punktuelle Vereinfachungen des Steuerrechts

3.2.1. Überblick

Aus ihrer Vollzugspraxis wissen die Länder, welche steuerrechtliche Regeln sich kaum oder nur mit unverhältnismäßigem Aufwand administrieren lassen – administrieren auf Seiten der Finanzämter, aber auch auf Seiten der Steuerpflichtigen und insbesondere der Wirtschaft. Insofern treten sie mit sattem Erfahrungswissen und aus eigener Betroffenheit durch den direkten Kontakt zum Steuerbürger dem Bund gegenüber, wenn sie sich für Steuervereinfachungen einsetzen.

3.2.2. Derzeit fordert die Ländermehrheit vom Bund zum Beispiel

3.2.2.1. Erhöhung des Arbeitnehmerpauschbetrags

Durch den Arbeitnehmer-Pauschbetrag von derzeit 1.000 € (seit 2011) sind sämtliche angefallenen Werbungskosten abgegolten, wenn nicht höhere Aufwendungen nachgewiesen werden. Damit ist das Belegsammeln in größerem Umfang (für rund 550.000 Arbeitnehmer) entbehrlich. Gefordert wird eine (weitere) Anhebung um 130 € auf 1.130 €. Das würde weitere eine Million Arbeitnehmer in die Vereinfachungsfunktion des Arbeitnehmer-Pauschbetrages einbeziehen und sie vom Einzelnachweis der Werbungskosten entlasten – auch wenn damit für die Bürger kein spürbarer steuerlicher (finanzieller) Vorteil verbunden ist. Dem Finanzamt bleibt die eher kleinteilige Belegprüfung erspart und es würden Ressourcen für andere Arbeitsfelder freigesetzt.

3.2.2.2. Erhöhung der Behinderten-Pauschbeträge

Die typischen Mehraufwendungen (z. B. für Pflegeleistungen, Wäschemehrbedarf), die behinderten Menschen durch ihre Erkrankung entstehen, werden auf Antrag durch einen Pauschbetrag abgegolten. Dieser beträgt je nach Grad der Behinderung bisher zwischen 310 € (ab Grad 30) und 1.420 € (Grad 100). Hilflose und Blinde erhalten 3.700 €. Allerdings wurde die Pauschbeträge seit 1975 nicht mehr angehoben. Die Betroffenen sind daher mangels einer Kostendeckung durch die Pauschbeträge zum Zwecke des steuermindernden Ansatzes genötigt, Nachweise über Aufwendungen zu sammeln. Durch eine entsprechende Neuregelung würde beispielsweise der Pauschbetrag bei Grad 100 von 1.420 € auf 2.130 € steigen (Zuschlag = 50 %). Nicht abgegolten sind im Übrigen Kosten, die nicht laufend entstehen (OP, Krankenhausbehandlung). Diese können zusätzlich abgezogen werden (wenn auch unter Beachtung der zumutbaren Belastung).

3.2.2.3. Pauschalierung der Kosten für ein häusliches Arbeitszimmer

Als Werbungskosten oder Betriebsausgaben abziehbar sind die Kosten eines Arbeitszimmers bis zu einem Höchstbetrag von 1.250 € bei denjenigen, denen kein anderer Arbeitsplatz für die berufliche oder betriebliche Tätigkeit zur Verfügung steht (z. B. Lehrer). In einer relevanten Zahl von Fällen weisen daher die Betroffenen die auf das Arbeitszimmer anteilig entfallenden Kosten für Miete, Finanzierung, Strom, Heizung etc. bis zur Erreichung des Höchstbetrages per Einzelermittlung nach. Dies führt für Bürger wie Finanzämter zu Mehrarbeiten. Für die bislang unter den Höchstbetrag fallenden Steuerpflichtigen würde mit der Einführung eines Arbeitszimmer-Pauschbetrags in Höhe von 100 € je Monat der beruflichen oder betrieblichen Nutzung der typischerweise entstehende Aufwand eines durchschnittlichen häuslichen Arbeitszimmers künftig ohne Einzelnachweis berücksichtigt. Die Abgeltungswirkung des Pauschbetrags träte an die Stelle des heutigen Abzugshöchstbetrags. Effekt: Der Vorschlag entlastet Bürger und Verwaltung von Bürokratie, weil bei Steuerpflichtigen, denen kein anderer Arbeitsplatz zur Verfügung steht, durch Pauschalierung der Einzelnachweis durch Belege entfällt. In diesen Fällen ist keine Prüfung der Arbeitszimmerkosten der Höhe nach mehr erforderlich.

3.2.3. Weitere Steuervereinfachungsvorschläge

Abschaffung der umsatzsteuerlichen Organschaft, die aufgrund der Fortentwicklung der Informations- und Kommunikationstechnik für Konzerne längst nicht mehr die Vereinfachung und Ersparnis von Bürokratie bedeutet, die sie einstmals hatte, dafür aber Finanzverwaltung wie Betroffene aufgrund der strengen Voraussetzungen, die die Rechtsprechung an ihr Vorliegen knüpft, vor immer größere Herausforderungen stellt. Die Innenumsätze von Konzerngesellschaften lassen sich heute ganz einfach erfassen. Stattdessen werden Finanzämter und Steuerpflichtige von der Ungewissheit belastet, in welchen Fällen tatsächlich eine Organschaft vorliegt.

3.3. Die Länder als Impulsgeber für die Beseitigung systematischer Widersprüche

Systematische Widersprüche innerhalb des Steuerrechts wollen die Bundesländer in den folgenden Fällen beseitigen: Erweiterung der Konzernklausel des § 8c KStG (= Nutzung von Verlusten). § 8c KStG (Einführung mit der Unternehmensteuerreform 2008) sah – ohne Ausnahme – den (anteiligen oder vollständigen) Wegfall nicht genutzter Verluste einer Körperschaft vor, wenn innerhalb eines bestimmten Zeitraums Anteile von mehr als 25 % oder 50 % (dann vollständiger Wegfall) durch einen Erwerber oder eine Erwerbergruppe erworben wurden (schädlicher Beteiligungserwerb, denn „der neue Anteilseigner ändert die Identität der Gesellschaft). Um Wachstumshindernisse für Unternehmen zu beseitigen, wurde § 8c KStG durch das sog. Wachstumsbeschleunigungsgesetz (ab VZ 2010) u.a. um die Konzernklausel ergänzt. Sinn und Zweck: Konzerninterne Umgliederungen sollen nicht behindert werden. Allerdings greift die Konzernklausel bisher z. B. dann nicht, wenn die Konzernspitze im Rahmen einer konzerninternen Umgliederung selbst die Beteiligung an der (Verlust) Körperschaft veräußert oder erwirbt oder die Konzernspitze eine Personengesellschaft ist. Mit dem „Gesetz zur Umsetzung der Protokollerklärung zum Gesetz zur Anpassung der Abgabenordnung an den Zollkodex der Union und zur Änderung weiterer steuerlicher Vorschriften" (Restantengesetz) soll diese Lücke geschlossen werden. Das Gesetz heißt Protokollumsetzungsgesetz, weil die Bundesregierung im Rahmen des Zollkodexanpassungsgesetzes 2014 zu diesen Fragen noch nicht bereit war, sie sogleich in das Gesetz aufzunehmen, aber dann gegenüber den Ländern durch Protokollerklärung zugesagt hat, alsbald mit einem weiteren Gesetzentwurf entsprechend nachzulegen. Das ist nun geschehen. Der Entwurf liegt vor. Zugleich ein Beispiel, wie Bund und Länder auch im Bundesrat in ständigem Austausch und auch in ständigen kleinen oder größeren Machtkämpfen miteinander ringen.

Ein anderes Beispiel: Verhinderung systemwidriger Steuerbefreiungen durch Gestaltungen im Umwandlungssteuerrecht. Das Umwandlungssteuergesetz will betriebswirtschaftlich sinnvolle Umstrukturierungen (Umwandlungen und Einbringungen) grundsätzlich steuerneutral ermöglichen. Zwar stellen Umwandlungen und Einbringungen sowohl für den übertragenden als auch für den übernehmenden Rechtsträger Veräußerungs- und Anschaffungsvorgänge dar, die an sich zur Realisierung stiller Reserven führen würden. Weil die Gegenleistung für das übertragene Vermögen bei solchen Umstrukturierungen aber regelmäßig in Gesellschaftsanteilen besteht und der Übertragende hierdurch gar keine liquiden Mittel erhält, wird von der Realisierung der stillen Reserven (= Ansatz gemeiner Werte) unter bestimmten Voraussetzungen abgesehen und stattdessen eine steuerneutrale Umstrukturierung zugelassen (= Ansatz von Buchwerten/Buchwertfortführung). Hierdurch werden stille Reserven vom übertragenden Rechtsträger auf den übernehmenden Rechtsträger transferiert und wird die Besteuerung der stillen Reserven in die Zukunft verschoben. Insbesondere die Berichterstattung zum „Fall Porsche" führte zu einer breiten Diskussion, ob die bei solchen Einbringungstatbeständen gegebene Möglichkeit der steuerneutralen Zuzahlung (oder anderen Gegenleistung) nicht zu systemwidrigen Steuerbefreiungen führt. Genannt wird das Beispiel, dass als Gegenleistung für das übertragene Vermögen lediglich eine Aktie und daneben eine andere Gegenleistung in Milliardenhöhe gewährt werden. Künftig soll daher bei Einbringungen die Fortführung der Buchwerte nicht mehr zugelassen werden, wenn die neben den gewährten Gesellschaftsrechten geleistete Zuzahlung alternativ bestimmte Werte überschreitet (300.000 €, maximal Buchwert des eingebrachten Vermögens, oder 25 % des Buchwerts). Es handelt sich hier ebenfalls um eines Maßnahme des Restantengesetzes oder Protokollumsetzungsgesetzes auf Initiative und Druck der Länder.

Im Bereich der hybriden Gesellschaften sollen systemwidrige Regelungen (die sogenannten weißen Einkünfte) beseitigt werden. Derartige Gestaltungen werden in einer Vielzahl von Fällen und mit erheblichem Volumen dazu genutzt, eine Nichtbesteuerung oder einen doppelten Betriebsausgabenabzug zu erreichen (sog. „weiße Einkünfte" und „double dips"). Grundlage für diese Effekte sind regelmäßig sogenannte hybride Gestaltungen, die einen Unterschied in der steuerlichen Behandlung eines Rechtsträgers oder Rechtsverhältnisses, insbesondere Finanzinstruments, in einem oder mehreren Staaten ausnutzen, um eine inkongruente Besteuerung zu bewirken. Beispiele sind die Beurteilung als Eigen- oder Fremdkapital und die transparente bzw. intransparente Behandlung von (Personen-)Gesellschaften. Die Bundesregierung hat den Ländern im Rahmen der schon erwähnten Protokollerklärung vom 19.12.2014 zum Zollkodex-Anpassungsgesetz zugesichert, zeitnah einen Gesetzentwurf vorzulegen, der im Übrigen auch die Ergebnisses der Beratungen des BEPS-Projekts der OECD enthalten soll. Ein zweifellos komplexes und schwieriges Thema, bei dem die jeweiligen Auswirkungen genau ausgelotet und mitbedacht werden müssen. Dies war sicherlich auch ein Grund, weshalb der Bund dem ersten Ansinnen der Länder in diesem Bereich nicht sogleich nachgegeben hat, sondern die erforderliche Zeit für einen dann hoffentlich befriedigenden Weg eingefordert hat. Damit konnten die Länder leben. Es wird jetzt intensiv am Thema gearbeitet.

Noch drei Beispiele: Besteuerungsgleichheit bei Carried-Interest-Fällen. Seit 2004 gilt eine teilweise Steuerbefreiung von 40 % für Initiatorenvergütungen aus vermögensverwaltenden Private-Equity-Fonds (sog. „Carried Interest" = erhöhter Gewinnanteil für erfolgreiches Management einer Wagniskapitalbeteiligungsgesellschaft. Er wird regelmäßig nur gezahlt, wenn alle Anleger ihr eingezahltes Kapital vollständig zurückerhalten). Bei dieser Regelung handelt es sich um eine Sonderbehandlung für einen kleinen Kreis von Begünstigten (Sonderbehandlung im Vergleich zu anderen Tätigkeits-

und Geschäftsführervergütungen). Die Ermäßigung als steuerlicher Ausnahmetatbestand soll daher nach dem Vorschlag der Länder abgeschafft werden und zudem eine Gleichbehandlung mit gewerblichen Fonds und sonstigen Vergütungen eingeführt werden (jeder Carried Interest fällt dann unter § 18 EStG = Einkünfte aus selbständiger Arbeit) – politisch sicherlich noch weiter zu diskutieren.

Die Rolle der Länder als Impulsgeber für die Bekämpfung der Steuerhinterziehung: INSIKA-Kassen contra Kassenmanipulation. Im Bereich der Bargeldbranche werden digitale Buchführungssysteme, insbesondere Kassensysteme, in großem Ausmaß manipuliert. Man mag darüber streiten, wie hoch genau die zu schätzenden Steuerausfälle sind. Ein solcher Streit wird aktuell durchaus neu vom Zaun gebrochen – völlig unnötig, denn feststeht, dass es um Milliarden geht. Der Bundesrechnungshof spricht neuerdings sogar von einem strukturellen Vollzugsdefizit. Eine Aussage, die alle roten Lampen zum Leuchten bringen sollte. Im Rahmen der Ausarbeitung eines Maßnahmenpakets zur Bekämpfung dieser Manipulationen wurde auch das sogenannte INSIKA-Verfahren erläutert, ein deutlich verbessertes Kassensystem, das in der Lage zu sein scheint, Betrugsmöglichkeiten auf ein Minimum zu reduzieren. Da wegen der sich immer schneller ausbreitenden Möglichkeiten der systematischen Steuerhinterziehung bei Bargeschäften dringender Handlungsbedarf besteht, haben zuletzt die Finanzminister der Länder anlässlich ihrer Konferenz am 25.6.2015 einhellig ein gemeinschaftliches Vorgehen von Bund und Ländern befürwortet und damit die in diesem Bereich etwas zögerliche Bundesseite zu ersten Bewegungen veranlasst. Es gibt Anzeichen auf Einigung. Für die bevorstehenden Gespräche wurde der Begriff „Technologieoffenheit" betont, denn in den Medien ging es in zahlreichen Berichten nur noch um INSIKA und die Gründe einer Nichteinführung genau dieses Systems. Benötigt wird aber gar nicht zwingend dieses System, sondern die Einführung eines Systems, das so wirksam ist wie INSIKA. Es wird wegen der negativen Auswirkungen auf den örtlichen oder lokalen fairen Wettbewerb eine „Gesamtlösung" benötigt. Klar ist: Die Einführung eines technischen Konzepts gegen die Manipulation digitaler Aufzeichnungen ist erforderlich. Es ist dauerhaft nicht beabsichtigt, den Unternehmern dem Grunde nach freizustellen, ob ein technisches Konzept überhaupt genutzt wird. Bei mehreren technischen Möglichkeiten ist freizustellen, welches System eingesetzt wird.

Umsatzsteuerbetrugsbekämpfung. Die Umsatzsteuer unterliegt systembedingt einer hohen Betrugsanfälligkeit. Dabei werden Umsatzsteuerverkürzungen häufig in Form einer Ländergrenzen übergreifenden Zusammenarbeit der Tatbeteiligten begangen. Besonders bekannt sind die sogenannte Karussellgeschäfte, bei denen Unternehmer 1 („Exporteur") Ware liefert, und zwar aus dem übrigen Gemeinschaftsgebiet an Unternehmer 2 (den „missing trader") im Inland. Die Lieferung wird von Unternehmer 1 als steuerfreie innergemeinschaftliche Lieferung behandelt. Unternehmer 2 erklärt einen innergemeinschaftlichen Erwerb und nimmt entsprechend den Vorsteuerabzug vor. Er liefert die Ware im Inland steuerpflichtig an Unternehmer 3 (den „buffer") und erteilt hierüber eine (formal) ordnungsgemäße Rechnung. Unternehmer 3 liefert die Ware vom Inland im Rahmen einer steuerfreien innergemeinschaftlichen Lieferung zurück an Unternehmer 1 im übrigen Gemeinschaftsgebiet, der wiederum einen innergemeinschaftlichen Erwerb besteuert. Die Steuerhinterziehung erfolgt in der Weise, dass der Unternehmer 2 die Umsatzsteuer auf seine steuerpflichtige Inlandslieferung nicht abführt. Ungeachtet dessen erhält Unternehmer 3 die Umsatzsteuer als Vorsteuer vergütet. Bevor die Finanzverwaltung den Schwindel entdeckt, ist Unternehmer 2 bereits verschwunden (daher „missing trader"), oder er war von Anfang an nur eine Scheinfirma. In dieser klassischen Grundkonstellation sind alle drei Unternehmer an der Steuerhinterziehung beteiligt. Eine Möglichkeit der Bekämpfung eines solchen Umsatzsteuerbetrugs könnte mithilfe des „Reverse-Charge-Effekts" systematisch eingeführt werden, indem für die Lieferung des Unternehmers 2 an den Unternehmer 3 die Steuerschuld auf den Leistungsempfänger übergeht und dieser damit keine Vorsteuervergütung geltend machen kann, weil er dann Vorsteuerabzugsberechtigter und Umsatzsteuerschuldner in einer Person ist. Eine solche gesetzliche Ausnahmeregelung ist allerdings kein Allheilmittel – nicht zuletzt weil in der EU nicht mehrheitsfähig. Es ist daneben vielmehr dringend geboten, dass sich Bund und Länder in verstärktem Umfang durch besondere, zur Bekämpfung des Steuerbetrugs eingesetzte Sondereinheiten gezielt auf die Suche begeben, durch Datenauswertung über die Grenzen der Bundesländer hinaus Tatmuster aufzuspüren und so diese besondere Form der gemeinschaftlichen Steuerkriminalität zu bekämpfen. Auch hier geht es um Milliarden! In Niedersachsen gibt es hier die bundesweit hochgelobte und in einigen Ländern kopierte sogenannte Task Force, die als Sondereinheit zur Betrugsbekämpfung eingesetzt ist. Derzeit sprechen das Bundesfinanzministerium und die Länderfinanzministerien über die geeigneten Wege einer künftig erweiterten Datenabfrage- und Datenauswertungsmöglichkeit, die auch in der Abgabenordnung rechtlich abgesichert werden soll und die sodann mithilfe eines neuen Konzepts für die Auswertung solcher Daten konkret zur Umsetzung gebracht werden soll. Gerade in Zeiten, in denen in Deutschland – zu Recht – über einen verstärkten internationalen Steuerdatenaustausch gesprochen wird, mutet es anachronistisch an, wenn letztlich Daten aus England, der Schweiz oder auch den Seychellen automatisch übermittelt werden, aber mit unseren Datenauswertungen an den Grenzen unserer Bundesländer Halt gemacht wird. Daran also wird aktuell gearbeitet. Natürlich unter besonderer Beachtung der Datenschutzvorschriften und der Regelungen zum Schutz des Steuergeheimnisses.

3.4. Die Länder als Motoren für die Modernisierung des Besteuerungsverfahrens

Das Besteuerungsverfahren wird maßgeblich durch den Siegeszug der IT-Technik gekennzeichnet. Dies hat zwei wesentliche Auswirkungen. Erstens: Die „Maschine" soll so weit wie möglich große Teile der Massenarbeit bei den steuerlichen Verfahren übernehmen mit der Folge, dass das Personal sinnvoll anderweitig, nämlich für die komplizierteren Fälle, eingesetzt werden kann. Zweitens: Die IT-Technik erschließt neue Prüf- und Abgleichmöglichkeiten u.a. im Bereich der Veranlagung und der Betriebsprüfung. Nur in dem Maße, wie die Maschine die prüfungswürdigen Fälle auch verlässlich automatisch aussondert, kann man ihr die Massenarbeit für die unkritischen Fälle getrost überlassen. Erst das Zusammenspiel dieser zwei Aspekte des Fortschritts der Informationstechnik führt also die Steuergerechtigkeit in neue Dimensionen. Die hervorgehobene Stellung „der Technik" ist Ausfluss der rasanten Entwicklung der Informations- und Kommunikationstechnologie, die die Steuerverwaltung nachzeichnet. Der Bürger erhält nicht nur die Möglichkeit, mit der Steuerverwaltung elektronisch sicher zu kommunizieren, sondern er kann zunehmend mehr, z. B. bei der vorausgefüllten Steuererklärung, auf seine von Dritten an die Steuerverwaltung übermittelten Daten (Renten- und Krankenversicherungsbeiträge, Lohnsteuer) zugreifen. Zudem erhöht sich auch der Bürgerservice und mit dem Programm KONSENS wird bundesweit nahezu einheitliche Software zur Verfügung gestellt. Die Einführung moderner (und immer neuer und weiterer, modernerer) Systeme hat allerdings auch Nachteile: Immer wieder Anfangsschwierigkeiten bei der Implementierung neuer Technik und das immer enger werdende Abhängigkeitsverhältnis von dieser Technik. So hat die Verlagerung der Kfz-Steuer auf den Bund einen kuriosen Nebeneffekt gehabt: Die Finanzämter haben keinen Zugriff mehr auf die Kfz-Daten, was ihre Prüftätigkeit hemmt. Nun wird daran gearbeitet, den Zugriff wieder herzustellen. Die in Teilen erfolgende Verlagerung der Prüftätigkeit in recht standardisierten und risikoarmen Arbeitnehmerfällen eröffnet die große Chance, Arbeitskapazitäten der Mitarbeiter für komplexe Steuerfälle, z. B. im Bereich der Unternehmensbesteuerung, zu gewinnen. Trotz aller Modernisierungsmaßnahmen wird das deutsche Steuerrecht seinen Ruf so schnell nicht loswerden, das angeblich komplizierteste (zumindest das komplexeste) zu sein. Dabei sei hier einmal dahingestellt, ob das Steuerrecht in anderen Ländern der EU und der westlichen Welt wirklich signifikant einfacher ist.

4. Gesamtbetrachtung

4.1. Überblick

Nun werden Sie vielleicht sagen: „Gut und schön, Herr Hüdepohl. Die Länder arbeiten fleißig im Wartungsdienst und Reparaturbetrieb des deutschen Steuerrechts. Aber ist das deutsche Steuerrecht überhaupt reparierbar? Oder muss nicht eigentlich ein völliger Neuanfang her, der die Regelungen auf ihren Kern zurückführt und der die Unterschiede einebnet?". Dies ist zu verneinen. Nicht so sehr, weil die Politik möglicherweise gar nicht die Kraft hätte, sich gegen die oft beschworenen Einzelinteressen zugunsten des nach Einfachheit verlangenden Gemeinwohls durchzusetzen, sondern weil die Steuerzahler die drastische Reduktion der Komplexität zwar als abstrakte Idee schön finden (klingt ja auch unmittelbar überzeugend), aber in ihren Konsequenzen doch fürchten (oder im Falle eines Falles zu fürchten lernen würden, nicht nur in der eigenen Betroffenheit). Wie gesagt: Gerade die Deutschen wünschen sich so sehnlich wie kaum ein anderes Volk: Gleichmäßigkeit und Gerechtigkeit der Besteuerung im Einzelfall! Und das macht dann eben alles kompliziert. Weil es so gewollt ist! Ein anderer Aspekt – ganz pragmatisch für die, die der Politik nichts oder auch umgekehrt alles zutrauen: Man stelle sich doch einmal vor, es gebe in Deutschland ein einfaches Steuerrecht mit nur ganz wenigen Ausnahmen und dafür niedrigen Steuersätzen. So wie vor einigen Jahren mit der Neuregelung der GrESt. Wunderbar. Alle waren angetan von diesem Werk. 2 % Steuersatz und fast keine Ausnahmen. Wie schön. Ein Blick auf die Gegenwart ernüchtert dann aber: Weiterhin kaum Ausnahmen – wie schön. Nur: Statt 2 % stehen da inzwischen 5 bis 6,5 %. So war das eigentlich nicht gedacht!

4.2. Länderinitiative für ein einfaches Steuerrecht?

Es gibt kein unpolitisches Steuerrecht. Einmal deshalb, weil der Steuern erhebende Staat intensive Eingriffsverwaltung betreibt. Zum zweiten, weil das Steuerrecht dem Staat die nötigen Finanzmittel an die Hand gibt und damit auch zu einem guten Teil die Reichweite seiner Wirkungsmöglichkeiten bestimmt. In gesellschaftspolitischer Hinsicht bestimmt das Steuerrecht den Grad der Belastung und damit der Umverteilung des privaten Einkommens und Vermögens. Schließlich steuert der Staat auch mit den Steuern – auf ganz vielen Politikfeldern in nahezu alle gesellschaftlichen Bereiche hinein. Dies tut er, weil eine große Mehrheit der Bürgerinnen und Bürger ihm eine sehr umfassende Gemeinwohlverantwortung zugewiesen haben, die ihn je nach Problemlage immer wieder veranlasst, bestimmte Bereiche mit dem Steuerrecht zu fördern oder auch zurückzudrängen. Die Alternative ist der Staat, der sich demgegenüber zurücknimmt. Man kann sie für die bessere Alternative halten. Wichtig ist nur: Das ist keine steuersystematische und keine steuerfachliche Frage, sondern eine politische

Frage – eine sogar höchst bedeutsame gesellschaftspolitische Frage, die alle angeht und die zu Recht im parteipolitischen Raum immer wieder aufs Neue erörtert werden darf. Jenseits dieser Grundsatzüberlegungen ist allerdings im Einzelfall die Frage nach einem transparenten und einfachen Steuerrecht natürlich höchst legitim – ebenso wie das Bemühen um systematische Kohärenz und Stimmigkeit des Steuerrechts. Und das ist ganz ohne Frage nicht zuletzt eine elementare Aufgabe der Steuerverwaltungen und der Rechtsprechung. Die steuerfachliche und rechtswissenschaftliche Kritik muss das Steuerrecht begleiten und den Anspruch auf Gerechtigkeit im Allgemeinen wie in konkreten Vergleichsfällen als dessen Prüfstein hochhalten. Damit ist aber m. E. auch klar. Es gibt letztlich kein Entkommen aus der Komplexität. Auch dies soll mit ein paar aktuellen Beispielen illustriert werden – Beispielen dafür, wie sich auf den ersten Blick einfach anmutende Regelungsaufgaben alsbald fachlich wie politisch als äußerst diffizil erweisen und am Ende Auswirkungen haben können, mit denen kaum einer gerechnet hat.

4.3. Komplexität von Regelungsaufgaben

4.3.1. Kirchensteuer auf Abgeltungsteuer

Eigentlich war alles ganz simpel, und eigentlich wollte man doch nur Unsicherheit beseitigen und das bestehende Recht in noch klarere Richtung entwickeln. Mit der Einführung der Abgeltungsteuer (2009) setzte der Kirchensteuereinbehalt durch Kredit- und Finanzdienstleistungsinstitute ein aktives Mitwirken der Steuerpflichtigen voraus. Nur auf schriftlichen Antrag des Kirchensteuerpflichtigen konnten die Banken die auf die Kapitalertragsteuer entfallende Kirchensteuer einbehalten. Wurde der Bank kein Antrag vorgelegt, war der Steuerpflichtige gehalten, die erhobene Kapitalertragsteuer nach Ablauf des Kalenderjahres regelmäßig zum Zweck der Kirchensteuerveranlagung gegenüber dem Wohnsitzfinanzamt zu erklären. Dass dies nicht unbedingt jeder gemacht haben wird, war zu vermuten. Es schien nicht abwegig, ein Verfahren zu finden, bei dem solcherart Ausfälle vermieden werden. Gleichzeitig wurde allenthalben betont, dass weder dem BMF noch der Dt. Bischofskonferenz Fälle bekannt seien, in denen Kirchenmitglieder ihre steuerlichen Pflichten verletzt hätten.

Wie auch immer: Mit Wirkung zum 1.1.2015 wurde das bis dahin bestehende Antragsverfahren – infolge gesetzlicher Anpassungen des § 51a EStG – abgeschafft und ein automatisierter Datenabruf über das Bundeszentralamt für Steuern (BZSt) eingeführt. Das Antragsverfahren erfüllte dabei die Anforderung, dass der Steuerpflichtige gleichwohl selber bestimmen kann, ob er seine Religionszugehörigkeit gegenüber den Banken offenbart oder nicht. Und die Erfüllung dieser Anforderung machte das Verfahren rein abwicklungstechnisch sehr kompliziert. Insbesondere das Registrierungs- und

Zulassungsverfahren über das Portal des BZSt hat bei Steuerberatern und deren betroffenen Mandanten eine Menge Arbeit verursacht. Die Neuregelung des Kirchensteuerabzugsverfahrens hat sodann im vergangenen Jahr für beachtlichen öffentlichen Wirbel gesorgt. Denn bei nicht wenigen Steuerpflichtigen ist (nicht zuletzt auch wegen der gesetzlich verlangten förmlichen Mitteilungen der Kredit- und Finanzdienstleistungsinstitute an alle ihre Kunden über die Neuregelung) der Eindruck entstanden, dass es sich um eine „neue Kirchensteuer" handele, also nicht nur um eine schlichte Änderung beim Einzug der Kirchensteuer auf Kapitalerträge. Folge: Es kam bei den Kirchen vermehrt zu Austritten, ja zum Teil zu einer regelrechten Austrittswelle und man sah sich zu gezielter erweiterter Aufklärung veranlasst. Fazit: Dies war für keinen der Beteiligten ein Ruhmesblatt. Eine Maßnahme, die eigentlich nur dazu dienen sollte, systematisch abzurunden und das Maß der Gleichmäßigkeit der Besteuerung zu optimieren, ging in voller Breite in die Hose. Viel Arbeit für alle, viel Aufregung aufgrund von Missverständnissen, Kirchenaustritte und Unzufriedenheit auf breiter Front. Inzwischen hat sich die Lage beruhigt. Jetzt lautet das Motto: Bloß nicht irgendwas bei der Kirchensteuer nochmal anfassen.

4.3.2. RETT-Blocker-Blockade bei der Grunderwerbsteuer

Fast ein Jahrzehnt hat es gedauert, bis einer Gestaltung der Immobilienbranche (im Multimillionen-Euro-Bereich) ein Riegel vorgeschoben werden konnte: den RETT-Blockern, auf „deutsch": Real Estate Transfer Tax-Blocker. Statt Gesellschaftsanteile an einer GmbH mit umfangreichem Grundbesitz insgesamt grunderwerbsteuerpflichtig zu veräußern, wurden mittelbare Beteiligungsstrukturen begründet, die sich knapp unterhalb des steuerlichen Radars von 95 % der Gesellschaftsanteile bewegten. Folge: Keine steuerbare Grundstücksübertragung. Nunmehr wird – aufgrund der Neuregelung durch das Amtshilferichtlinie-Umsetzungsgesetz vom 26.6.2013 – wirtschaftlich durch die Beteiligungsebenen „hindurchgerechnet". Der RETT-Blocker-Effekt ist „blockiert". Es hat leider viel zu lange gedauert.

4.3.3. Umsatzsteuerpflicht der Kommunen für kooperative Beistandsleistungen

Die Entwicklung der IT-Technik lässt es zu und die Finanznot der Kommunen zwingt vielfach dazu, dass Kommunen enger kooperieren, indem einzelne Kommunen bestimmte Organisationsbereiche nicht nur für sich, sondern auch für andere Kommunen übernehmen. Derartige Beistandsleistungen zwischen Gebietskörperschaften werden bislang nicht mit Umsatzsteuer belastet. Nach der Rechtsprechung des Europäischen Gerichtshofes (EuGH) und des Bundesfinanzhofes ist diese sehr weit gehende Befreiung jedoch unionsrechtswidrig. Mit anderen Worten: Der nationalen Behandlung entgegen steht der Ansatz des EU-Rechts, dass Tätigkeiten der öffentlichen Hand, die nicht spezifisch hoheitlich sind und auch von privaten Unternehmern erbracht werden können, mit Umsatzsteuer zu belegen sind. Kommunen haben gleichwohl sehr großes Interesse, die bisherige Behandlung fortzuführen. Infolge des demographischen Wandels können die Kommunen ihr bisheriges Leistungsspektrum nur finanzieren, wenn sie im Wege der interkommunalen Zusammenarbeit Kosten einsparen. Diese Kosteneinsparungen würden jedoch sogleich wieder ganz oder teilweise aufgezehrt, wenn die interkommunale Zusammenarbeit mit Umsatzsteuer belastet würde. Die Länder – auch als Interessenwalter der Kommunen – haben nunmehr einen neuen § 2b UStG-Entwurf vorgeschlagen, damit die interkommunale Zusammenarbeit in einem gewissen Umfang fortgeführt werden kann. Der Gesetzesvorschlag bewahrt den status quo nicht in dem bisherigen Umfang, weil das Unionsrecht der Nichtbesteuerung der Beistandsleistungen sehr enge Grenzen zieht, sondern bemüht sich um einen vertretbaren Kompromiss, mit dem die Belange der Wirtschaft ihrerseits angemessen berücksichtigt werden. Die Wirtschaft sieht in der derzeitigen Nichtbesteuerung der Beistandsleistungen eine massive Wettbewerbsverzerrung zulasten privater Unternehmen und befürchtet eine zunehmende Rekommunalisierung von Aufgaben. Vertreter der Wirtschaft fordern deshalb vehement eine Vollbesteuerung der Beistandsleistungen. Die von den Ländern vorgeschlagene Neuregelung stellt insoweit einen Kompromiss dar, um einen gewissen Ausgleich zwischen den bestehenden Interessen auf Seiten der Wirtschaft und der öffentlichen Hand herzustellen: Der Gesetzgebungsvorschlag versucht diesen Konflikt dahingehend zu lösen, dass er Leistungen auf dem Gebiet der Daseinsvorsorge identifiziert, die auch weiterhin nicht umsatzsteuerbar sein sollen. Mögliches Fazit: Die Europäisierung des Umsatzsteuerrechts zieht der Privilegierung der öffentlichen Hand Grenzen. Der von den Ländern mit § 2b UStG-Entwurf unternommene Versuch dürfte indes diese Grenzen nicht überschreiten. Die Entwicklung bleibt abzuwarten. Es besteht eine Chance, dass der neue § 2b UStG in seinen wesentlichen Elementen demnächst Gesetz wird. Aber ganz am Ende werden einmal mehr die Gerichte das Wort haben, hier erneut der BFH und der EuGH. Denn irgendwer wird klagen!

Der Beitrag nähert sich dem Ende, doch zunächst noch zu einem weiteren Thema, welches für sich genommen ganze Seminare füllen könnte und welches aber gleichwohl nicht ausgelassen werden kann und soll, weil es in besonderer Weise für die Länder Bedeutung hat und hochaktuell ist: zur Erbschaftsteuer und zu der derzeitigen Reform dieses Gesetzes.

4.3.4. Erbschaftsteuer vs. Steuerbefreiung für Betriebsvermögen und Anteile an Kapitalgesellschaften

Bereits die vielschichtigen Gestaltungen rund um die Cash-GmbH haben gezeigt, wie verlockend und anfällig zugleich die Regelungen zu den bisher umfassenden Betriebsvermögensbegünstigungen von § 13a, § 13b ErbStG waren und sind. Die Schwierigkeit für den Gesetzgeber besteht – auch nach den Vorgaben durch das Bundesverfassungsgericht vom 17.12.2014 – darin, den vernünftigen Mittelweg zu finden zwischen bedürfnisorientierter Befreiung der Übertragung von Betriebsvermögen zur Erhaltung von Arbeitsplätzen und dem Problem der Vermeidung von Überprivilegierung.

Unter diesen Rahmenbedingungen sind – spätestens ab dem 1.7.2016 – folgende Eckpunkte neu zu regeln oder besser: „sicherzustellen":

1. Eine Vermögensübertragungsverschonung ohne eine Bedürfnisprüfung darf nicht über den Bereich kleiner und mittlerer Unternehmen hinausgehen. Den großen Vermögen kann die Verschonung danach künftig nur nach einer entsprechenden Bedürfnisprüfung gewährt werden.

Die Probleme:

a. Auf welches Merkmal (z. B. Arbeitnehmerzahl, Umsatz, Unternehmenswert) ist dabei abzustellen? Und wie viele Arbeitnehmer? 3, 15, 20?

b. Ab welchem Wert ist ein Vermögen groß? 20 Mio., 26. Mio., 52 Mio., 114 Mio,. 143 Mio.? Ist dabei auf das Unternehmen insgesamt oder ggf. auf den erworbenen Anteil abzustellen?

c. Wann ist ein „Bedürfnis" gegeben? „Bedürfnis" für eine Verschonung des Unternehmens, um Arbeitsplätze (im begrenzten Rahmen der Lohnsumme) zu erhalten oder „Bedürftigkeit" im Sinne einer Gefährdung der wirtschaftlichen Existenz des stpfl. Erwerbers?

d. An welchen Merkmalen wird die Unternehmens- und Arbeitsplatzgefährdung festgemacht: Eingeschränkte Liquidität, eingeschränkte Investitionsfähigkeit, Kreditwürdigkeit, Rating?

e. Welche Mittel werden in die Prüfung der Bedürftigkeit des Erwerbers einbezogen? Die Mittel im erworbenen Betrieb/dem Anteil? Zusätzlich das miterworbene Vermögen? Oder auch das beim Erwerber bereits vorhandene eigene Vermögen? Ganz oder teilweise?

f. Welche Rechtsfolge tritt ein, wenn ein Verschonungsbedürfnis verneint wird? Insgesamt gar keine Verschonung des Betriebs oder des Anteils? Verschonung bis zu einer Grenze X und nur für den die Grenze übersteigenden Teil keine Verschonung? Wird die Verschonung für den die Grenze übersteigenden Teil durch eine „Gleitzone" oder stufenweise abgeschmolzen?

2. Es ist sicherzustellen, dass eine Lohnsummenregelung nicht erst dann die Einhaltung einer Mindestlohnsumme verlangt, wenn mehr als 20 Beschäftigte vorhanden sind. Die Zahl der bisher von der Mindestlohnsumme freigestellten Unternehmen ist so groß, das man bisher von einer flächendeckenden Befreiung des Betriebsvermögens sprechen konnte.

Die Probleme:

a. Bis zu welchem %-Satz der Unternehmen ist eine Freistellung von der Mindestlohnsumme akzeptabel?

b. Wie können Härten für Klein-/Kleinstunternehmen vermieden werden?

Sollte die Mindestarbeitnehmerzahl abgeschafft werden zugunsten der Einführung einer Bagatellgrenze (Lohnsumme)?

3. Es ist sicherzustellen, dass ein erfolgreicher Verwaltungsvermögenstest für den bisherigen Regelfall einer „Schallgrenze" von 50 % nicht dazu führt, dass das übertragene Vermögen insgesamt verschont bleibt; das „Alles-oder-Nichts-Prinzip" muss korrigiert werden.

Die Probleme:

a. Kann am Alles-oder-Nichts-Prinzip unter Einführung einer stark reduzierten Quote (15 %, 25 %) festgehalten werden? Oder sollte der jeweils festgestellte Anteil von Verwaltungsvermögen von der Verschonung ausgeschlossen werden?

b. Sollte dieses Verwaltungsvermögen um einen pauschalen Abschlag (z. B. 10 %) reduziert werden, da auch bei Verwaltungsvermögen ein Teil als betriebsnotwendig anzusehen ist? Oder ist diesem Gedanken bereits dadurch ausreichend Rechnung getragen, dass im Rahmen des Finanzmitteltests bei einem positiven Saldo von Finanzmitteln und Schulden maximal Finanzmittel i.H.v. 20 % des gemeinen Werts des Betriebsvermögens vom Verwaltungsvermögen ausgenommen werden?

c. Wie werden Schulden berücksichtigt? Direkte oder quotale Zuordnung der Schulden zu den Wirtschaftsgütern, mit denen sie in wirtschaftlichem Zusammenhang stehen? Oder Abzug aller Schulden vom Verwaltungsvermögen?

d. Oder soll an Stelle des bisherigen Verwaltungsvermögenstests ein neues Modell der Begünstigungsprüfung nach dem „Hauptzweck" treten?

Inzwischen gibt es nach einem Eckwertepapier des BMF und einem Referentenentwurf nunmehr den Entwurf der Bundesregierung zur Erbschaftsteuerreform. Schon die Entwicklung dieser Texte hatte es in sich. Aber das Ringen um die richtige Lösung ist noch keineswegs beendet. Die Schlachtordnungen verlaufen alles andere als nach den klassischen bekannten A-/B-Strukturen, sondern vielfach quer zu allen Lagern und mit immer wieder neu verwunderlichen Stellungnahmen und Hinweisen aus den unterschiedlichsten politischen und gesellschaftlichen Ecken. Die einzige, allerdings auch sehr ernste Mahnung im gegenwärtigen Stadium ist: Die Gesetzgebung ist auf dem Wege, die vom BVerfG im Dezember 2014 gesetzten Grenzen erneut zu überschreiten. Etwa wenn der Erbe eines Milliardenvermögens auch künftig in die Lage versetzt würde, einen Besteuerungsweg zu wählen, bei dem er ohne Prüfung seines Einzelfalls eine Verschonung von der ErbSt um 20 % oder sogar 35 % erreichen kann. Nach Jahrzehnten ununterbrochener Verfassungswidrigkeit der ErbSt, die uns das BVerfG mehrfach bescheinigt hat, sollte unser Hauptanliegen sein, eine weitere Niederlage in Karlsruhe zu vermeiden. Ebenso wie die ErbSt ist die GrSt ein Handlungsfeld, welches den Ländern unmittelbar zuzuweisen ist. Denn das Aufkommen auch dieser Steuer steht allein den Ländern zu. Auch hierzu daher ein paar Worte:

4.3.5. Grundsteuerreform

Ausgangslage: Die gültigen, aus dem Jahr 1964 (und sogar aus 1935 in den neuen Ländern) stammenden Einheitswerte bilden die aktuellen Wertverhältnisse nicht mehr ab, was teilweise zu groben Verzerrungen in der Besteuerung führt, die unter Gleichbehandlungsgrundsätzen nicht mehr hinnehmbar sind. Vor dem BVerfG sind deshalb Verfahren hinsichtlich der Einheitsbewertung anhängig. Man muss kein Prophet sein, um vorherzusagen, dass das BVerfG die Verfassungswidrigkeit des status quo feststellen wird. Ferner kann eine Reform dazu genutzt werden, das Bewertungsverfahren zu vereinfachen und zu automatisieren. Ansätze der Politik: Eine weitestgehend aufkommensneutrale Grundsteuerreform nach dem Prinzip der Wertorientierung, die mit vertretbarem Verwaltungsaufwand umgesetzt werden kann. Gleichwohl bedeutet eine Reform, die die bisherigen Wertverzerrungen ausgleichen soll, naturgemäß, dass notwendigerweise einige bisher begünstigte Grundstückseigentümer eine höhere Grundsteuer zahlen müssen, während andere Grundstückseigentümer entlastet werden. Bei jeder Reform gibt es Gewinner und Verlierer. Die damit einhergehenden (traditionellen) Interessengegensätze spiegeln sich auch in der politischen Arena wider.

Die Reform der Grundsteuer wird wertorientiert anhand eines vereinfachten Sachwertverfahrens durchgeführt. Die Betonung liegt auf „vereinfacht".

a. Der Wert des Grund und Bodens wird unter Berücksichtigung der Bodenrichtwerte erfasst. Vorhandene elektronische Daten können hierfür genutzt werden.

b. Die Berücksichtigung der Gebäude erfolgt wertorientiert in einem pauschalierenden System, das möglichst mit dem vorhandenen Datenbestand elektronisch administriert werden kann. Hierfür sind die programmtechnischen Verbindungen zu Daten anderer Behörden (z. B. Kataster- und Grundbuchämter) herzustellen.

Auf Basis einer bundesgesetzlichen Regelung mit Öffnungsklauseln für landesspezifische Messzahlen sollen Aussagen zum Verfahren sowie zu den Kriterien für die künftige Bestimmung der Messzahlen, der jeweiligen Bandbreiten landesspezifischer Messzahlen und deren Höhe erarbeitet werden. Zeithorizont: Die Inhalte des Gesamtmodells einschließlich der erforderlichen Regelungen zur Bestimmung der Messzahlen und zum Verfahrensrecht sollen in der laufenden Legislaturperiode gesetzlich umgesetzt werden. Folgeänderungen können rechtzeitig vor Inkrafttreten der Reform in einem weiteren Gesetzgebungsverfahren geregelt werden. Die Grundsteuerreform soll spätestens ab dem Jahr 2020 angewendet werden. Aber: Inzwischen ist es – möglicherweise aufgrund nahender Wahlkämpfe – leider wieder fraglich geworden, ob die Länder sich wirklich zusammenraufen werden. Eventuell wird auch hier die Entscheidung des BVerfG abgewartet. Die Entwicklung bleibt spannend.

5. Schlussfazit

Die Länder sind im Prozess der Steuergesetzgebung ein wesentlicher Impulsgeber für punktuelle Steuervereinfachungen, für die Beseitigung systematischer Schwächen und für die Modernisierung des Besteuerungsverfahrens. Die ganz großen Linien – das soll zum Ende deutlich gesagt sein – muss auf dem Feld der Steuerpolitik kraft seiner Aufgabe und Rolle der Bund ziehen. Aber die Länder mischen je nach Thema deutlich mit und bringen ihre Interessen, ihre politischen Vorstellungen und ihre Macht konkret über den Bundesrat ein. Und das ist im Interesse einer gelebten Demokratie im föderalen Gefüge im weit überwiegenden Anteil der Fälle nützlich und fruchtbringend. Insbesondere die konkrete gesetzliche Ausformulierung der grundlegenden Änderungen muss von der Bundesregierung ausgehen und von der Bundestagsmehrheit getragen werden, von welcher Seite die jeweilige Anregung Anfangs auch immer gekommen ist. In Zeiten großer Koalitionen (wie gegenwärtig) ist freilich der politische Wettstreit (oder: Wettkampf) zwischen den klassischen politischen Lagern – auch im Verhältnis zwischen den Ländern – erkennbar gebremst. Dies fördert andererseits tendenziell die fachliche Einbeziehung der Länder und ihrer jeweiligen Steuerexperten in den Steuergesetzgebungsvorhaben. Konkret: Über zu wenig Arbeit kann sich bei den Ländern gerade auch in Zeiten einer großen Koalition niemand beschweren. Skeptisch sind Forderungen zu sehen, die Komplexität des Steuerrechts drastisch und von Grund auf zu reduzieren. Das würde ein grundlegend verändertes Verständnis von der Rolle der Politik in unserer bundesdeutschen und zunehmend europäischen Gesellschaft verlangen. Und dafür sind weder Anzeichen noch eine Notwendigkeit zu sehen.

II. Aktionen und Reaktionen des Gesetzgebers auf dem Gebiet der Unternehmensbesteuerung

Martina Ortmann-Babel, Ernst & Young GmbH, Stuttgart

1. Einleitung 170
2. Aktionen 172
   2.1. Schädlicher Beteiligungserweb 172
   2.2. Veräußerungsgewinne aus Streubesitzbeteiligungen 174
   2.3. Strafbefreiende Selbstanzeige 176
      2.3.1. Vollständigkeit Umfang des Berichtigungsverbunds 176
      2.3.2. Sperrgründe 177
      2.3.3. Selbstanzeigezuschlag 178
      2.3.4. Erleichterungen für Korrekturen der Umsatz- und Lohnsteuer 178
   2.4. Modernisierung des Besteuerungsverfahrens 179
3. Reaktionen 180
   3.1. Einschränkung der Normreichweite des § 50i EStG 180
   3.2. Verschärfung in den Voraussetzungen für steuerneutrale Umwandlungen 182
   3.3. Hybride Gestaltungen 184
4. Ausblick weitere Reaktionen 185
5. Fazit 186

1. Einleitung

Steuerpolitisch befindet sich der Gesetzgeber in einer undankbaren Lage. Einerseits hat er sich durch die Schuldenbremse zu einer ausgeglichenen Haushaltspolitik verpflichtet, andererseits bedarf es in einer lebendigen Steuerpolitik Anpassungen an nationale und internationale Entwicklungen. Dies kann nicht nur zu erhöhtem Aufwand bei Unternehmen und Finanzverwaltung, sondern auch zu geringeren Steuerzahlungen der Unternehmen führen. Eine Folge, die trotz sprudelnder Steuereinnahmen aus fiskalischer Sicht offensichtlich nicht erwünscht ist.

Auf den Gesetzgeber wirken sowohl nationale als auch internationale Einflussfaktoren. Der internationale Steuerwettbewerb spiegelt sich in einer deutlichen Reduktion der Spitzensteuersätze sowohl im Bereich der Besteuerung von natürlichen Personen als auch im Bereich der Besteuerung von Körperschaften wider.[1] Um im internationalen Steuerwettbewerb wettbewerbsfähig zu bleiben und keine Investitionslücken hervorzurufen, sind zumindest Steuererhöhungen von dieser Seite ein Limit gesetzt.

Doch internationale Entwicklungen wirken nicht nur mäßigend auf die Begehrlichkeiten des Fiskus. Durch das BEPS (Base Erosion and Profit Shifting) Projekt sind zum Herbst 2015 etliche Empfehlungen von Seiten der OECD zu erwarten, mit denen die Staaten Gestaltungen unterbinden und mehr Geld von den Unternehmen einsammeln wollen.[2] Hierbei kann sich der Gesetzgeber auf Grund fortwährender Versprechen, aktiv an einer Verbesserung des internationalen Steuergefüges mitzuarbeiten, nicht exkulpieren. Mit ersten Umsetzungsvorschlägen der am 6.10.2015 erwarteten Abschlussberichte der OECD kann vielleicht bereits Ende dieses Jahres gerechnet werden. Dann wird man genauer sehen, welche Maßnahmen der deutsche Steuergesetzgeber konkret aus BEPS ableitet.

Der neben BEPS zweite große Handlungsstrang der internationalen Steuerpolitik ist die Steuertransparenz bzw. der (automatische) internationale Informationsaustausch. Hier ist nicht weniger als ein Durchbruch gelungen, beginnend mit dem von den USA gnadenlos durchgesetzten FATCA-System, das den US-Behörden Zugriff auf weltweite Finanzkontodaten ihrer Steuerpflichtigen sichert. Im Windschatten der amerikanischen Dynamik gelang auf OECD/G20-Ebene die Einigung über ein vergleichbares System,

---

[1] EY, Indirect tax, 2015, http://www.ey.com/Publication/vwLUAssets/ey-indirect-tax-developments-in-2015/$FILE/ey-indirect-tax-developments-in-2015.pdf, S. 8, 02.12.2015.

[2] Weiterführend mit aktuellen Nachrichten dazu siehe http://www.oecd.org/tax/aggressive/ und http://www.ey.com/GL/en/Services/Tax/International-Tax-Alert--OECD-holds-final-public-consultation-on-BEPS-Actions-8-10-on-transfer-pricing; weiterführende Literatur u.a. Benz, S./Böhmer, J., IStR 2015, S. 380; Fuest, C. et al., StuW 2015, S. 90. Die finalen Berichte zu den 15 Aktionspunkten der OECD wurden der Öffentlichkeit am 05.10.2015 vorgelegt.

den OECD Common Reporting Standard, der flugs verpflichtend in EU-Recht umgesetzt wurde.

Die nächsten Offensiven im Bereich der Steuertransparenz laufen bereits. Zum einen gibt es verschiedene Initiativen, verstärkt länderbezogene Berichterstattung von Unternehmen zu erzwingen, um so vermeintliche Anhaltspunkte für unerwünschte Steuerverlagerungen identifizieren zu können (Country-by-Country-Reporting). Daneben ist eine Erweiterung der EU-Amtshilferichtlinie zum verpflichtenden Austausch von Rulings (Verrechnungspreiszusagen und Vorabverständigungsvereinbarungen/verbindliche Auskünfte) bereits auf dem Weg.[3]

National prägen zwei wesentliche Einflussfaktoren das steuerpolitische Geschehen: Zum einen ist der Gesetzgeber auf Grund von Urteilen des Bundesfinanzhofs oder des Bundesverfassungsgerichts zu Reaktionen gezwungen. Als medienträchtiges Beispiel können hier exemplarisch die Begünstigungsregelungen des Erbschaft- und Schenkungsteuergesetzes[4] angeführt werden, die Ende des Jahres 2014 für verfassungswidrig erklärt wurden.[5] Zum anderen verplant die Politik die reichlichen Steuereinnahmen umgehend für konsumtive Wohltaten, wobei sie immerhin die Schuldenbremsen weitgehend einhält. Für Strukturreformen oder Steuersenkungen stehen hingegen keine Mittel zur Verfügung. Dies schlägt sich im Koalitionsvertrag in einer selbst auferlegten Einschränkung der gesetzgeberischen Freiheit nieder – Steuerpolitik als kleinster gemeinsamer Nenner, der obendrein nichts kosten darf.

Der vorliegende Beitrag soll nun ausgewählte Aktionen und Reaktionen in begrenztem Detailgrad erläutern und aus Beratersicht würdigen. Die Steuerpolitik der ersten Hälfte der Legislaturperiode wird dahingehend überprüft, ob sie den von der Koalition selbst ausgegebenen Oberzielen Steuervereinfachung und Bekämpfung der Steuervermeidung sowie dem aus Autorensicht erstrebenswerten Ziel der Strukturreform entspricht. Dem nur begrenzt ambitionierten Programm der Regierungskoalition wird zum Abschluss ein 5-Punkte-Konzept zur Stärkung des Standorts Deutschland entgegengestellt.

Die Ausführungen basieren auf dem Stand laufender Gesetzgebungsverfahren zum 16.7.2015.[6]

---

[3] Vorschlag einer Richtlinier des Rates zur Änderung der Richtlinie 2011/16/EU bezüglich der Verpflichtung zum automatischen Austausch von Informationen im Bereich der Besteuerung.
[4] Auf die Reformansätze für die Erbschaft- und Schenkungsteuer wird jedoch im Folgenden nicht eingegangen.
[5] BVerfG vom 17.12.2014 1 BvL 21/12, BStBl. II, 2015, S. 50.
[6] Auf aktuelle Entwicklungen wird jeweils in Fußnoten hingewiesen.

2. Aktionen

2.1. Schädlicher Beteiligungserweb

Nach der Verlustverrechnungsbeschränkungsnorm des § 8c KStG führt ein schädlicher Beteiligungserwerb von mehr als 25 % bzw. mehr als 50 % grundsätzlich dazu, dass die nicht genutzten Verluste einer Kapitalgesellschaft quotal bzw. vollständig untergehen. Mit dem Wachstumsbeschleunigungsgesetz wurde die sog. Konzernklausel (§ 8c Abs. 1 Satz 5 KStG) eingeführt,[7] durch die bestimmte konzerninterne Übertragungen von der Verlustverrechnungsbeschränkung ausgenommen werden sollten.

In der geltenden Fassung dieser Konzernklausel liegt ein schädlicher Beteiligungserwerb nicht vor, wenn an dem übertragenden und an dem übernehmenden Rechtsträger dieselbe Person zu jeweils 100 % mittelbar oder unmittelbar beteiligt ist.

Dieser Wortlaut veranlasste die Finanzverwaltung zu einer sehr restriktiven Auslegung der Ausnahmevorschrift, die in vielen Fällen betriebswirtschaftlich sinnvolle Umstrukturierungen innerhalb eines Konzerns verhindert. So vertritt die Finanzverwaltung in ihrem Entwurf eines BMF-Schreibens zu § 8c KStG die Auffassung, dass eine konzerninterne Übertragung regelmäßig nicht unter die Konzernklausel fallen soll, wenn der übertragende oder übernehmende Rechtsträger ein Einzelunternehmen oder eine Personengesellschaft mit natürlichen Personen als Beteiligten ist.[8] Ebenso soll die Konzernklausel nach dem BMF-Entwurf z. B. dann nicht anwendbar sein, wenn die Mutterkapitalgesellschaft eines Konzerns als übertragender oder übernehmender Rechtsträger mehrere Anteilseigner bzw. Gesellschafter hat. Im Ergebnis benachteiligt die geltende Konzernklausel insbesondere Konzerne mit flachen Strukturen oder Personenunternehmen an der Konzernspitze, nicht zuletzt also Familienunternehmen.

Nach dem Wortlaut der geplanten Neufassung,[9] liegt ein schädlicher Beteiligungserwerb nicht vor und es soll damit nicht zu einem Verlustuntergang nach § 8c KStG kommen, wenn

- an dem übertragenden Rechtsträger der Erwerber zu 100 % mittelbar oder unmittelbar beteiligt ist und der Erwerber eine natürliche oder juristische Person oder eine Personenhandelsgesellschaft ist,

---

[7] Wachstumsbeschleunigungsgesetz vom 22.12.2009, BGBl. I 2009, S. 3950 ff.

[8] Entwurf eines BMF-Schreibens vom 15.04.2014. IV C 2 - S 2745a/09/10002: 004 - ENTWURF, CAAAE-63041, Rz. 46.

[9] Regierungsentwurf eines Gesetzes zur Umsetzung der Protokollerklärung zum ZollkodexAnpG (ProtokollerklärungsG), BT-Drs. 121/15; finale Umsetzung im Steueränderungsgesetz 2015 vom 05.11.2015, BGBl. I 2015, S. 1834.

- an dem übernehmenden Rechtsträger der Veräußerer zu 100 % mittelbar oder unmittelbar beteiligt ist und der Veräußerer eine natürliche oder juristische Person oder eine Personenhandelsgesellschaft ist oder

- an dem übertragenden und an dem übernehmenden Rechtsträger dieselbe natürliche oder juristische Person oder dieselbe Personenhandelsgesellschaft zu jeweils 100 % mittelbar oder unmittelbar beteiligt ist.

Mit der vorgeschlagenen Neufassung würde der Anwendungsbereich der Konzernklausel erweitert. Die Definition der Erwerber bzw. Veräußerer in Nr. 1 und 2 der Regelung schließt nunmehr Fallkonstellationen ausdrücklich mit ein, in denen die Konzernspitze Erwerber oder Veräußerer ist.

Zudem wird neben einer natürlichen oder juristischen Person auch eine Personenhandelsgesellschaft (OHG, KG oder vergleichbare ausländische Personenhandelsgesellschaft) als Konzernspitze zugelassen. Die Anteile am Veräußerer oder Erwerber oder am übertragenden und übernehmenden Rechtsträger müssen sich dabei nach der Gesetzesbegründung jeweils zu 100 % im Gesamthandsvermögen der Personenhandelsgesellschaft befinden.

Die 1. Alternative in der vorgeschlagenen Neufassung der Konzernklausel nimmt Beteiligungserwerbe vom Verlustuntergang nach § 8c KStG aus, in denen der Erwerber mittelbar oder unmittelbar zu 100 % an dem übertragenden Rechtsträger beteiligt ist. Hierunter fallen u. a. Konstellationen, in denen eine Konzernmuttergesellschaft mit mehreren Anteilseignern oder Gesellschaftern selbst übernehmender Rechtsträger (Erwerber) ist und mittelbar oder unmittelbar zu 100 % am veräußernden Rechtsträger beteiligt ist.

Analog dazu nimmt die 2. Alternative Fälle vom Verlustuntergang nach § 8c KStG aus, in denen der Veräußerer (z. B. die Konzernmuttergesellschaft) mittelbar oder unmittelbar zu 100 % an dem erwerbenden Rechtsträger beteiligt ist. Von dieser Bedingung werden ebenfalls Konstellationen erfasst, die bislang nach Verwaltungsmeinung nicht unter die Konzernklausel fallen, weil an dem übertragenden Rechtsträger (Veräußerer) mehrere Personen (mittelbar und unmittelbar) beteiligt sind.

Dem deutlich erweiterten Wortlaut der 1. bzw. 2. Alternative nach sollten nunmehr auch Konstellationen erfasst sein, in denen der Erwerber (1. Alternative) bzw. der Veräußerer (2. Alternative) eine natürliche Person, eine Stiftung oder eine Gebietskörperschaft ist, sofern die geforderte 100-prozentige (mittelbare oder unmittelbare) Beteiligung vorliegt.

Diejenigen Fallkonstellationen, die bereits unter die bisherige Konzernklausel fallen, werden auch weiterhin durch die 3. Alternative erfasst. Darüber hinaus ermöglicht die

3. Alternative auch die Anwendung auf Personenhandelsgesellschaften. Damit würden Konstellationen unter die neue Konzernklausel fallen, welche die Voraussetzungen der geltenden Regelung nur deshalb nicht erfüllen, weil eine Personengesellschaft nach bisheriger Verwaltungsauffassung nicht „dieselbe Person" im Sinne der geltenden Konzernklausel sein kann.

Anders als die ersten beiden Alternativen erfasst die 3. Alternative auch Konstellationen, in denen Erwerber und übertragender Rechtsträger bzw. Veräußerer und übernehmender Rechtsträger nicht zu 100 % in einer geraden Beteiligungslinie zusammenhängen. Somit wären auch Übertragungen zwischen Schwestergesellschaften erfasst, sofern an diesen Schwestergesellschaften dieselbe (natürliche oder juristische) Person oder Personenhandelsgesellschaft jeweils (mittelbar oder unmittelbar) zu 100 % beteiligt ist.

Die Neuregelung soll erstmals auf Beteiligungserwerbe nach dem 31.12.2009 anwendbar sein. Sie wäre damit auch rückwirkend in allen noch offenen Fällen seit Einführung der ursprünglichen Konzernklausel anwendbar.[10] Verfassungsrechtliche Bedenken sieht die Bundesregierung in der Rückwirkung nicht, da sich die Neuregelung zugunsten des Steuerpflichtigen auswirke.

Aus Beratersicht sind die geplanten Änderungen zu begrüßen. Der Bruch des Trennungsprinzips in der Regelung des § 8c KStG wird durch die Neuregelung abgemildert und trifft zielgenauer Missbrauchsgestaltungen. Dadurch wird eine Benachteiligung von Unternehmen mit flachen Beteiligungsstrukturen, die oft auch bei Familienunternehmen und Mittelständlern vorhanden sind, beseitigt. Auch die Anwendung auf Beteiligungserwerbe nach dem 31.12.2009 ist positiv zu beurteilen.

2.2. Veräußerungsgewinne aus Streubesitzbeteiligungen

Das BMF hat am 22.7.2015 im Rahmen der Investmentsteuerreform einen Diskussionsentwurf zu einer Neufassung des § 8b Abs. 4 KStG veröffentlicht,[11] der die bereits bestehende Steuerpflicht von Streubesitzdividenden um die Steuerpflicht von Gewinnen aus Streubesitzveräußerungen erweitert.

Analog zur Steuerpflicht für Streubesitzdividenden enthält der Diskussionsentwurf eine Erweiterung von § 8b Abs. 4 KStG auf Veräußerungsgewinne aus Streubesitz. Die 95-prozentige Steuerfreiheit soll für Gewinne aus Veräußerungen von Anteilen an einer

---

[10] Eingeführt durch Wachstumsbeschleunigungsgesetz vom 30.12.2009, BGBl. I 2009, S. 3950 ff.
[11] BMF, Diskussionsentwurf, 21.07.2015,
http://www.bundesfinanzministerium.de/Content/DE/Standardartikel/Themen/Steuern/Steuerarten/Investmentsteuer/2015-07-22-Diskussionsentwurf-Investmentsteuerreformgesetz%E2 %80 %93InvStRefG.pdf?__blob=publicationFile&v=3, 02.12.2015.

Kapitalgesellschaft gemäß § 8b Abs. 2 KStG nicht mehr greifen, wenn der veräußerte Anteil zu Beginn des Kalenderjahres unter 10 % liegt. Korrespondierend dazu entfällt das pauschale Betriebsausgabenabzugsverbot i. H. v. 5 %.

Die Erweiterung betrifft nur körperschaftsteuerpflichtige Anteilseigner. Für im Betriebsvermögen von Einkommensteuerpflichtigen gehaltene Streubesitzbeteiligungen und wesentliche Beteiligungen im Privatvermögen (§ 17 EStG) soll weiterhin das Teileinkünfteverfahren gelten. Für im Privatvermögen gehaltenen Streubesitz (weniger als 1 %) soll es wie bisher bei den Regelungen der Abgeltungsteuer bleiben.

Für Wagniskapital (Business Angels und Start-ups) soll die Belastung durch die Einführung der Steuerpflicht auf Veräußerungsgewinne aus Streubesitzbeteiligungen durch eine Steuerermäßigung abgemildert werden. Auf Antrag soll sich die tarifliche Körperschaftsteuer unter bestimmten Voraussetzungen um 30 % der Anschaffungskosten der Beteiligung reduzieren. Dabei darf die Ermäßigung nicht den Teil der Körperschaftsteuer übersteigen, der auf die Veräußerungsgewinne aus diesen Streubesitzbeteiligungen entfällt. Zu Steuererstattungen kann es damit nicht kommen. Da die Ermäßigung das europäische Beihilferecht berührt, soll die Regelung auf zehn Jahre zeitlich begrenzt werden (VZ 2018 bis VZ 2027). Sie steht unter dem Vorbehalt einer entsprechenden Notifizierung bei der Europäischen Kommission.

Wie die derzeitige Regelung zur Streubesitzdividende stellt auch die geplante Neuregelung bei der Prüfung, ob eine Streubesitzbeteiligung (weniger als 10 %) vorliegt, auf den Beginn des Kalenderjahres ab.

Die bisher für Streubesitzdividenden geltende und in der Praxis streitanfällige Rückbeziehungsfiktion von unterjährigen Zuerwerben (§ 8b Abs. 4 Satz 6 KStG) soll aufgehoben werden. Anders als bisher werden damit Dividenden und Veräußerungsgewinne grundsätzlich auch dann steuerpflichtig sein, wenn die Beteiligung durch unterjährig hinzuerworbene Anteile auf 10 % oder mehr steigt. Umgekehrt wären dann unterjährige Veräußerungen, durch welche eine zu Jahresanfang über 10 % liegende Beteiligung unter die 10 Prozentgrenze sinkt, ebenfalls nicht zu berücksichtigen und insofern unschädlich.

Die aus Streubesitz resultierenden Gewinnminderungen sollen nur noch mit Gewinnen aus Streubesitz (Dividenden und Veräußerungsgewinne) und mit steuerpflichtigen Gewinnen aus Wertzuschreibungen (i. S. d. § 8b Abs. 2 Sätze 4 und 5 KStG) verrechnet werden können (eigener Verlustverrechnungstopf). Nicht ausgeglichene Verluste können in die folgenden Veranlagungszeiträume vorgetragen werden.

Die Steuerpflicht für Streubesitzveräußerungen soll erstmals für Gewinne gelten, die nach dem 31.12.2017, d. h. ab dem Veranlagungszeitraum 2018, realisiert werden. Nach Ablauf der Übergangsfrist sollen die durch Veräußerungen von Streubesitz realisierten stillen Reserven unabhängig davon besteuert werden, ob darin Wertsteigerungen enthalten sind, die nach der bisherigen Regelung steuerfrei realisiert werden konnten.

Ob die im Diskussionsentwurf vorgeschlagenen Neuregelungen tatsächlich in dieser Form Eingang die finale Fassung des Gesetzes finden, wird der weitere Prozess des Gesetzgebungsverfahrens zeigen.

2.3. Strafbefreiende Selbstanzeige

Nicht zuletzt die mediale Präsenz der Fälle von prominenten Steuerhinterziehern hat den Gesetzgeber dazu veranlasst, die Voraussetzungen für die strafbefreiende Selbstanzeige zu verschärfen. Die neuen Regelungen gelten seit dem 1.1.2015.[12]

2.3.1. Vollständigkeit Umfang des Berichtigungsverbunds

Bereits nach vorheriger Rechtslage konnte nur derjenige auf eine Selbstanzeige gem. § 371 Abs. 1 AO hin Straffreiheit erlangen, der zu allen (strafrechtlich) unverjährten Steuerstraftaten die unrichtigen Angaben korrigiert oder unterlassene Angaben nachgeholt hat (sog. Berichtigungsverbund). Lag kein besonders schwerer Fall der Steuerhinterziehung vor, erstreckte sich der Berichtigungsverbund auf die reguläre Verfolgungsfrist von 5 Jahren; bei einem besonders schweren Fall der Steuerhinterziehung umfasst der Berichtigungsverbund 10 Jahre (§ 376 AO).

§ 371 Abs. 1 AO sieht nunmehr vor, dass Angaben zu allen strafrechtlich unverjährten Steuerstraftaten einer Steuerart in vollem Umfang zu berichtigen sind, allerdings mindestens zu allen Steuerstraftaten innerhalb der letzten 10 Kalenderjahre. Für die Selbstanzeige bedeutet die Verlängerung der Berichtigungspflicht auf mindestens 10 Kalenderjahre für alle Fälle der Steuerhinterziehung, dass auch in Fällen der einfachen Steuerhinterziehung für 10 Jahre rückwirkend die hinterzogenen Steuern nacherklärt werden müssen, unabhängig davon, ob bereits Strafverfolgungsverjährung eingetreten ist.

Ganz offensichtlich hat der Gesetzgeber bei dieser Neuregelung vor allem die Steuerhinterziehung durch das Verschweigen von Auslandskonten im Blick. Vor dem Hintergrund der in der Praxis schwierigen Abgrenzung zwischen dem Vorliegen einer Berichtigungserklärung nach § 153 AO und einer Selbstanzeige nach § 378 Abs. 3 AO bzw. nach § 371 AO wird die Neuregelung aber zu erheblichen Anwendungsschwierigkeiten gerade im Unternehmensbereich führen. Immerhin hat die Finanzverwaltung diese

---

[12] Gesetz zur Reform der strafbefreienden Selbstanzeige vom 30.12.2014, BGBl. I 2014, S. 2415 ff.

Problematik frühzeitig erkannt und ein entsprechendes BMF-Schreiben angekündigt, seit dem 14.7.2015 ein erster Diskussionsentwurf vorliegt.

2.3.2. Sperrgründe

Es wurden zwei neue Sperrgründe eingefügt. Ein neuer Sperrgrund ist das Erscheinen eines Amtsträgers zu einer Umsatz- oder Lohnsteuernachschau gem. §§ 27b UStG, 42g EStG (§ 371 Abs. 2 Nr. 1e AO). Der andere neue Sperrgrund ist das Vorliegen eines besonders schweren Falls der Steuerhinterziehung gem. § 370 Abs. 3 Satz 2 Nr. 2 bis 5 AO (§ 371 Abs. 2 Nr. 4 AO). Hervorzuheben ist in diesem Zusammenhang, dass somit das Vorliegen einer Steuerhinterziehung „in großem Ausmaß" gem. § 370 Abs. 3 Satz 2 Nr. 1 AO keinen gesonderten Sperrtatbestand auslöst. Mit Blick auf die Höhe der Steuerverkürzung greift allein die spezielle Regelung in § 371 Abs. 2 Nr. 3 AO, falls der Betrag der verkürzten Steuer 25.000 € je Tat übersteigt.

Änderungen im Wortlaut erfuhren die Sperrgründe „Bekanntgabe einer Prüfungsanordnung" sowie „Bekanntgabe der Einleitung des Straf- oder Bußgeldverfahrens" (§ 371 Abs. 2 Nr. 1a und 1b AO). Nach altem Recht entfaltete die Bekanntgabe einer Prüfungsanordnung nur dann Ausschlusswirkung, wenn diese (konkret) gegenüber dem Täter oder seinem Vertreter erfolgte. Nach neuem Recht löst eine Bekanntgabe gegenüber „dem an der Tat Beteiligten, seinem Vertreter, dem Begünstigten i. S. d. § 370 Abs. 1 oder dessen Vertreter" für sämtliche Tatbeteiligte (Täter und Teilnehmer) eine umfassende Sperrwirkung aus. Damit werden Sachverhalte erfasst, bei denen zugunsten eines Unternehmens Steuern verkürzt wurden, da Prüfungsanordnungen häufig pauschal an das Unternehmen oder den Berater adressiert werden. Eine umfassende Ausschlusswirkung wurde ebenfalls hinsichtlich des Sperrgrundes der Bekanntgabe der Einleitung eines Ermittlungsverfahrens durch Bezugnahme auf den „an der Tat Beteiligten oder seinen Vertreter" eingeführt.

Statt der bis zur Gesetzesänderung umfassenden Sperrwirkung einer Prüfungsanordnung ist jedoch eine strafbefreiende Selbstanzeige für Zeiträume, die nicht Gegenstand des sachlichen und zeitlichen Umfangs einer angekündigten oder durch Erscheinen des Amtsträgers bereits begonnenen Außenprüfung sind, möglich (§ 371 Abs. 2 Satz 2 AO). Im Ergebnis wurde damit für anschlussgeprüfte Unternehmen, die wegen der ständigen Präsenz der Außenprüfer bzw. der aufeinanderfolgenden Prüfungszeiträume einer „dauerhaften Sperrwirkung" für § 371 AO unterlegen haben, ein gewisses Korrekturfenster geschaffen.

2.3.3. Selbstanzeigezuschlag

Umfangreichere Änderungen wurden bei der „freiwilligen Zahlung" (Absehen von Verfolgung in besonderen Fällen, § 398a AO), mit der ein eigentlich gesperrter Täter ein Absehen von Strafe erreichen kann, und den korrespondierenden Sperrgründen vorgenommen.

Der bisherige Schwellenwert für eine strafbefreiende Selbstanzeige ohne Zuschlagszahlung von 50.000 € in § 371 Abs. 2 Satz 1 Nr. 3 AO ist auf 25.000 € abgesenkt worden. Ein besonders schwerer Fall der Steuerhinterziehung gem. § 370 Abs. 3 Satz 2 Nr. 2 bis 5 AO (§ 371 Abs. 2 Satz 1 Nr. 4 AO) löst stets einen Selbstanzeigezuschlag aus.

Zudem ist der Zuschlag von bislang 5 % durch einen Staffeltarif (10 % bis 100.000 €, 15 % von 100.000 € bis 1 Mio. €, 20 % über 1 Mio. €) ersetzt worden. Auch wird ausdrücklich festgeschrieben, dass bei unrichtiger oder unvollständiger Selbstanzeige das Absehen von Verfolgung entfällt und Ermittlungen wieder aufgenommen werden können (§ 398a Abs. 3 AO).

Auch von der Absenkung der Betragsgrenze sind insbesondere Berichtigungen im unternehmerischen Kontext betroffen. Nicht nur bei großen, sondern auch bei kleineren und mittleren Unternehmen wird das Berichtigungsvolumen regelmäßig einen Betrag von 25.000 € überschreiten.

Die Neuregelung enthält eine Klarstellung dahingehend, dass nunmehr auf den „an der Tat Beteiligten" statt den „Täter" als Zahlender abgestellt wird (§ 398 Abs. 1 AO). Hiermit wird die Unklarheit beseitigt, auf welche Weise der Teilnehmer einer Steuerstraftat (Gehilfe/Anstifter), der gemäß § 371 Abs. 2 Satz 1 Nr. 3 AO für eine Selbstanzeige gesperrt war, Straffreiheit erlangen kann. Da nunmehr sowohl der Täter selbst als auch der Teilnehmer den Geldbetrag nach § 398a AO zahlen müssen, um Straffreiheit zu erlangen, wurde der Kreis der Zuschlagspflichtigen ausgedehnt. Auch diese Ausdehnung hat Konsequenzen für die handelnden Personen in Unternehmen. Aufgrund des arbeitsteiligen Zusammenwirkens kommen hier naturgemäß eine Vielzahl von Personen als Täter oder Teilnehmer einer Steuerhinterziehung in Betracht (z. B. die gesetzlichen Vertreter des Unternehmens, die die Steuererklärungen unterzeichnen, der Leiter der Steuerabteilung, der die Steuererklärung inhaltlich verantwortet, die jeweiligen Fachmitarbeiter, die die Erklärung erstellt haben).

2.3.4. Erleichterungen für Korrekturen der Umsatz- und Lohnsteuer

Die gänzlich neue Regelung in § 371 Abs. 2a AO trägt dem Umstand Rechnung, dass Voranmeldungen aufgrund der kurzen Abgabefrequenz und der Bedingungen des

Massenverfahrens wesentlich häufiger als jährliche Steuererklärungen gem. § 153 AO korrigiert werden müssen. Um für Unternehmen insoweit wieder mehr Rechtssicherheit zu schaffen, lässt der Gesetzgeber für Umsatzsteuervoranmeldungen und Lohnsteueranmeldungen eine strafbefreiende Teilselbstanzeige zu.

Für die Berichtigung von Umsatzsteuervoranmeldungen und Lohnsteueranmeldungen wird unter dem Gesichtspunkt der Selbstanzeige einerseits das Vollständigkeitsgebot (Berichtigungsverbund) suspendiert, womit faktisch die Möglichkeit einer Teil-Selbstanzeige wieder eingeführt wird. Zum anderen wird die Korrektur einer Umsatzsteuervoranmeldung/Lohnsteueranmeldung nicht als Tatentdeckung gewertet und auch kein Selbstanzeigezuschlag erhoben. Ausdrücklich ausgenommen von diesen Erleichterungen ist die (jährliche) Umsatzsteuerjahreserklärung; für eine vollständige und damit wirksame Selbstanzeige ist allerdings insoweit keine Korrektur nachfolgender Voranmeldungen (des laufenden Jahres bezogen auf den Abgabezeitpunkt der Jahreserklärung) erforderlich. Auf weitere Anmeldesteuern außerhalb der Umsatz- und Lohnsteuer finden die Erleichterungen nach dem Wortlaut der Regelung keine Anwendung.

2.4. Modernisierung des Besteuerungsverfahrens

In einem frühen Stadium befindet sich das Vorhaben, die Abgabenordnung zu modernisieren und der Digitalisierung weiter Einzug in das deutsche Steuerrecht zu ermöglichen. Das Vorhaben zielt darauf, durch elektronischen und medienbruchfreien Datenaustausch Erhebungskosten zu reduzieren und die Kapazitäten der Finanzverwaltung künftig risikoorientierter nutzen zu können.

Seit dem 30.10.2014 liegt ein umfassender Bericht einer Bund-Länder-Arbeitsgruppe vor, der auch bereits ein Paket von Formulierungsvorschlägen für Gesetzesänderungen enthält.[13] Ein Referentenentwurf ist angekündigt. Die Reform soll ab dem 1.1.2017 in Kraft treten.

Inhaltlich wird ausgeführt, dass man Steuererklärungs- und Besteuerungsverfahren voll maschinell bearbeiten will. Die föderale Steuerverwaltung soll bestehen bleiben. Bereits eingeführt wurden die Pflicht zur elektronischen Abgabe der Steuererklärung, die E-Bilanz und sonstige Verfahren wie Elster oder KiStAM. Gemäß Zeitplan sollen Steuerbescheide ab 2019 online versandt werden, das Einspruchsverfahren ab 2020

---

[13] BMF, Referentenentwurf, 26.08.2015, http://www.bundesfinanzministerium.de/Content/DE/Downloads/Gesetze/2015-08-27-entwurf-eines-Gesetzes-zur-modernisierung-des-besteuerungsverfahrens.pdf?__blob=publicationFile&v=1, 02.12.2015; Regierungsentwurf zur Modernisierung des Besteuerungsverfahrens vom 09.12.2015.

online ermöglicht werden und tiefergehende Bescheiddaten ab 2022 online versandt werden.

3. Reaktionen

3.1. Einschränkung der Normreichweite des § 50i EStG

Mit dem Amtshilferichtlinie-Umsetzungsgesetz wurde der § 50i EStG erst im Jahr 2013 in das Einkommensteuergesetz aufgenommen.[14] Das grundsätzlich nachvollziehbare Ziel war, als Reaktion auf die BFH-Rechtsprechung[15], das deutsche Besteuerungsrecht auf stille Reserven in bestimmten gewerblich geprägten Personengesellschaften bei Wegzugsfällen aufrecht zu erhalten. Kurz darauf kam es mit dem sog. Kroatiengesetz zu einer als hochproblematisch geltenden Verschärfung der Norm. Insbesondere diese Verschärfung ist seitdem vielfach kritisiert und Nachbesserungen angeregt worden.[16]

Trotz der fortlaufenden Diskussion ist es bisher zu keiner Gesetzesänderung gekommen. Stattdessen überlegen Bund und Länder dem Vernehmen nach, mittels eines BMF-Schreibens (noch unbekannten Inhalts), überschießende Regelungen des geltenden § 50i EStG abzumildern.[17]

In der Vergangenheit war es möglich, die sog. Wegzugsbesteuerung insbesondere bezüglich inländischer Kapitalgesellschaftsbeteiligungen (§ 6 AStG) nicht auszulösen, indem die Beteiligung in eine inländische gewerblich geprägte Personengesellschaft eingebracht wurde, die dem wegziehenden Anteilseigner eine inländische Betriebsstätte vermitteln sollte („Konservierung des deutschen Besteuerungsrechts"). Mittels dieser inländischen Betriebsstätte sollte Deutschland das Besteuerungsrecht an den stillen Reserven in der eingebrachten Beteiligung weiterhin ausüben. Im Vertrauen auf eine spätere Besteuerung der stillen Reserven bzgl. der durch die gewerblich geprägte Personengesellschaft vermittelten Betriebsstätte verzichtete Deutschland auf eine Besteuerung im Wegzugszeitpunkt. Die Finanzverwaltung erteilte auch entsprechende verbindliche Auskünfte.

In mittlerweile ständiger Rechtsprechung hat der BFH jedoch entschieden, dass eine „substanzarme" Mitunternehmerschaft (lediglich gewerblich geprägte oder infizierte Personengesellschaften i. S. d. § 15 Abs. 3 EStG) keine Betriebsstätte im Sinne der Dop-

---

[14] Gesetz zur Umsetzung der Amtshilferichtlinie sowie Änderung steuerlicher Vorschriften 29.06.2013, BGBl. 2013, S. 1809 ff.

[15] BFH vom 28.04.2010 I R 81/09, BFHE 229, S. 252.

[16] Weiterführende Literatur u.a. Liekenbrock, B., DStR 2015, S. 1535; Bodden, G., DStR 2015, S. 150.

[17] Das BMF-Schreiben zur Anwendung des § 50i EStG wurde mit Datum vom 21.12.2015 veröffentlicht (BStBl I 2016, S. 7)

3. Teil: Steuervereinfachung 181

pelbesteuerungsabkommen (DBA-Betriebsstätte) vermitteln kann und mithin Deutschland kein Besteuerungsrecht mehr an der eingebrachten Beteiligung besitzt.[18] Nach dieser Rechtslage verliert Deutschland insoweit das Besteuerungsrecht.

Mit der Erstfassung des § 50i EStG durch das Amtshilferichtlinie-Umsetzungsgesetz verfolgte der Gesetzgeber ein aus seiner Sicht verständliches Interesse, das deutsche Besteuerungsrecht an den stillen Reserven – jedenfalls nach erteilten Auskünften – zu erhalten.

Mit dem sog. Kroatiengesetz erfuhr § 50i EStG – insbesondere durch den neu eingeführten Absatz 2 der Vorschrift – jedoch eine viel zu weitgehende Verschärfung.[19] Zumindest dem Wortlaut nach führt die Vorschrift seither zu Besteuerungseffekten, die vom Sinn und Zweck der Norm wohl kaum gedeckt sein dürften, und zu teilweise widersinnigen Besteuerungsergebnissen führen könnten. So werden Umwandlungen, Übertragungen oder Überführungen, die eigentlich steuerneutral erfolgen können, in faktisch allen Fällen von der Buchwertfortführung ausgeschlossen. Damit werden betriebswirtschaftlich sinnvolle Umstrukturierungen faktisch unmöglich und Fälle der (vorweggenommenen) Erbfolge führen zu definitiven Steuerlasten. Zudem führen die zum Teil unklaren Bezüge im Wortlaut der geänderten Vorschrift zu zahlreichen Zweifelsfragen und Rechtsunsicherheiten und letztlich zu einer unnötigen Verkomplizierung des deutschen Steuerrechts. Leidtragende all dieser Unzulänglichkeiten sind vor allem die Familienunternehmen des deutschen Mittelstandes.

In vielen Fällen führt die durch das Kroatiengesetz verschärfte Vorschrift des § 50i EStG zu einer steuerpflichtigen Aufdeckung stiller Reserven, obwohl keine zeitgleiche Erzielung eines Markteinkommens vorliegt. Zudem geht mit der Erweiterung des § 50i EStG durch das Kroatiengesetz eine deutliche Schlechterstellung gegenüber operativen (originär gewerblich tätigen) Personengesellschaften einher, für die es an einer Rechtfertigung und auch an einer Notwendigkeit fehlt.

Der Wortlaut der Norm schließt nicht klar aus, dass sie auch auf reine Inlandsfälle zur Anwendung gelangt. Eine Nachbesserung zur Abmilderung der überschießenden Besteuerungsfolgen ist daher dringend und sehr zeitnah sowie rückwirkend erforderlich.

Dazu könnte der Gesetzgeber folgende Lösung in Erwägung ziehen: Per gesetzlicher Fiktion könnte die „substanzschwache" Personengesellschaft (i. S. d. § 15 Abs. 3 EStG) dem ins Ausland verzogenen Mitunternehmer für Fälle des § 50i EStG eine DBA-Betriebsstätte „wie" eine originär gewerbliche Personengesellschaft vermitteln (entgegen etwaiger Regelungen in einem DBA). Damit wäre insoweit wieder die Rechtslage

---

[18] BFH vom 28.04.2010 I R 81/09, BFHE 229, S. 252; BFH vom 25.05.2011 I R 95/10, BFHE 234, S. 63.

[19] Gesetz zur Anpassung des nationalen Steuerrechts an den Beitritt Kroatiens zur EU und zur Änderung weiterer steuerlicher Vorschriften vom 30.07.2014, BGBl. I 2014, S. 1266 ff.

hergestellt, wie sie früher durch die Finanzverwaltung unterstellt wurde. Auf diese Weise könnte der Gesetzgeber zielgenau sicherstellen, dass stille Reserven in Deutschland steuerlich verstrickt bleiben, ohne die „substanzschwache" Personengesellschaft schlechter zu stellen als die originär gewerblich tätige. Eine derartige Gleichstellung hätte den Vorteil, dass sich die weiteren Rechtsfolgen aus der allgemeinen Systematik des Steuerrechts ergeben würden. Zumindest aber sollte der Gesetzgeber § 50i Abs. 2 EStG dahingehend weiterentwickeln, dass es auch dem Wortlaut der Vorschrift nach nur dann zur Aufdeckung stiller Reserven kommen kann, wenn es auch zu einem Verlust des deutschen Besteuerungsrechts kommt.

3.2. Verschärfung in den Voraussetzungen für steuerneutrale Umwandlungen

Das Umwandlungssteuergesetz erlaubt unter bestimmten Voraussetzungen, dass Einbringungen von Betriebsvermögen zum Buchwert oder zu einem Zwischenwert (bis zur Höhe des gemeinen Werts) und damit ganz oder teilweise steuerneutral erfolgen können. Diese Voraussetzungen bei Einbringungen in eine Kapitalgesellschaft (§ 20 Abs. 2 Satz 2 Nr. 4 UmwStG-E), beim qualifizierten Anteilstausch (§ 21 Abs. 1 Satz 2 und 3 UmwStG-E) sowie bei Einbringungen in eine Personengesellschaft (§ 24 Abs. 2 Satz 2 UmwStG-E) sollen durch das ProtokollerklärungsG (ZollkodexAnpG) verschärft werden.[20]

Unter den in § 20 Abs. 2 UmwStG genannten Voraussetzungen ist eine Einbringung eines (Teil-)Betriebs oder Mitunternehmeranteils in eine Kapitalgesellschaft grundsätzlich auch dann noch zum Buchwert möglich, wenn der Einbringende neben neuen Gesellschaftsanteilen weitere Wirtschaftsgüter erhält, der gemeine Wert dieser Wirtschaftsgüter den Buchwert des eingebrachten Betriebsvermögens jedoch nicht übersteigt. Nach der geplanten Verschärfung darf der gemeine Wert von sonstigen Gegenleistungen, die neben den neuen Gesellschaftsanteilen gewährt werden, nicht mehr betragen als

- 25 % des Buchwerts des eingebrachten Betriebsvermögens oder
- 300.000 €, höchstens jedoch den Buchwert des eingebrachten Betriebsvermögens.

Der Gesetzesbegründung ist zu entnehmen, dass die Möglichkeit zur Erbringung steuerneutraler sonstiger Gegenleistungen auf Grund der besonderen Bedeutung des Einbringungsteils für Unternehmensreorganisationen insbesondere im mittelständischen Bereich nicht gänzlich ausgeschlossen werden soll. Durch die festgelegte Begrenzung

---

[20] Entwurf eines Gesetzes zur Umsetzung der Protokolländerung zum Gesetz zur Anpassung der Abgabenordnung an den Zollkodex der Union und zur Änderung weiterer steuerlicher Vorschriften vom 13.05.2015, BT-Drs. 18/4902. Finale Umsetzung im Steueränderungsgesetz 2015 vom 05.11.2015, BGBl. I 2015, S. 1834.

der Zuzahlungsmöglichkeiten soll den praktischen Bedürfnissen für einen Wertausgleich in einem bestimmten Umfang bei Unternehmenszusammenschlüssen (z. B. bei Joint-Ventures) ausreichend Rechnung getragen werden. Die Möglichkeit zur Fortführung der Buchwerte oder zum Ansatz von Zwischenwerten besteht nur, soweit die Grenzen des § 20 Abs. 2 Satz 2 Nr. 4 UmwStG nicht überschritten sind. Soweit diese Grenze überschritten ist, bleibt es beim Ansatz der Werte nach § 20 Abs. 2 Satz 1 UmwStG.

Auch beim qualifizierten Anteilstausch sollen die Voraussetzungen für eine steuerneutrale Einbringung von Anteilen zum Buch- oder Zwischenwert grundsätzlich verschärft werden. Der Ansatz unter dem gemeinen Wert der Anteile soll nur noch möglich sein, soweit der gemeine Wert von sonstigen Gegenleistungen, die neben den neuen Anteilen gewährt werden, nicht mehr beträgt als

- 25 % des Buchwerts der eingebrachten Anteile oder
- 300.000 €, höchstens jedoch den Buchwert der eingebrachten Anteile.

Die Ausnahmen von der Einbringungsgewinnbesteuerung in § 22 Abs. 1 Satz 6 Nr. 2, 4 und 5 UmwStG werden an die Begrenzung der Erbringung sonstiger Gegenleistungen angepasst. Danach kommt es zur rückwirkenden Einbringungsgewinnbesteuerung, wenn im Rahmen einer Weitereinbringung oder Kettteneinbringung sperrfristbehafteter Anteile Gegenleistungen erbracht werden, die die genannten Grenzen überschreiten.

Im Gegensatz zu den §§ 20 und 21 UmwStG enthält § 24 UmwStG keine ausdrückliche Regelung, wonach bei einer Einbringung in eine Personengesellschaft eine zusätzliche Gegenleistung erbracht werden kann, ohne dass die stillen Reserven des eingebrachten Betriebsvermögens zwingend aufzudecken sind. Entgegen der Verwaltungsauffassung (Umwandlungssteuererlass vom 11.11.2011, Tz. 24.07) hatte der BFH mit Urteil vom 18.9.2013 (X R 42/10) jedoch entschieden, dass bei einer Einbringung eines Betriebs gegen ein sog. Mischentgelt (bestehend aus Gesellschaftsrechten und einer Darlehensforderung gegen die Personengesellschaft) die Buchwertfortführung grundsätzlich möglich ist. Vorgesehen ist eine Änderung des § 24 UmwStG, um einheitliche Voraussetzungen für sämtliche Einbringungstatbestände zu schaffen. Die vorgeschlagene Verschärfung entspricht jener in § 20 Abs. 2 Satz 2 Nr. 4 und § 21 Abs. 1 Satz 2 Nr. 2 UmwStG. Demnach soll der Buch- oder Zwischenwertansatz nur möglich sein, soweit der gemeine Wert von sonstigen Gegenleistungen, die neben den neuen Gesellschaftsanteilen gewährt werden, nicht mehr beträgt als

- 25 % des Buchwerts des eingebrachten Betriebsvermögens oder
- 300.000 €, höchstens jedoch den Buchwert des eingebrachten Betriebsvermögens.

Diese Möglichkeit besteht damit auch im Fall von § 24 UmwStG nur, soweit die genannten Grenzen nicht überschritten werden. Ansonsten bleibt es beim Ansatz der Werte nach § 24 Abs. 2 Satz 1 UmwStG.

Die Neuregelungen in §§ 20, 21, 22 und 24 UmwStG-E sollen erstmals auf Einbringungen anzuwenden sein, wenn in den Fällen der Gesamtrechtsnachfolge der Umwandlungsbeschluss nach dem 31.12.2014 erfolgt ist oder in den anderen Fällen der Einbringungsvertrag nach dem 31.12.2014 geschlossen worden ist.

Verfassungsrechtliche Bedenken aufgrund einer rückwirkenden Anwendung auf nach dem 31.12.2014 verwirklichte Sachverhalte verneint der Regierungsentwurf mit der Begründung, der Steuerpflichtige habe insoweit kein schutzwürdiges Vertrauen auf den Fortbestand der diskutierten Rechtslage haben können.

Für die Prüfung der prozentualen und absoluten Schwellenwerte für schädliche Gegenleistungen muss zwischen aktivem/passivem Betriebsvermögen und sonstigen Gegenleistung unterschieden werden. Diese Unterscheidung bedarf einer rechtssicheren gesetzlichen Regelung, da sonst Rechtsstreitigkeiten zwischen den betroffenen Unternehmen und der Finanzverwaltung absehbar sind.

Unstrittig ist, dass etwa die zusätzliche Gewährung von Geldleistungen, die gesonderte Übernahme von Verbindlichkeiten oder die Einräumung von Genussrechten (schädliche) sonstige Gegenleistungen darstellen würden. Da die Zuordnung von Unternehmensschulden zum notwendigen oder gewillkürten Betriebsvermögen jedoch in der Praxis insbesondere bei Einzelunternehmen nicht hinreichend rechtssicher vorzunehmen ist, erscheint eine großzügige Regelung an dieser Stelle notwendig.

3.3. Hybride Gestaltungen

Die Verhinderung hybrider Gestaltungen muss in direktem Zusammenhang zum BEPS Projekt betrachtet werden. Obwohl dieses noch zu keinen finalen Empfehlungen geführt hat und eine unilaterale Umsetzung gewisse Gefahren birgt, haben die Länder bereits 2014 versucht im Rahmen des ZollkodexAnpG einen § 4 Abs. 5a EStG einzuführen, der hybride Gestaltungen verhindern sollte.[21]

Zur Verhinderung einer Nichtbesteuerung sah die vorgeschlagene Regelung vor, dass Aufwendungen nicht als Betriebsausgaben abziehbar sein sollen, soweit sie beim unmittelbaren oder mittelbaren Empfänger nicht als Einnahmen in der Steuerbemessungsgrundlage berücksichtigt werden oder einer Steuerbefreiung unterliegen, weil das zugrunde liegende Rechtsverhältnis bei der Besteuerung des Leistenden und des

---

[21] Empfehlung der Ausschüsse zu Punkt ... der 927. Sitzung des Bundesrates am 7.11.2014, BR-Drs. 432/1/14, S. 12.

Empfängers nicht einheitlich als Fremdkapitalüberlassung behandelt wird (§ 4 Abs. 5a Satz 1 EStG-E).

Weiter sollten nach der vorgeschlagenen Neuregelung die einer Betriebsausgabe zugrunde liegenden Aufwendungen nur abziehbar sein, soweit die nämlichen Aufwendungen nicht in einem anderen Staat die Steuerbemessungsgrundlage mindern (§ 4 Abs. 5a Satz 2 EStG-E). Die Abzugsbeschränkung sollte allerdings nicht gelten, wenn die Aufwendungen ausschließlich für einen Progressionsvorbehalt oder eine Steueranrechnung (i. S. d. §34c EStG oder § 26 Abs. 1 KStG) berücksichtigt werden (§ 4 Abs. 5a Satz 3 EStG-E).

Der Bundestag befürwortete zwar das Vorhaben des Vorschlags, lehnte den Vorschlag jedoch trotzdem mit dem Hinweis ab, die Ergebnisse des BEPS-Projekts abzuwarten und die deutsche Umsetzung mit den anderen nationalen Umsetzungen abzustimmen.

4. Ausblick weitere Reaktionen

Vor allem die absehbaren und zu erwartenden Entwicklungen im internationalen Bereich werden in naher Zukunft zu Reaktionen des Gesetzgebers führen. Die OECD wird im Oktober die letzten Abschlussberichte veröffentlichen.[22] Wie schnell sich Deutschland und die anderen Staaten auf eine abgestimmte Umsetzung einigen können, bleibt abzuwarten, spätestens für 2016 sind jedoch Änderungen zu erwarten.

Vereinzelt werden auch andere Staaten schon aktiv und reagieren mit Gesetzesänderungen auf die BEPS-Initiative. Zum 1.4.2015 wurde beispielsweise im Vereinigten Königreich eine als *Diverted Profits Tax* bezeichnete Strafsteuer eingeführt.[23] Sie zielt im Kern darauf ab, trotz und gerade wegen eines umgangenen Betriebstättenstatus ein Besteuerungsrecht dem Vereinigten Königreich zuzuweisen. Gewinne aus solchen Konstruktionen, die nach allgemeinen Grundsätzen keine Betriebstätte begründen würden, werden somit unter Anwendung der neuen Regelung mit einem Steuersatz von 25 % besteuert. In Australien plant man mit dem *Multinational Anti-Avoidance Law* ähnliches.[24] Auch das mit hoher Wahrscheinlichkeit in einer Form in nationale Gesetze zu integrierende Country-by-Country Reporting wurde von manchen Staaten bereits näher aufgegriffen.

Spätestens mit der Einführung der EU-Amtshilferichtlinie ist die schon lange währende Diskussion des Informationsaustausches neu entfacht. Auch mit dem mittlerweile auf fünf Einkunftskategorien gewachsenen automatischen Informationsaustausch in der

---

[22] Die finalen Berichte der OECD wurden am 5.10.2015 vorgelegt.
[23] Weiterführend Oppel, F., IStR 2015, S. 333 ff.; Nolte, J., DStZ 2015, S. 365 ff.
[24] Weiterführend http://jbh.ministers.treasury.gov.au/media-release/040-2015/.

EU, der unlängst auch um Finanzkonten erweitert wurde, ist das Ende der Transparenz noch nicht erreicht. Maßgeblich durch die OECD beeinflusst, werden hier an vielen Stellen internationale Standards erarbeitet, die einen Austausch technisch möglich machen und gewisse Rahmenstrukturen geben. Durch die Unterzeichnung der Mehrseitigen Vereinbarung vom 29.10.2014 zwischen den zuständigen Behörden über den automatischen Austausch von Informationen über Finanzkonten, hat sich Deutschland, über den Austausch mit den EU-Staaten hinaus, auch zum Austausch mit 60 anderen Vertragsparteien verpflichtet. Mit dem internationalen Amtshilfeübereinkommen ist der Grundstein für weitere Vereinbarungen gelegt.

5. Fazit

Der vorliegende Beitrag hat aus Beratersicht ausgewählte Aktionen und Reaktionen des Gesetzgebers näher erläutert. Natürlich hat sich steuerpolitisch in den letzten Jahren mehr getan. Auch die laufenden Gesetzgebungsverfahren beinhalten zahlreiche weitere Einzelregelungen. Der Beitrag enthält eine subjektive Auswahl der Themen, die für Unternehmen besonders relevant sind.

Die Beschäftigung mit den Aktionen und Reaktionen des Gesetzgebers auf dem Gebiet der Unternehmensbesteuerung zeigt eindeutig, dass in der aktuellen Legislaturperiode keine grundlegenden Strukturreformen vorgenommen wurden oder geplant sind. Lobenswerte – aber in ihrem Ausmaß doch sehr begrenzte – Ausnahme ist bisher die Ausweitung der Konzernklausel des § 8c KStG.

Dafür werden mehrere Gründe ausschlaggebend sein. Zugute halten kann man der aktuellen Regierung beispielsweise die Stimmenverteilung im Bundesrat, die eine Reform im Bereich der Unternehmensbesteuerung erheblich erschwert. Entscheidender dürfte aber ein genereller Trend hin zu einem stärker konsumierenden und regulierenden Staat sein. In Zeiten guter Arbeitsmarktdaten und üppiger Steuereinnahmen ist politisch mit mühseliger Reformarbeit offenbar kein Blumentopf zu gewinnen.

Immerhin wurden in der aktuellen Legislaturperiode einige Vereinfachungsmaßnahmen angegangen. Eindeutiger Schwerpunkt der Steuerpolitik ist aber die Bekämpfung von Steuerhinterziehung und Steuervermeidung. So nachvollziehbar dies ist, stellt sich doch zunehmend die Frage, ob die Steuerpolitik wirklich gut daran tut, sich nahezu vollständig auf die Sicherung des Steueraufkommens zu konzentrieren. Prognosen über stetig wachsende Steuereinnahmen verleihen vielleicht an mancher Stelle den Eindruck, dass das deutsche Steuersystem keinerlei Änderungen bedarf. Kombiniert mit dem Verweis auf die noch abzuwartenden Endergebnisse des BEPS-Projekts wiegt man sich auf nationaler Ebene in einer abwartenden Haltung. In einer sich schnell weiter-

entwickelnden Welt muss aber heute schon der Rahmen für den Erfolg von morgen gesetzt werden.
Die zweite Hälfte der Legislaturperiode muss deshalb dafür genutzt werden, wieder eine positive, wachstumsfreundliche Vision für die deutsche Steuerpolitik zu entwickeln, die den Wettbewerb annimmt und um Realinvestitionen wirbt ohne Steuerverlagerungen zu begünstigen. Wir schlagen vor, zunächst fünf konkrete Bereiche in Angriff zu nehmen.

- Verlustverrechnung: Rückkehr zum Nettoprinzip durch Entschärfung Verlustuntergang nach § 8c KStG und Abschaffung der Mindestgewinnbesteuerung.

- Organschaft: Fortentwicklung zu modernem Gruppenbesteuerungssystem durch Beseitigung des Ergebnisabführungsvertrags.

- Zinsschranke: Reduktion auf Missbrauchsfälle u. a. durch Ausweitung der Freigrenze, Erleichterungen bei der Escape-Klausel und eine Erhöhung des verrechenbaren EBITDA.

- Personengesellschaften: Benachteiligung gegenüber Kapitalgesellschaften abbauen (Partialoptionsmodell).

- Wirksame Steuervereinfachungen und mehr Planungssicherheit bei der Unternehmensbesteuerung, bspw. mittels zeitnäheren Betriebsprüfungen, Erleichterungen bei den Aufbewahrungsfristen und Verbesserungen bei der verbindlichen Auskunft.

III. Aktuelle Anforderungen an Verrechnungspreise in Unternehmen – Quo vadis Steuervereinfachung?

Dr. Martin Lagarden, Henkel AG & Co. KGaA, Düsseldorf

1. Einführung 190
   1.1. Es war einmal 191
   1.2. Deutschland und die Welt 193

2. Wurden wir rechts überholt? – BEPS und die OECD 194

3. Beispiel 1 – Verrechnungspreisdokumentation 198
   3.1. BEPS Ziele aus Sicht der Finanzverwaltungen 198
   3.2. Das neue Kapitel V der OECD Verrechnungspreisrichtlinien 199

4. Beispiel 2 – Immaterielle Wirtschaftsgüter 204
   4.1. Dokumentation im IP Kontext 204
   4.2. Auftragsforschung in der Henkel Gruppe und Kapitel VI der OECD Verrechnungspreisrichtlinien 206

5. Quo vadis Steuervereinfachung? 211
   5.1. Fazit zur Umsetzung der Kapitel V und VI der OECD Verrechnungspreisrichtlinien 211
   5.2 Was kommt, was bleibt? 213

Die im September 2014 veröffentlichte Neufassung des Kapitels V der OECD Transfer Pricing Guidelines bringt wesentliche Änderungen hinsichtlich verschiedener Facetten der Dokumentation von Verrechnungspreisen in internationalen Unternehmensgruppen mit sich[1]. Gleichzeitig stellt sie auch einen wesentlichen Meilenstein der Arbeitsergebnisse zur BEPS-Aktion 13 dar[2]. Eine Umsetzung der vorgelegten OECD Empfehlungen in nationales Recht streben die am BEPS-Aktionsplan beteiligten Staaten innerhalb der nächsten Monate bzw. Jahre an. Der vorliegende Beitrag fasst die Inhalte des gleichnamigen Vortags im Rahmen der Ringvorlesung Aktuelle Fragen zur Unternehmensbesteuerung „Halbzeitanalyse GroKo 2013/17: Steuervereinfachung, Steuervermeidung und Steuerreform" zusammen, den der Autor Ende Mai 2015 an der Georg-August-Universität in Göttingen gehalten hat.

1. Einführung

Im ersten Abschnitt werden zunächst die zentralen steuerpolitischen Aufgaben dargestellt, die im Hinblick auf Verrechnungspreise im Vertrag der Großen Koalition Ende 2013 festgehalten wurden. Dabei geht es um wesentliche Rahmenbedingungen und die damals gesetzten Ziele bei der nationalen Umsetzung geeigneter Maßnahmen hinsichtlich der Verrechnungspreise. Der zweite Abschnitt analysiert die parallelen Entwicklungen auf internationaler Ebene. Dies bezieht sich einerseits auf die BEPS-Initiative der OECD- und G20-Staaten und andererseits auf die individuelle Position ausgewählter G20-Vertreter wie China und Indien. In den Abschnitten 3 und 4 werden die zuvor skizzierten Entwicklungen anhand zweier Beispiele konkretisiert, die für Henkel besondere praktische Bedeutung haben. Das sind zum einen die Verrechnungspreisdokumentation und der Umgang mit den neuen Empfehlungen des Kapitels V der OECD Transfer Pricing Guidelines, zum anderen immaterielle Wirtschaftsgüter und hier beispielhaft Auftragsforschungsbeziehungen innerhalb der Henkel Gruppe. Abschnitt 5 fasst abschließend die wesentlichen Schlussfolgerungen bezüglich einer Vereinbarkeit der neuen Dokumentationsregeln mit dem Anspruch „Steuervereinfachung" zusammen und gibt darüber hinaus einen Ausblick auf entsprechende Konsequenzen, d. h. künftige (inter)nationale Entwicklungen aus der Sicht des Autors.

---

[1] Vgl. OECD, Guidance on Transfer Pricing Documentation and Country-by-Country Reporting, 16.09.2014, http://dx.doi.org/10.1787/9789264219236-en, 15.5.2015.

[2] Titel der BEPS-Aktion 13: Re-examine transfer pricing documentation. Vgl. OECD, BEPS 2014 Deliverables, http://www.oecd.org/tax/beps-2014-deliverables.htm, 18.05.2015 sowie OECD, Explanatory Statement, 2014, www.oecd.org/tax/beps-2014-deliverables-explanatory-statement.pdf, S. 7, 9, 18.5.2015.

1.1. Es war einmal ...

Insbesondere Kapitel 3 des Koalitionsvertrages[3] vom 17.12.2013 befasst sich mit steuerlichen Aspekten, die für Verrechnungspreise relevant sind. Zwar stellten die Koalitionspartner seinerzeit grundsätzlich fest: „Deutschland hat derzeit insgesamt ein zeitgemäßes und wettbewerbsfähiges Steuerrecht."[4] Dennoch wurde – nicht ganz unerwartet – politischer Handlungsbedarf bei einigen wesentlichen steuerpolitischen Aufgaben identifiziert, welche sich die Große Koalition folgerichtig für die 18. Legislaturperiode bis 2017 auf ihre Fahnen geschrieben hat:

Zentrale steuerpolitische Aufgaben

▶ *Kampf gegen grenzüberschreitende Gewinnverlagerungen international operierender Unternehmen*

▶ *Einsatz für umfassende Transparenz zwischen den Steuerverwaltungen*

▶ *Ergreifung von Maßnahmen gegen schädlichen Steuerwettbewerb*

▶ *Förderung der internationalen Steuerharmonisierung*

▶ *Steuervereinfachungen als Daueraufgabe*

Abbildung 3:III.1: Zentrale steuerpolitische Aufgaben laut Koalitionsvertrag

Zumindest die ersten vier Aufgaben haben einen klaren internationalen Bezug und spiegeln daher auch Inhalte des BEPS-Aktionsplans der OECD- und der G20-Staaten wider[5].

Die Firma Henkel ist eine international operierende Unternehmensgruppe mit Präsenz in über 75 Ländern. Daher ist es nicht verwunderlich, dass sich unterschiedliche Fisci für deren grenzüberschreitende Transaktionen interessieren. „Umfassende Transparenz", um der (tatsächlichen und/oder gefühlten) Informationsasymmetrie zwischen den Steuerpflichtigen und den Finanzverwaltungen dieser Welt wirksam begegnen zu

---

[3] Vgl. Presse- und Informationsamt der deutschen Bundesregierung, Deutschlands Zukunft gestalten – Koalitionsvertrag zwischen CDU, CSU und SPD – 18. Legislaturperiode, 17.12.2013, http://www.bundesregierung.de/Content/DE/_Anlagen/2013/2013-12-17-koalitionsvertrag.pdf?__blob=publicationFile&v=2, S. 87 – 95, 08.2.2015.

[4] Ebenda, S. 89.

[5] Vgl. OECD, BEPS Action Plan on Base Erosion and Profit Shifting, 2013, http://dx.doi.org/10.1787/9789264202719-en, 08.2.2015.

können, ist ein großes Thema, dem Henkel durch eine offene und konstruktive Zusammenarbeit mit den jeweiligen Finanzbehörden zu begegnen versucht. Dies gilt sowohl in Deutschland – Stichwort „beschleunigte Betriebsprüfung" – als auch in vielen anderen Ländern – Stichwort „Advance Pricing Agreement" oder „Joint Audit". Zwar wird der schädliche Steuerwettbewerb kritisiert und eine internationale Steuerharmonisierung angestrebt. Allerdings weisen beide Aspekte auch auf die Tatsache hin, mit der ein Unternehmen wie Henkel immer wieder konfrontiert wird: Dass nämlich ein gegebener steuerlicher Sachverhalt in verschiedenen Ländern eben unterschiedlich gewürdigt wird. Der Steuerpflichtige läuft dabei leicht Gefahr, buchstäblich zwischen den Stühlen zu sitzen zu kommen.

Um einem falschen Eindruck vorzubeugen – Steuerzahlungen sind richtig und müssen von Unternehmen auch angemessen geleistet werden. Aber idealerweise nur einmal und an einer Stelle für den gleichen Sachverhalt. Steuervereinfachungen wurden schließlich als Daueraufgabe ebenfalls in dem Koalitionsvertrag hinein geschrieben. Im weiteren Verlauf dieses Beitrags mag sich der/ die interessierte Leser/ -in selbst eine Meinung dazu bilden, wie das zu verstehen ist oder ob es sich vielleicht eher um einen politischen Allgemeinplatz gehandelt haben mag.

Steuerpolitische Ziele sind gut, sie müssen aber auch umgesetzt werden (können). Diese Forderung führt zu folgenden Fragen, auf die der Koalitionsvertrag eine politische Antwort gibt:

Warum sind diese steuerlichen Ziele so wichtig?

Weil ein funktionierender Staat verlässliche Steuereinnahmen braucht und es diesbezüglich auch keine doppelte Nichtbesteuerung von Einkünften oder einen doppelten Betriebsausgabenabzug für Unternehmen geben darf.[6]

Wie kann das erreicht werden?

Durch ein gerechtes Steuerrecht, dass gleichzeitig natürlich auch günstige Rahmenbedingungen für Innovationen und Wachstum in Deutschland schaffen soll. Durch eine Weiterentwicklung des Steuerrechts, was Planungssicherheit sowohl für die Steuerzahler als auch die öffentliche Hand gewährleisten soll, beispielsweise durch eine zeitlich limitierte Rückwirkung neuer gesetzlicher Regelungen. Dass diese Weiterentwicklung gelebte Praxis ist erfährt jeder (leidvoll), der sich auf die Steuerberaterprüfung vorbereitet. Ob dabei immer Planungssicherheit geschaffen wird, mag man unterschiedlich bewerten. Und schließlich sollen die Ziele erreicht werden durch schrittweise Steuer-

---

[6] Vgl. Presse- und Informationsamt der deutschen Bundesregierung, Deutschlands Zukunft gestalten – Koalitionsvertrag zwischen CDU, CSU und SPD – 18. Legislaturperiode, 17.12.2013, http://www.bundesregierung.de/Content/DE/_Anlagen/2013/2013-12-17-koalitionsvertrag.pdf?__blob=publicationFile&v=2, S. 89, 91, 08.2.2015.

3. Teil: Steuervereinfachung

vereinfachung, die sich der technischen Möglichkeiten der modernen Datenverarbeitung bedient.[7] Man könnte meinen, dass sich das Thema „Vereinfachung" oft auf die Schaffung elektronischer Informationsübertragungsmöglichkeiten zwischen den Steuerpflichtigen und den Finanzverwaltungen konzentriert.

Wer soll das umsetzen?

Hier sieht der Koalitionsvertrag das Bundeszentralamt für Steuern in der Pflicht, das an den beiden Standorten in Berlin und Bonn unter anderem die zentrale Anlaufstelle für steuerliche Fragen von – und verbindliche Auskünfte für ausländische Unternehmen werden soll.[8] Wenn man sich jedoch anschaut, mit welchen Kapazitäten das Bundeszentralamt im Verrechnungspreisbereich der Bugwelle an Vorabverständigungsverfahren oder Verständigungsverfahren Herr zu werden versucht, fällt es beim besten Willen schwer sich vorzustellen, wie das Amt diese zusätzlichen (?) Aufgaben erledigen soll.

1.2. Deutschland und die Welt

Steuern sind bekanntlich ein nationales Thema. Daher gibt es kein international gültiges Steuerrecht und die nationale Souveränität bei der Definition steuergesetzlicher Regelungen wird entsprechend gehütet und verteidigt. Dennoch bewegen sich Staaten wie Unternehmen immer in einem internationalen Kontext, der einen aufmerksamen Blick hinaus in die Welt erfordert. In dieser Hinsicht tritt die Große Koalition stark auf! Denn wenn sich die im Koalitionsvertrag gesetzten Ziele nicht während der Legislaturperiode international bei der Bearbeitung der BEPS-Aktionsplans umsetzen lassen, will die Bundesregierung entsprechende nationale Maßnahmen ergreifen.[9] Diese Art von proaktivem Verhalten verheißt aus Sicht der Steuerpflichtigen nicht unbedingt etwas Gutes. Denn das entspricht sicherlich nicht der „internationalen Steuerharmonisierung" als einer der oben genannten zentralen steuerpolitischen Aufgaben. Welche Maßnahmen der Großen Koalition hierbei besonders am Herzen liegen, beschreibt der Koalitionsvertrag wie folgt[10], nämlich die ...

---

[7] Vgl. Presse- und Informationsamt der deutschen Bundesregierung, Deutschlands Zukunft gestalten – Koalitionsvertrag zwischen CDU, CSU und SPD – 18. Legislaturperiode, 17.12.2013, http://www.bundesregierung.de/Content/DE/_Anlagen/2013/2013-12-17-koalitionsvertrag.pdf?__blob =publicationFile&v=2, S. 89, 08.2.2015.

[8] Vgl. Ebenda, S. 90.

[9] Vgl. Presse- und Informationsamt der deutschen Bundesregierung, Deutschlands Zukunft gestalten – Koalitionsvertrag zwischen CDU, CSU und SPD – 18. Legislaturperiode, 17.12.2013, http://www.bundesregierung.de/Content/DE/_Anlagen/2013/2013-12-17-koalitionsvertrag.pdf?__blob =publicationFile&v=2, S. 91, 08.2.2015.

[10] Vgl. Ebenda, S. 91 – 92.

- Beschränkung des Betriebsausgabenabzugs für Zahlungen an Briefkastenfirmen,
- Korrespondenz des steuerlichen Abzugs von Lizenzaufwendungen mit angemessener Besteuerung der Lizenzerträge beim Empfänger.[11]

Darüber hinaus in vertraglicher Hinsicht auf internationalem Parkett die ...

- Weiterentwicklung der nationalen Verhandlungsgrundlage für DBA, damit diese nicht nur der Vermeidung von Doppelbesteuerung sondern auch doppelter Nichtbesteuerung dienen,
- Revision des OECD-Musterabkommens zum Informationsaustausch und ein automatischer steuerlicher Informationsaustausch als internationaler Standard.

Sowie hinsichtlich der „umfassenden Transparenz" die länderspezifische Berichterstattung über Gewinne, Verluste und gezahlte Steuern („country-by-country-reporting") und natürlich deren Austausch zwischen den Steuerverwaltungen der Länder. Hier muss der deutsche Gesetzgeber nicht mehr einseitig tätig werden. Denn in der Tat ist die internationale Entwicklung so schnell gewesen, dass das neue Kapitel V der OECD TP Guidelines im vergangenen Jahr schon die wesentlichen Pflöcke eingeschlagen hat. Wie und mit welchen Konsequenzen das (inter-)national tatsächlich umgesetzt wird, werden Unternehmen und Steuerverwaltungen in den kommenden 2 Jahren hautnah erleben.

Last not least wird eine bessere Abstimmung des Unternehmenssteuerrechts in der EU angestrebt. Als Basis werden hier frühere Arbeiten zur Gemeinsamen Konsolidierten Körperschaftssteuerbemessungsgrundlage auf EU Ebene genannt. Dabei drängt sich angesichts der bisherigen Erfahrungen mit diesem Projekt allerdings die Frage auf, inwieweit hier Realismus einerseits oder Wunschdenken andererseits eine Rolle spiel(t)en.

All diese Punkte sind politisch nachvollziehbar. Und auch wenn man als steuerpflichtiges Unternehmen mit der ein oder anderen Zielvorstellung nicht so recht glücklich wird, dürften die Wähler(innen) unter den Aspekten der „Steuerehrlichkeit" und „Chancengleichheit" dennoch wohl uneingeschränkt „Ja" zur Agenda des Koalitionsvertrags sagen. Was sich in der Zwischenzeit in dieser Hinsicht international getan hat, wird im nun folgenden Abschnitt näher untersucht.

2. Wurden wir rechts überholt? – BEPS und die OECD

Angesichts des bisherigen Verlaufes des BEPS-Projekts seit Anfang 2013 mag man sich fragen, ob wir in Deutschland bei den Mitte Dezember 2013 im Koalitionsvertrag for-

---

[11] Vgl. hierzu bspw. die 10 %ige Mindestbesteuerung von Lizenzen beim Empfänger, gemäß österreichischem Steuerrecht.

mulierten zentralen steuerpolitischen Aufgaben nicht mittlerweile schon „rechts überholt" wurden. Das soll an zwei Beispielen geprüft werden, und zwar anhand der neuen Kapitel V („Dokumentation") und VI („immaterielle Wirtschaftsgüter") der OECD TP Guidelines.[12]

Zwar sind diese OECD Guidelines nur „soft law", also kein internationales Gesetzbuch für Verrechnungspreise. Aber dennoch stellen sie eine sehr wichtige und wertvolle Orientierungshilfe für steuerpflichtige Unternehmen dar, z. B. bei der Gestaltung ihrer Verrechnungspreissysteme, und für die Finanzverwaltungen der Länder, bei der Sachverhaltsprüfung oder der Interpretation einschlägiger steuerrechtlicher Regelungen.

Das BEPS-Projekt verfolgt in etwa die gleichen steuerpolitischen Ziele, auf internationaler Ebene, denen wir schon im Koalitionsvertrag begegnet sind. In wenigen Schlagworten zusammengefasst: „Steuerehrlichkeit erhöhen, Gewinnverschiebung vermeiden und mehr Transparenz schaffen." Grundsätzlich sehr positiv ist, dass bei der Entwicklung der Arbeitsergebnisse des Projekts, wie der genannten Kapitel der OECD TP Guidelines, erstmals und umfassend alle interessierten Stakeholder auf internationaler Ebene mit einbezogen wurden. Das geschah (bzw. geschieht) durch Aufrufe zur schriftlichen Stellungnahme und öffentliche Experten-Hearings zu verschiedenen Themen, so dass auch Unternehmensvertreter und die Beraterschaft zumindest die Möglichkeit haben (bzw. hatten), Anregungen oder Kritik zu äußern.

Allerdings hat das Projekt mittlerweile eine starke (unkontrollierbare ...?!) Eigendynamik entfaltet. Es wurden bzw. werden buchstäblich tausende Seiten von Papier produziert.[13] Auch die entsprechenden OECD Berichte zu den einzelnen BEPS-Aktionen zählen selten weniger als 40 Seiten, so dass man mit dem Lesen kaum nachkommt. Ein Beleg für die hohe Frequenz und Dichte der OECD Publikationen ist auch die Anzahl der „Press Releases", mittels derer die vorgenannten Dokumente und anderes Material der Öffentlichkeit vorgestellt werden. Allein im Zeitraum zwischen Mitte Februar 2013 und Mitte Mai 2015 lag diese bei über 75.

Die gemischten Gefühle, die Unternehmensvertreter angesichts dieser enormen Aktivität beschleichen mögen, werden mittlerweile selbst von Vertretern der deutschen Finanzverwaltung geteilt. Denn was anfangs noch mit Begeisterung begrüßt wurde,

---

[12] Vgl. OECD, Guidance on Transfer Pricing Documentation and Country-by-Country Reporting, 16.9.2014, http://dx.doi.org/10.1787/9789264219236-en, 15.5.2015 und OECD, Guidance on Transfer Pricing Aspects of Intangibles, 16.09.2014, http://dx.doi.org/10.1787/9789264219212-en, 15.5.2015. Anm. des Autors: Während das erstgenannte Kapitel V der OECD TP Guidelines bereits im September 2014 verabschiedet wurde, ist das Kapitel VI zu den Intangibles im Rahmen der BEPS-Aktion 8 (Intangibles) noch in der Entwurfsfassung und wird im Herbst 2015 finalisiert.

[13] Allein die Kommentare interessierter Stakeholder zum ersten Entwurf des Kapitels VI vom 29.10.2012 umfassen mehr als tausend Seiten!

könnte möglicherweise zum Bumerang werden, der in Kürze am Ausgangspunkt unsanft wieder aufschlägt. In diesem Sinne äußern sich beispielsweise Schreiber[14], Groß[15] oder Kroppen/Rasch[16].

Auch in den USA sind die Meinungen zum Verlauf des BEPS-Projekts geteilt: „... *the involvement of the United States in the BEPS Project has been described by a prominent US tax commentator as "a polite pretense of participation with quiet undermining". The subsequent media reports seem to support this observation on the position of the United States in the BEPS Project."*[17] In diesem Sinne unverhohlen äußerten sich erst kürzlich namhafte Vertreter von US Senat und Kongress in ihrem offenen Brief an den Secretary of the Treasury[18].

Es erscheint in der Tat fraglich, wie künftig verrechnungspreisbezogene Doppelbesteuerung wirksam beseitigt werden soll, wenn beispielsweise die im Rahmen des Country-by-Country Reporting eingesammelten Informationen multinationaler Unternehmen national unterschiedlich interpretiert bzw. steuerlich behandelt werden und gleichzeitig wirksame Instrumente zur zwischenstaatlichen Streitbeilegung fehlen. Allerdings scheint derzeit die Vermeidung von Doppelbesteuerung gegenüber der Vermeidung doppelter Nichtbesteuerung ohnehin an Bedeutung verloren zu haben.

Einzelne der am BEPS-Projekt beteiligten G20-Vertreter haben hier ihre eigene Sicht der Dinge, was die OECD auch nicht verschweigt.[19] Diese Positionen sind zum Teil niedergelegt in Kapitel 10 des UN Transfer Pricing Manual, dem Pendant der sich entwickelnden Länder zu den OECD TP Guidelines der etablierten Wirtschaftsnationen[20], wie in der nachfolgenden Abbildung gezeigt.

---

[14] Vgl. Schreiber, R., DB 2014 Beilage Nr. 5, S. 8-9.

[15] Vgl. Groß, B., DB 2014 Beilage Nr. 5, S. 13.

[16] Vgl. Kroppen, H.-K./Rasch, S., ISR 2014, S. 362-363.

[17] Ting, A., BIT 2015, S. 415; sowie Dorenkamp, C., in: Oestreicher, BEPS, 2015, S. 30.

[18] Vgl. Hatch, O.G./Ryan, P.D., Call on Treasury to Engage Congress on OECD International Tax Project – Letter to The Honorable Jacob Lew, 09.6.2015, http://www.finance.senate.gov/newsroom/chairman/release/?id=ff0b1d06-c227-44be-8d5a-5f998771188b, 11.6.2015.

[19] „Some countries would strike that balance in a different way (...) Countries expressing these views are primarily those from emerging markets ...", vgl. OECD, Guidance on Transfer Pricing Documentation and Country-by-Country Reporting, 16.9.2014, http://dx.doi.org/10.1787/9789264219236-en, S. 10, 15.05.2015

[20] Vgl. UN, United Nations Practical Manual on Transfer Pricing for Developing Countries, http://www.un.org/esa/ffd/documents/UN_Manual_TransferPricing.pdf, vgl. u. a. Teilkapitel 10.3.2, 10.3.3.9, 10.3.5.4, 10.3.6, 10.3.6.3 (Zitat); 10.4.1.3, 10.4.6.1, 10.4.4.3 – 10.4.4.5, 10.4.8.9 – 10.4.8.11, 03.6.2015.

3. Teil: Steuervereinfachung 197

- ▶ *Der Fremdvergleich in 'developing countries' ist problematisch*
- ▶ *Unangemessene Entlohnung lokaler verbundener Unternehmen, bei Einsatz der Cost+ Methode mit niedrigem Gewinnaufschlag*
- ▶ *(Residual) Profit Split als angemessene Alternative zu TNMM*
- ▶ *Beweislast für die Fremdüblichkeit von Verrechnungspreisen liegt beim Steuerpflichtigen*
- ▶ *Risiken für wertschöpfende Tätigkeiten werden lokal getragen und kontrolliert*
- ▶ *Was Intercompany-Verträge auch sagen mögen ... das wirtschaftliche Eigentum werthaltiger IWG liegt vor Ort*
- ▶ *„ (...) assets and the people should largely dictate where the group's profit should stay, and a global formulary approach should be a realistic and appropriate option."*

Abbildung 3.III.2: Ausgewählte Positionen der chinesischen und indischen Finanzverwaltung im UN TP Manual

Angesichts dieser Positionen kann man sich unschwer vorstellen, dass die künftige Verständigung mit den „emerging countries" in Doppelbesteuerungsfällen eine neue Herausforderung für die deutsche Finanzverwaltung wird.[21] Für die lokal steuerpflichtigen deutschen Unternehmen ist das schon gelebte Praxis, und zwar in laufenden Betriebsprüfungen vor Ort. Insofern braucht sich die Große Koalition wohl keine Sorgen darüber zu machen, dass die internationalen Rahmenbedingungen möglicherweise hinter den steuerpolitischen Zielen des Koalitionsvertrages zurückbleiben – und damit proaktive Maßnahmen des deutschen Gesetzgebers erfordern. Was das für ein multinationales Unternehmen wie die Henkel Gruppe bedeutet, wird an zwei praktischen Beispielen in den folgenden Kapiteln erläutert.

---

[21] Vgl. Eisgruber, T., in: Oestreicher, BEPS, 2015, S. 101.

3. Beispiel 1 – Verrechnungspreisdokumentation

3.1. BEPS Ziele aus Sicht der Finanzverwaltungen

In der nachfolgenden Abbildung wird versucht, die Ziele des BEPS-Projekts beim Thema TP Dokumentation aus Sicht der Finanzverwaltungen in den beteiligten Ländern zusammenfassend darzustellen.

Verwertbarkeit und Erheblichkeit
▶ *Ex ante Risikobewertung/ Unterstützung der Betriebsprüfung*

Transparenz und Zeitnähe
▶ *Besserer Zugang zu relevanten Informationen*

Konsistenz
▶ *Sachverhaltsgestaltung und -darstellung gegenüber verschiedenen Finanzverwaltungen und bzgl. der lokalen Besteuerung*

Sorgfalt und Verhältnismäßigkeit
▶ *Geheimhaltung sensibler Daten beim Informationsaustausch und im Hinblick auf Compliance-Kosten für Unternehmen*

Entscheidungsnützlichkeit
▶ *Qualität der Auswertung, Breite und Tiefe des Datenbestandes in den Finanzverwaltungen*

Abbildung 3.III.3: BEPS-Ziele aus Sicht der Finanzverwaltungen

Neben der *Verwertbarkeit* der Dokumentation für eine Risikoeinschätzung („Aufgriff ja/nein?") und spätere Betriebsprüfungsunterstützung muss *Erheblichkeit* aus Sicht des Autors nicht nur im Sinne von analytischer Relevanz sondern auch im Hinblick auf eine mögliche „Vereinfachung" für die steuerpflichtigen Unternehmen interpretiert werden, auch wenn die OECD Empfehlungen im Kapitel V etwas anderes nahelegen.[22] *Transparenz* bezieht sich auf eine Verringerung des Informationsvorsprungs der Steuerpflichtigen gegenüber der Finanzverwaltung, der aus Sicht der Treiber des BEPS-Projekts „vor allem missbräuchlich ausgenutzt" wird. *Zeitnähe* betrifft unter anderem auch die regelmäßige, jährlich zu erstellende Aktualisierung der Dokumentation. *Konsistenz* bezieht sich einerseits auf die steuerlichen Sachverhalte selbst, im Sinne des Grundsatzes

---

[22] Vgl. dazu auch Naumann, M./Groß, B., IStR 2014, S. 796; Kroppen, H.-K./Rasch, S., ISR 2014, S. 360-362; Schreiber, R., DB 2014 Beilage Nr. 5, S. 7-9.

"substance over form", sie sollte sich aber idealerweise auch auf die einheitliche Behandlung gegebener Sachverhalte in unterschiedlichen Jurisdiktionen erstrecken.[23] *Sorgfalt* wurde mit Blick auf Kapitel V der TP Guidelines um den Aspekt *Verhältnismäßigkeit* ergänzt. Allerdings sind Zweifel angebracht, ob in anderen Ländern diesbezüglich ähnliche Maßstäbe wie in Deutschland angelegt werden[24], denn es handelt sich dabei nicht immer um demokratische Staatsformen.

Und letztlich geht es um die Frage, wie *entscheidungsnützlich*[25] die zu dokumentierenden Informationen für die Finanzverwaltungen tatsächlich sind.[26] Wenn man sich dabei nicht nur von der einfachen Prämisse "mehr Information ist doch immer besser" leiten lässt, sind auch hier Zweifel angebracht. Das gilt sowohl für die Vergleichbarkeit und Verständlichkeit als Nebenbedingungen der *Entscheidungserheblichkeit* (i. S. v. Informationsbreite- und tiefe) der im Country-by-Country Report bereitzustellenden länderbezogenen Unternehmensdaten, als auch für deren Richtigkeit und intersubjektive Nachprüfbarkeit als Determinanten der *Verlässlichkeit* (i. S. v. Qualität) der bereitgestellten Daten.[27]

3.2. Das neue Kapitel V der OECD Verrechnungspreisrichtlinien

Der Country-by-Country Report ist das neue Dokumentationselement gemäß Kapitel V der OECD TP Guidelines. Es ergänzt die beiden anderen Komponenten, den Local-File und den Master-File, die in ähnlicher Form schon viele Jahre zum bekannten und international etablierten „Dokumentationspaket" in Sachen Verrechnungspreise zählen (vgl. auch Abb. 1.IV.6, unten). Aus Sicht der steuerpflichtigen Unternehmen handelt es sich daher nicht nur um eine Konkretisierung bestehender Anforderungen, um relevante Informationen besser von Unwesentlichem trennen zu können, sondern auch um eine Verschärfung.[28] Die Standpunkte der deutschen und anderer Finanzverwaltungen einerseits und der Unternehmen andererseits, zur Notwendigkeit der neuen internationalen TP Dokumentationsregeln, sind in der nachfolgenden Abbildung schlagwortartig einander gegenübergestellt.

---

[23] Vgl. Naumann, M./Groß, B., IStR 2014, S. 797.
[24] Vgl. Kroppen, H.-K./Rasch, S., ISR 2014, S. 362.
[25] Vgl. Hepers, L., Entscheidungsnützlichkeit, 2005, S. 95-97.
[26] Fuest, C./Spengel, C./Finke, K./Heckemeyer, J./Nusser, H., StuW 2015, S. 94.
[27] Vgl. Hepers, L., Entscheidungsnützlichkeit, 2005, S. 100, 105, 116-117.
[28] Vgl. Spengel, C./Nusser, H., in: Oestreicher, BEPS, 2015, S. 146-148 sowie auch Oestreicher, A., DB 2014 Beilage Nr. 5, S. 2.

Finanzverwaltung	Steuerpflichtiges Unternehmen
• Informationsasymmetrien abbauen • Transparenz der Wertschöpfungsketten erreichen • Einhaltung des Fremdvergleichs sicherstellen • Befolgungskosten auf Unternehmensseite berücksichtigen • Effektivere Streitbeilegungsmechanismen schaffen	• Unklare Begrifflichkeiten • Hoher Zusatzaufwand • Fehlende Vereinfachungen • Mangelnde Rechtssicherheit, vermehrte Doppelbesteuerung • Vertrauliches Datenhandling fraglich • Zwischenstaatliche Verständigungsverfahren suboptimal • Divergierende Standortfaktoren und nationale Besteuerungspräferenzen

Abbildung 3.III.4: Standpunkte zu den neuen Dokumentationsregeln

Der erste Punkt auf Seiten der Finanzverwaltungen betrifft die Verringerung des immer wieder beklagten Informationsvorsprungs der Steuerpflichtigen. Fraglich ist allerdings, wieviel unbekanntes dabei (z. B. in Deutschland) erstmals zu Tage tritt und welchen (zusätzlichen ...?) Erkenntnisnutzen dies dann stiften kann.[29] Der zweite und dritte Punkt betrifft die Einhaltung internationaler Steuerstandards vor dem Hintergrund der Streitfrage, wie denn der Unternehmensgewinn zwischenstaatlich „gerecht aufzuteilen" sei[30] – was im ungünstigsten Fall auch in die Sackgasse einer Kennzahlengestützten Gewinnaufteilung im Sinne von „Planwirtschaft" und damit weit weg vom Fremdvergleichsgrundsatz führen könnte (vgl. das Zitat in Abb. 1.IV.2, oben).[31] Ob die Befolgungskosten auf Unternehmensseite wirklich berücksichtigt werden und tatsächlich im Rahmen der BEPS-Aktionen 14 und 15 effektivere zwischenstaatliche Streitbeilegungsmechanismen geschaffen werden (können)[32], bleibt abzuwarten. Viel Grund zu

---

[29] Vgl. Spengel, C./Nusser, H., in: Oestreicher, BEPS, 2015, S. 149-150 und Fuest, C./Spengel, C./Finke, K./Heckemeyer, J./Nusser, H., StuW 2015, S. 94.

[30] Vgl. Fuest, C./Spengel, C./Finke, K./Heckemeyer, J./Nusser, H., StuW 2015, S. 92-93.

[31] Vgl. Lagarden, M., ITPJ 2014, S. 345 und Oestreicher, A., DB 2014 Beilage Nr. 5, S. 2.

[32] BEPS-Aktion 14: Make dispute resolution mechanisms more effective und BEPS-Aktion 15: Develop a multilateral instrument (als rechtliche bzw. vertragliche Basis zur Lösung zwischenstaatlicher Steuerfragen und/ oder steuerlicher Streitfälle).

Optimismus besteht allerdings offenbar nicht, wie zahlreiche Kritikpunkte aus Sicht der steuerpflichtigen Unternehmen auf der rechten Seite der Abb. 4 belegen.[33]

Wie geht Henkel mit diesem Thema um?

Die nachfolgende Abbildung zeigt eine mögliche Ausprägung des Master-File Konzepts im Sinnes des EU Joint Transfer Pricing Forums[34], so wie es von Henkel seit vielen Jahren erfolgreich umgesetzt wird, um den Dokumentationsprozess möglichst effektiv und effizient zu gestalten.

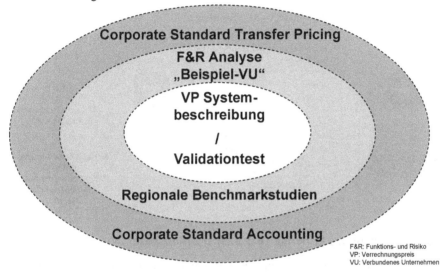

F&R: Funktions- und Risiko
VP: Verrechnungspreis
VU: Verbundenes Unternehmen

Abbildung 3.III.5: Das bisherige Master-File Konzept von Henkel

Der Aufbau folgt einem Mehrebenen-Modell, und zwar mit zunehmender Informationsbreite und -tiefe des Inhaltes der Dokumente vom äußeren Ring hin nach innen. Alle dargestellten Dokumente werden von der Steuerabteilung zentral erstellt, zum Teil mit Hilfe eines steuerlichen Shared Service Center Teams. Das ermöglicht einerseits den modularen Einsatz von Dokumentationskomponenten „Schritt für Schritt" je nach Bedarf, und zum anderen die individuelle Unterstützung verbundener Unternehmen

---

[33] Vgl. hierzu u. a. Raber, H. G., in: Oestreicher, BEPS, 2015, S. 156 ff., Dorenkamp, C., in: Oestreicher, BEPS, 2015, S. 38-40 und Kroppen, H.-K./Rasch, S., ISR 2014, S. 362-363.

[34] Vgl. EU, Verhaltenskodex zur Verrechnungspreisdokumentation für verbundene Unternehmen in der Europäischen Union, 28.7.2006, http://eur-lex.europa.eu/legal-content/DE/TXT/PDF/?uri=CELEX:42006X0728(01)&from=EN, 26.7.2015.

mit (fallweise) lokalen Benchmarkstudien oder z. B. bei der Erstellung einer eigenen (lokalen) Funktions- und Risikoanalyse, nach dem Muster der zentralen Steuerabteilung. Das bislang eingesetzte „Transfer Pricing Dokumentationspaket" setzt sich dann aus den in der nachfolgenden Abbildung dargestellten Bestandteilen zusammen.

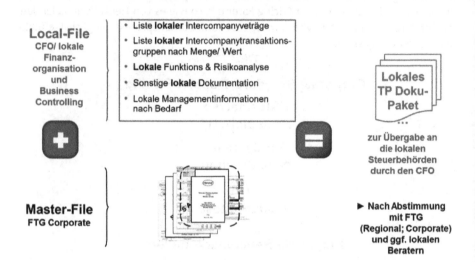

Abbildung 3.III.6: Das bisherige TP Dokumentationspaket

Weiterhin werden spezielle Dokumente, z. B. Lizenzbenchmarkstudien, auf Anforderung der zentralen Steuerabteilung von externen Beratern erstellt und danach in enger Abstimmung mit der Steuerabteilung von verbundenen Unternehmen ggf. weltweit eingesetzt. Neben den selbst erstellten Benchmarkstudien dient Henkel's „Validationtest" als Controllinginstrument einer Angemessenheitsdokumentation für die Verrechnungspreise und vereinigt dabei sowohl Daten unabhängiger Vergleichsunternehmen aus den genannten Studien als auch unternehmensinterne Daten zur Prüfung der Entlohnung der Intercompany-Transaktionspartner im Sinne des Fremdvergleichsgrundsatzes. Die Inhalte der in Abbildung 3.III.5 und 3.III.6 gezeigten Dokumente lassen sich zwanglos mit den Dokumentationsanforderungen der Gewinnabgrenzungsaufzeichnungsverordnung (§4) abgleichen. Bislang wurde das Henkel Master-File auch über viele Jahre erfolgreich im In- und Ausland in steuerlichen Betriebsprüfungen eingesetzt. Das wird, einmal ganz abgesehen vom neuen CbCR, jedoch in Zukunft bei weitem nicht mehr ausreichen![35]

Die nachfolgende Abbildung zeigt exemplarisch die Schritte, welche daher in den kommenden Monaten im Unternehmen getan werden müssen, um sich angemessen auf die neue Situation einzustellen.

Analyse der neuen Anforderungen ①	Ist-Status Henkel Master File ②	Identifikation offener Punkte ③	Testlauf neue Dokumentation ④	Review und Fine-tuning ⑤	Redesign Prozessgestaltung & Strukturen ⑥
• Prüfung der einschlägigen OECD Publikationen • Analyse von Kommentaren ausgewählter Finanzverwaltungen • Durchsicht weiterer diesbezgl. relevanter Veröffentlichungen	• Kategorisierung des bestehenden Portfolios • Detaillierter Abgleich des internen Dokumentenbestandes mit den neuen Anforderungen	• Zusammenarbeit mit relevanten internen Stakeholdern • Projektplanung • Einbindung Shared Service Center • (Ggf. Beratungssupport)	• Datenerhebung • Zusammenstellung der drei Dokumentationspakete • „Freigabeprüfung" des - Country-by-country Reports - Master-File - Local-File	• Analyse der Erfahrungen aus dem Dokumentationstestlauf (Stärken/ Schwächen) • Abstimmung mit internen Stakeholdern • Beseitigung von Schwachstellen	• Finale Prozessdefinition • Aufgabenverteilung • Verantwortlichkeiten • Ablauforganisation • Timing • Praktische Implementierung

Abbildung 3.III.7: Projektschritte zum neuen TP Dokumentationspaket

Trotz der gegebenen Unsicherheiten, bspw. im Hinblick auf die konkrete gesetzliche Umsetzung der BEPS Ergebnisse zur TP Dokumentation[36] in deutsches Steuerrecht oder bei der Frage, wie zentrale Begriffe praktisch auszulegen sind[37], ist ein Abwarten

---

[35] Vgl. Kroppen, H.-K./Rasch, S., ISR 2014, S. 364 und Schreiber, R., DB 2014 Beilage Nr. 5, S. 8.

[36] Vgl. OECD, Guidance on Transfer Pricing Documentation and Country-by-Country Reporting, 16.09.2014, http://dx.doi.org/10.1787/9789264219236-en, 15.5.2015.

[37] Ob z. B. Revenues wirklich „ohne wenn und aber" mit Einkünfte übersetzt werden muss, wie in der deutschen Übersetzung des neuen Kapitel V der OECD TP Guidelines nahegelegt wird oder ob der Begriff auch mit Umsätze übersetzt werden kann, macht einen ganz entscheiden Unterschied für das dokumentierende Unternehmen! Im ersten Fall wären aufwendige Nebenrechnungen zur Ermittlung unterschiedlicher Einkunftsarten aus verschiedenen Informationsquellen im Finanzbereich erforderlich (die nicht notwendigerweise alle in der Zentrale vorliegen). Anderenfalls könnte zumindest unmittelbar auf das unternehmensweite Reportingsystem zurückgegriffen werden – welches immerhin die Grundlage der vom Wirtschaftsprüfer testierten Jahresabschlüsse darstellt!

bis zum nächsten Jahr für ein Unternehmen wie Henkel keine Option. Denn viel zu umfassend sind die Änderungen und notwendigen Anpassungen bei der Erstellung des neuen Dokumentationspakets sowie der Zeit- und Ressourcenbedarf bei der erstmaligen Etablierung der dazu notwendigen Prozesse.

4. Beispiel 2 – Immaterielle Wirtschaftsgüter

4.1. Dokumentation im IP Kontext

Auch im Kontext immaterieller Wirtschaftsgüter wird Henkel künftig erheblich mehr Dokumentationsarbeit leisten müssen als bisher, wenn der derzeit vorliegende Entwurf der Kapitel VI der OECD TP Guidelines im Herbst 2015 seine Endfassung erhalten haben wird.[38] Die nachfolgende Abbildung gibt einen zusammenfassenden Überblick darüber, welche Aspekte bei dieser neuartigen Ausprägung von „IP Dokumentation" zu berücksichtigen sind.[39]

---

[38] Vgl. OECD, Guidance on Transfer Pricing Documentation and Country-by-Country Reporting, 16.9.2014, http://dx.doi.org/10.1787/9789264219236-en, 15.5.2015 und OECD, Guidance on Transfer Pricing Aspects of Intangibles, 16.09.2014, http://dx.doi.org/10.1787/9789264219212-en, 15.5.2015. Anm. des Autors: Während das erstgenannte Kapitel V der OECD TP Guidelines bereits im September 2014 verabschiedet wurde, ist das Kapitel VI zu den Intangibles im Rahmen der BEPS-Aktion 8 (Intangibles) noch in der Entwurfsfassung und wird im Herbst 2015 finalisiert.

[39] Vgl. Lagarden, M., IWB 2014, S. 722.

3. Teil: Steuervereinfachung

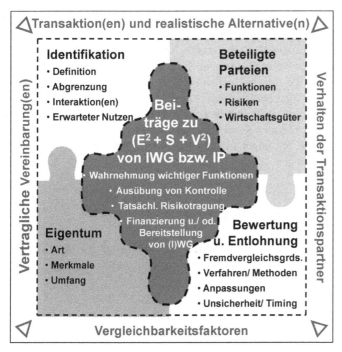

E²: Entwicklung und Erhaltung / S: Schutz / V²: Verbesserung und Verwertung /
(I)WG: (Im)materielle Wirtschaftsgüter / IP: Intellectual Property (geistiges Eigentum)

Abbildung 3.III.8: TP Dokumentation im IP Kontext

Neben der Darstellung der realistischen Alternativen[40] für die an einer Intercompany-Transaktion beteiligten Parteien und der angemessenen Würdigung von Vergleich(barkeit)sfaktoren, wie z. B. Standortvorteilen oder lokalen Marktgegebenheiten[41], sind insbesondere die Wahrnehmung wichtiger Funktionen, Ausübung von Kontrolle und die tatsächliche Risikotragung das Kernstück bei der künftigen Beantwortung der Frage, wer denn die wesentlichen Beiträge zur Entwicklung, Erhaltung, Verbesserung, Verwertung und zum Schutz immaterieller Wirtschaftsgüter im Konzern

---

[40] Vgl. OECD, Guidance on Transfer Pricing Aspects of Intangibles, 16.9.2014,
http://dx.doi.org/10.1787/9789264219212-en, Chapter VI, section D1, 15.5.2015.

[41] Vgl. OECD, Guidance on Transfer Pricing Aspects of Intangibles, 16.9.2014,
http://dx.doi.org/10.1787/9789264219212-en, Amendments to Chapter I, Tzn. 1.80-1.104 und Chapter VI,
Tzn. 6.30-6.31, 6.136, 15.5.2015.

geleistet hat. Danach bemisst sich der Anspruch auf entsprechende Entlohnungsanteile (... oder auch Verluste?!) aus den immateriellen Wirtschaftsgütern.[42] Die Finanzierung von Aktivitäten, die immaterielle Wirtschaftsgüter hervorbringen können, ist demgegenüber nur von nachgeordneter Bedeutung.[43] Funktionsausübung, Kontrolle und Risikoübernahme sind also die entscheidenden Faktoren, die wirtschaftliches Eigentum an immateriellen Wirtschaftsgütern begründen. Aus Sicht der OECD ist das wirtschaftliche Eigentum auch „führend" gegenüber dem rechtlichen Eigentum an immateriellen Wirtschaftsgütern, wie es üblicherweise vertraglich zwischen verbundenen Unternehmen im Konzern (oder auch mit unabhängigen Dritten) geregelt ist, z. B. im Falle von Auftragsforschungsbeziehungen.

4.2. Auftragsforschung in der Henkel Gruppe und Kapitel VI der OECD Verrechnungspreisrichtlinien

Henkel's Innovationsstrategie aus dem Jahr 2012 setzt auf die sukzessive Etablierung von F+E-Zentren in „emerging regions", wie die nachfolgende Abbildung zeigt.

---

[42] Vgl. OECD, Guidance on Transfer Pricing Aspects of Intangibles, 16. 9.2014, http://dx.doi.org/10.1787/9789264219212-en, Chapter VI, Tzn. 6.47-6.65, 15.5.2015 (On 5 October 2015, the OECD issues final guidance on transfer pricing for intangibles under BEPS Action 8).

[43] Vgl. OECD, Guidance on Transfer Pricing Aspects of Intangibles, 16.9.2014, http://dx.doi.org/10.1787/9789264219212-en, Chapter VI, Tzn. 6.59-6.61, 15.5.2015 (On 5 October 2015, the OECD issues final guidance on transfer pricing for intangibles under BEPS Action 8).

3. Teil: Steuervereinfachung 207

- Significant expansion of R&D centers in all emerging regions
- Further leverage local competence

Abbildung 3.III:.9: Henkels's Innovationsstragie

Auftragsforschung ist für Henkel daher ein wichtiges Thema. Das gilt insbesondere deshalb, da der Konzern kein Interesse daran hat, den Anspruch auf das rechtliche und wirtschaftliche Eigentum an den für Henkel wesentlichen global genutzten immateriellen Wirtschaftsgütern unter einer Vielzahl von verbundenen Unternehmen aufteilen zu müssen. Leider betrifft dies allerdings auch Staaten, die speziell zum Thema Auftragsforschung ihre eigenen Vorstellungen dazu haben, wer welchen Beitrag leistet und wem danach welcher Entlohnungsanteil zustehen soll[44] (siehe unten).

Bisher wurde bzw. wird das Thema Auftragsforschung bei Henkel in der nachfolgend dargestellten Art und Weise gehandhabt.

---

[44] Vgl. Lagarden, M., IWB 2014, S. 725-728.

Charakterisierung der Henkel AG & Co. KGaA als *Prinzipal* bei Auftragsforschung mit verbundenen Unternehmen

- ▶ Bereitstellung des Basis-IP für den Auftragsforschungsnehmer
- ▶ Vollkostenfinanzierung
- ▶ Managemententscheidungen, Kontrolle und Risikotragung
- ▶ Im Erfolgsfall: Eigentum am entwickelten IP
- ▶ Wirtschaftliche Auswertung des IP und Residualgewinn

Charakterisierung verbundener Auftragsforschungsnehmer in der Henkel Gruppe

- ▶ Kein Finanzierungsbeitrag
- ▶ Begrenzte Risikotragung
- ▶ Im Erfolgsfall: Kein Eigentum am entwickelten IP
- ▶ Keine wirtschaftliche Auswertung des IP und kein Residualgewinn, sondern Routineentlohnung für Dienstleistungen

Abbildung 3.III.10: Auftragsforschung bei Henkel

Folgt man nun den Ausführungen des neuen Kapitel VI[45] der OECD TP Guidelines, so muss künftig ausführlicher und genauer begründet werden, wie insbesondere die Ausübung wichtiger Funktionen und eine wirksame Kontrolle im Auftragsforschungskontext in der Praxis „gelebt" werden, wer darin (ggf.) „persönlich" involviert ist und inwieweit ein Outsourcing dabei möglich ist. Das ist deshalb nicht ganz unproblematisch, da in einem internationalen Konzern eben nicht alle relevanten Entscheidungen ausschließlich in der Zentrale getroffen werden und verantwortliche Top Manager ggf. auch an verschiedenen Standorten weltweit lokalisiert sind. Darüber hinaus agieren die F+E Mitarbeiter bzw. -Manager in verbundenen Unternehmen vor Ort nicht bloß als „verlängerte Werkbank" der zentralen Einheiten, sondern es sind selbst gut ausgebildete Spezialisten die ihre Arbeitsgebiete selbständig führen, womit auch Doppelarbeit im Unternehmen vermieden wird – so wie dies im Übrigen auch bei externen (unverbundenen) Kooperationspartnern der Fall ist! Umgekehrt kann man aus einer ggf. hohen Anzahl von Mitarbeitern in einem Land mit entsprechenden Lohnkostenvorteilen nicht

---

[45] Vgl. OECD, Guidance on Transfer Pricing Aspects of Intangibles, 16.9.2014, http://dx.doi.org/10.1787/9789264219212-en, Chapter VI, section D1, 15.5.2015.

automatisch ableiten, dass der Wertbeitrag der lokalen Organisation per definitionem höher sein muss als in einer zentralen Einheit mit weniger Personal.[46] Die geschilderten Rahmenbedingungen müssen zwar nicht gegen die bisherige „Auftragsforschung im klassischen Stil" sprechen. Man kann sich jedoch gut vorstellen, dass im Detail nicht ganz so einfach darzustellen ist, welche wichtigen Funktionen denn konkret im Auftragsforschungsumfeld von wem ausgeübt werden, wie dies genau erfolgt und wie und in welchem Umfang tatsächlich eine Kontrolle des Auftragnehmers durch den Prinzipal stattfindet. Das Kapitel VI der OECD TP Guidelines bietet hier zu wenige Anhaltspunkte. Demgegenüber ist eine Risikotragung oder Finanzierung von Aktivitäten im Auftragsforschungsumfeld deutlich einfacher belegbar. Streitpunkte mit bestimmten Finanzverwaltungen erscheinen hierbei jedenfalls vorprogrammiert[47], wie auch ein erneuter Blick in das bereits erwähnte Kapitel 10 des UN TP Manual zeigt[48].

---

[46] Vgl. Oestreicher, A., DB 2014 Beilage Nr. 5, S. 2.
[47] Vgl. Chakravarty, A., Shuchi, R., ITPJ 2013, S. 405-406 und Ebering, A./Simonovic, J., Auftragsforschung im Fokus der indischen Finanzverwaltung, 2014, S. 2-4.
[48] Vgl. UN, United Nations Practical Manual on Transfer Pricing for Developing Countries, http://www.un.org/esa/ffd/documents/UN_Manual_TransferPricing.pdf, vgl. u. a. Teilkapitel 10.3.2, 10.3.3.9, 10.3.5.4, 10.3.6, 10.3.6.3 (Zitat); 10.4.1.3, 10.4.6.1, 10.4.4.3 – 10.4.4.5, 10.4.8.9 – 10.4.8.11, 03.6.2015.

China's Position zu Auftragsforschung im *UN Manual on TP*
- ▶ Lokale Kostenvorteile und inhaltliche Beiträge rechtfertigen eine höhere Cost+ Entlohnung lokaler Auftragsforschung
- ▶ Der *NHTE* Status nicht vereinbar mit Cost+ Entlohnung

Indien's Position zu Auftragsforschung im *UN Manual on TP*
- ▶ Lokale Kostenvorteile und fähige Personalressourcen sind nicht vereinbar mit (niedriger) Cost+ Entlohnung
- ▶ Die bloße Finanzierung von Auftragsforschungsaktivitäten ist weder verbunden mit entsprechender Risikotragung und Kontrolle, noch mit einem Anspruch auf den Transfer des geschaffenen IP
- ▶ Strategische Entscheidungen im Tagesgeschäft, die Überwachung der Auftragsforschung und die operative Risikoübernahme erfolgen lokal

Abbildung 3.III.11: Ausgewählte Positionen Chinas und Indiens zum Thema Auftragsforschung

Auch wenn es bspw. nachvollziehbar ist, dass ein Auftragsforschungsverhältnis sinnvollerweise nicht mit dem New High Technology Enterprise (NHTE) Status des gleichen Unternehmens in China verbunden sein dürfte, fällt es schwer einzusehen, warum für Auftragsforschung z. B. in Indien eher ein Profit Split als eine Cost+ Entlohnung in Frage kommen soll oder bestehende Verträge zum IP Transfer quasi „ex cathedra" als „unwirksam" angesehen werden. Darüber hinaus wird es vor dem Hintergrund der Ausführungen in Kapitel VI der OECD TP Guidelines[49] auch schwerer gegen die indische Position zu argumentieren, die lokalen „strategic operational decisions" und die „control over the operational and other risks" begründeten einen mindestens ebenso hohen Wertbeitrag und damit Entlohnungsanspruch des Auftragsforschungsnehmers wie die strategischen F+E Entscheidungen des Prinzipals.[50]

---

[49] Vgl. OECD, Guidance on Transfer Pricing Aspects of Intangibles, 16.9.2014, http://dx.doi.org/10.1787/9789264219212-en, Chapter VI, section D1, 15.5.2015.

[50] Vgl. UN, United Nations Practical Manual on Transfer Pricing for Developing Countries, http://www.un.org/esa/ffd/documents/UN_Manual_TransferPricing.pdf, Kapitel 10, sections 10.4.4.3-10.4.4.5, 03.6.2015.

5. Quo vadis Steuervereinfachung?

5.1. Fazit zur Umsetzung der Kapitel V und VI der OECD Verrechnungspreisrichtlinien

Das führt uns zurück zu der Frage: „Quo vadis Steuervereinfachung?" Und zwar nicht nur in Deutschland, sondern auch auf internationaler Ebene, denn davon sind wir nicht abgekoppelt, wie bereits erläutert wurde. Einige kritische Punkte im Hinblick auf Ergebnisse des BEPS-Projekts zur TP Dokumentation und zu den „Intangibles" sind aus Unternehmenssicht in der nachfolgenden Abbildung noch einmal kurz zusammengefasst.

- Interpretationsspielräume bei Begriffen/ nachgefragten Daten
- Komplexität, Darstellungsprobleme
- Aufwand und Verhältnismäßigkeit für die Steuerpflichtigen fragwürdig
- Erklärungsbedürftigkeit von Daten bei Aggregation/ Abweichungen
- Gestaltung des internationalen vertraulichen Informationsaustausches und potenziell divergierende nationale Informationsanforderungen
- Unzureichende internationale Streitbeilegungsmechanismen
- Ökonomische Interessen der Staaten und Finanzverwaltungen
- Steuerwettbewerb bleibt bestehen

Abbildung 3.III.12: Fazit zur Umsetzung der neuen OECD Regeln im Kontext der BEPS-Aktionen 8 und 13

Nicht nur bei den Inhalten des CbC Reports oder beim Verständnis „wichtiger Funktionen" sowie „Kontrolle", im Zusammenhang mit der Schaffung immaterieller Wirtschaftsgüter, gibt es nennenswerte Interpretationsspielräume im Hinblick auf einzelne Begriffe und die diesbezgl. zu dokumentierenden Daten.[51] Das betrifft unter anderem auch die Komplexität einer Darstellung auf Länderebene, unterschiedliche Rechnungslegungsgrundsätze oder die Notwendigkeit zu Überleitungsrechnungen, um Fehlschlüsse auf Seiten der Finanzverwaltungen zu vermeiden.

---

[51] Vgl. z. B. Oestreicher, A., DB 2014 Beilage Nr. 5, S. 2.

Ob den kritischen Punkten „Aufwand und Verhältnismäßigkeit" schon damit ausreichend getragen wurde, dass Unternehmen mit einem konsolidierten Jahresumsatz von 750 Mio. € von den neuen Dokumentationsregeln ausgenommen werden (sollen), ist zumindest diskussionswürdig.[52] Und neben der Problematik einer vertraulichen Handhabung der im CbC Report zu dokumentierenden sensiblen Unternehmensdaten[53] wurden auch die unzureichenden Streitbeilegungsmechanismen kurz angedeutet.[54] Diese spiegeln sich nicht nur in den seit Jahren unverändert hohen Fallzahlen offener Vorabverständigungs- und Verständigungsverfahren im Verantwortungsbereich der deutschen – sondern auch anderer Finanzverwaltungen.

Es fällt schwer sich vorzustellen wie die deutsche Finanzverwaltung in den nächsten Monaten sicherstellen will, dass die neuen internationalen Anforderungen für die steuerpflichtigen Unternehmen in Deutschland auch erfüllbar sein werden – im Koalitionsvertrag war noch die Rede von „günstigen Rahmenbedingungen für Innovationen und Wachstum sowie Planungssicherheit für Unternehmen", wie eingangs erwähnt. [55]

Schließlich bleibt festzuhalten, dass auch größere Transparenz wenig an den ökonomischen Eigeninteressen der Staaten und ihrer Finanzverwaltungen als jeweils ausführenden Organen ändern dürfte. Der internationale Steuerwettbewerb, der eben auch auf unterschiedlichen wirtschaftlichen Rahmenbedingungen in den verschiedenen Staaten beruht, bleibt bestehen. Und „Wettbewerb" impliziert, dass es dabei unweigerlich Gewinner und Verlierer gibt[56].

---

[52] Vgl. OECD, Action 13: Guidance on the Implementation of Transfer Pricing Documentation and Country-by-Country Reporting, 06.2.2015, http://www.oecd.org/ctp/beps-action-13-guidance-implementation-tp-documentation-cbc-reporting.pdf, Tzn. 9-10, 15.5.2015.

[53] Vgl. z. B. Oestreicher, A., DB 2014 Beilage Nr. 5, S. 2 oder Kroppen, H.-K./Rasch, S., ISR 2014, S. 363.

[54] Vgl. hierzu u. a. Raber, H. G., in: Oestreicher, BEPS, 2015, S. 156 ff., Dorenkamp, C., in: Oestreicher, BEPS, 2015, S. 38-40 und Kroppen, H.-K./Rasch, S., ISR 2014, S. 362-363.

[55] Vgl. Presse- und Informationsamt der deutschen Bundesregierung, Deutschlands Zukunft gestalten – Koalitionsvertrag zwischen CDU, CSU und SPD – 18. Legislaturperiode, 17.12.2013, http://www.bundesregierung.de/Content/DE/_Anlagen/2013/2013-12-17-koalitionsvertrag.pdf?__blob=publicationFile&v=2, S. 89, 08.2.2015.

[56] Vgl. dazu Ting, A., BIT 2015, S. 415; sowie Dorenkamp, C., in: Oestreicher, BEPS, 2015, S. 30, Hatch, O.G./Ryan, P.D., Call on Treasury to Engage Congress on OECD International Tax Project – Letter to The Honorable Jacob Lew, 09.6.2015, http://www.finance.senate.gov/newsroom/chairman/release/?id=ff0b1d06-c227-44be-8d5a-5f998771188b, 11.06.2015, Eisgruber, T., in: Oestreicher, BEPS, 2015, S. 101, sowie Raber, H.G., in: Oestreicher, BEPS, 2015, S. 156, 158-161 und Schreiber, R., DB 2014 Beilage Nr. 5, S. 7.

5.2 Was kommt, was bleibt?

Die nachfolgende Abbildung zeigt die drei Handlungsfelder, die sich aus dem vorher Gesagten ergeben.

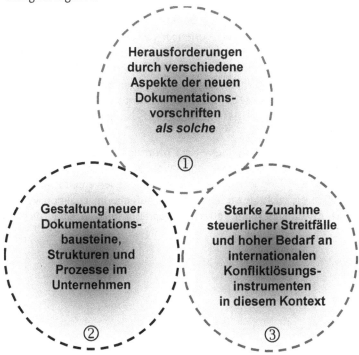

Abbildung 3.III.13: Handlungsfelder beim Thema TP Dokumentation und der Lösung zwischenstaatlicher Steuerkonflikte

Das Handlungsfeld ① betrifft den künftigen Umgang mit den Herausforderungen der neuen Dokumentationsregeln als solche (z. B. Inhalte, Umfang) und ihre (hoffentlich zumindest) konsistente internationale Implementierung, im Hinblick auf Unsicherheiten und Auslegungsspielräume seitens der Finanzverwaltungen und auch der Unternehmen. Das Handlungsfeld ② ist nicht nur für die betroffenen multinational agierenden Unternehmen relevant, die ihre Dokumentationsmodule, Strukturen und Prozesse zeitnah auf die umfangreichen Anforderungen der neuen Kapitel V und VI der OECD TP Guidelines einstellen müssen, sondern auch für die Finanzverwaltungen, die mit der zusätzlichen Informationsflut dann auch entsprechend umzugehen haben.

Es darf erwartet werden, dass das internationale Steueraufkommen in den kommenden Jahren im Zuge der nationalen Umsetzung der BEPS Gegenmaßnahmen steigt, und zwar insbesondere durch eine deutliche Zunahme von Doppelbesteuerungsfällen. Diese können erfahrungsgemäß (wenn überhaupt) nur in sehr langwierigen Verständigungsverfahren und ggf. auch nicht vollständig beseitigt werden (von Straf- und Zinszahlungen einmal ganz abgesehen). Das wird offenbar von den handelnden Personen auf OECD- und G20-Ebene im BEPS- Projekt billigend in Kauf genommen. Denn es trifft, dem allgemeinen Gerechtigkeitsempfinden folgend, „die Richtigen" und ist auch deutlich leichter durchsetzbar als eine internationale Harmonisierung des Steuerrechts oder ein Verzicht auf bestimmte Instrumente des Steuerwettbewerbs seitens der beteiligten Staaten.[57] Diese Problematik skizziert das Handlungsfeld ③ und die dem zugrunde liegenden BEPS-Aktionen 14 und 15.[58]

Deutschland wird im Wettbewerb mit den „emerging countries" tendenziell vermutlich eher Steuersubstrat einbüßen als hinzu gewinnen, obwohl BEPS bei uns nur eine relativ geringe Rolle spielen dürfte.[59] Und letztlich wird klar: Eine Steuervereinfachung, wie von der Großen Koalition als wichtige steuerpolitische Aufgabe im Koalitionsvertrag definiert (vgl. Abb. 1), ist zumindest im Verrechnungspreisumfeld am Ende nicht in Sicht.

---

[57] Vgl. Lagarden, M., ITPJ 2014, S. 346; Dorenkamp, C., in: Oestreicher, BEPS, 2015, S. 27, 30-31, 35; Raber, H.G., in: Oestreicher, BEPS, 2015, S. 166.

[58] Vgl. Fn. 32.

[59] Vgl. dazu u. a. Langkau, D./Rubart, J., IStR 2013, S. 660-663; Piltz, D. J., IStR 2013, S. 681-682; o. V., FAZ 05.1.2015, S. 15 sowie Dorenkamp, C., in: Oestreicher, BEPS, 2015, S. 40-41 und Eisgruber, T., in: Oestreicher, BEPS, 2015, S. 101.

Literaturverzeichnis

AmtshilfeRLUmsG vom 26.6.2013, BStBl I 2013, S. 802

Apel, D./Kunze, R./Lehmbrock, M. et al., (Reform der Grundsteuer): Reform der Grundsteuer, Stellungnahme Der Vereinigung für Stadt-, Regional- und Landesplanung (SRL), http://srl.de/dateien/dokumente/de/stellungnahme_srl-ausschusses_planungsrecht_grundsteuer-reform.pdf, 23.7.2015

Arbeitsgruppe der Länder Baden-Württemberg, Bayern und Hessen, (Eckpunkte für eine vereinfachte Grundsteuer, 8.2010): Eckpunkte für eine vereinfachte Grundsteuer nach dem Äquivalenzprinzip, 8.2010, https://www.ihk-suhl.de/files/12E0F1D13D1/Modell%20Baden-W%C3%BCrttemberg,%20Bayern%20und%20Hessen, 24.8.2015

Bärsch, S./Engelen, C./Färber, N., (DB 2016): Die Dokumentation von Verrechnungspreisen und das Country-by-Country Reporting – Die neuen Anforderungen der OECD und der EU, in: Der Betrieb 2016, S. 972-982

Baumhoff, H./Liebchen, D. (Verrechnungspreise international verbundener Unternehmen, 2014): Kapitel 3 Der Fremdvergleich als Instrument internationaler Einkünfteabgrenzung, in: Wassermeyer, F./Baumhoff, H., (Verrechnungspreise international verbundener Unternehmen, 2014): Verrechnungspreise international verbundener Unternehmen, herausgegeben von Wassermeyer, F., Baumhoff, H., Köln 2014

Bayerisches Staatsministerium der Finanzen, (Pressemitteilung, 29.5.2015): Pressemitteilung Nr. 230, 29.5.2015, http://www.stmflh.bayern.de/internet/stmf/aktuelles/pressemitteilungen/22606/index.htm, 24.8.2015

Becker, J., (BB 2013): Die Reform der Grundsteuer – wem obliegt die Gesetzgebungskompetenz, in: Betriebs-Berater 2013, S. 861-866

Benz, S./Böhmer, J., (IStR 2015): Der aktuelle Stand der steuerpolitischen Vorhaben der G20, in: Internationales Steuerrecht 2015, S. 380-387

Bertelsmann Stiftung, (Eine nachhaltige Reform der Gemeindefinanzierung, 1.2011): Eine nachhaltige Reform der Gemeindefinanzierung, Das Drei-Säulen-Modell der Bertelsmann Stiftung, 1.2011, https://www.wegweiser-kommune.de/documents/10184/17495/Reform_der_Gemeindefinanzierung.pdf/e7c52cd9-70b1-449e-90d2-ab9dc69c0e40, 24.8.2015

Bundesregierung, (Koalitionsvertrag, 27.11.2013): Deutschlands Zukunft gestalten. Koalitionsvertrag zwischen CDU, CSU und SPD, http://www.bundesregierung.de/Content/DE/_Anlagen/2013/2013-12-17-koalitionsver-trag.pdf;jsessionid=DD01BEB0C36CC8D22101A3CF2CC377B2. s1t2?__blob=publicationFile&v=2, S. 1-185, 18.12.2015

Bizer, K./Lang, J., (Ansätze für ökonomische Anreize zum sparsamen und schonenden Umgang mit Bodenflächen): Ansätze für ökonomische Anreize zum sparsamen und schonenden Umgang mit Bodenflächen, Forschungsbericht 20103196 (alt), neu: 29615196, Berlin 2000

Blesinger, K., (Haftung und Duldung im Steuerrecht, 2005): Haftung und Duldung im Steuerrecht. Materielles Recht und Verfahrensablauf, Stuttgart 2005

Blümich, W., (Hrsg.), (EStG, 2015): EStG – KStG – GewStG: Einkommensteuer Körperschaftsteuer Gewerbesteuer, Kommentar, herausgegeben von Heuermann, B., Brandis, P., München 2015, Stand: August 2015

Bodden, G., (DStR 2015): § 50i EStG – Eine Bestandsaufnahme, in: Deutsches Steuerrecht 2015, S. 150-158

Bundesfinanzministerium, (Referentenentwurf, 01.06.2015): Entwurf eines Gesetzes zur Anpassung des Erbschaftsteuer- und Schenkungsteuergesetzes an die Rechtsprechung des Bundesverfassungsgerichts, https://www.bundesfinanzministerium.de/Content/DE/Downloads/Gesetze/ 2015-06-02-G-z-Anpassung-d-ErbStR-u-SchenkSt-a-d-Rspr-d-BVerfG.pdf?__blob=publicationFile&v=3, 01.06.2015, S. 1-38, 01.06.2015

Bundesfinanzministerium, (Diskussionsentwurf, 21.07.2015): Diskussionsentwurf eines Gesetzes zur Reform der Investmentbesteuerung, 21.07.2015, http://www.bundesfinanzministerium.de/Content/DE/Standardartikel/Them en/Steuern/Steuerarten/Investmentsteuer/2015-07-22-Diskussionsentwurf-Investmentsteuerreformgesetz%E2 %80 %93InvStRefG.pdf?__blob= publicationFile&v=3, S. 1-199, 02.12.2015.

Bundesfinanzministerium, (Referentenentwurf 26.08.2015): Entwurf eines Gesetzes zur Modernisierung des Besteuerungsverfahrens, 26.08.2015, http://www.bundesfinanzministerium.de/Content/DE/Downloads/Gesetze/ 2015-08-27-entwurf-eines-Gesetzes-zur-modernisierung-des-besteuerungsverfahrens.pdf?__blob=publicationFile&v=1, S. 1-136, 02.12.2015

Bunjes, J., (Hrsg.), (UStG, 2015): Umsatzsteuergesetz, Kommentar, herausgegeben von Bunjes J., 14. Auflage, München 2015

Bron, J.F., (IStR 2012): Zum Risiko der Entstrickung durch den Abschluss bzw. die Revision von DBA Überlegungen zu Outbound-Investitionen unter besonderer Berücksichtigung von Art. 13 Abs. 4 OECD-MA, § 6 AStG sowie von Umstrukturierungen, in: Internationales Steuerrecht 2012, S. 904-910

Bron, J.F., (IStR 2014): Entstrickungsbesteuerung anlässlich DBA-Revision bzw. DBA-Abschluss und die Ergänzung des § 6 AStG durch das ZollkodexAnpG, in: Internationales Steuerrecht 2014, S. 918-920

BMF, (Datensammlung zur Steuerpolitik, 2014): Datensammlung zur Steuerpolitik, 2014, http://www.bundesfinanzministerium.de/Content/DE/Downloads/Broschueren_Bestellservice/2015-03-17-datensammlung-zur-steuerpolitik-2014.pdf?__blob=publicationFile&v=4, 24.8.2015

CDU, (Koalitionsvertrag von CDU, CSU und SPD für die 16. Legislaturperiode, Gemeinsam für Deutschland – mit Mut und Menschlichkeit, 11.11.2005): Koalitionsvertrag von CDU, CSU und SPD für die 16. Legislaturperiode, Gemeinsam für Deutschland – mit Mut und Menschlichkeit, 11.11.2005, https://www.cdu.de/sites/default/files/media/dokumente/05_11_11_Koalitionsvertrag_Langfassung_navigierbar_0.pdf, 24.8.2015

Chakravarty, A./Shuchi, R., (ITPF 2013): Circulars on Transfer Pricing of Contract R&D Centres: the Road Ahead, in: International Transfer Pricing Journal 2013, S. 404-406

Crezelius, G., (ZEV 2015): Die Erbschaftsteuerentscheidung des BVerfG – erste steuersystematische Überlegungen; in: Zeitschrift für Erbrecht und Vermögensnachfolge 2015, S. 1-7

CPB, (Update Report VAT GAP, 9.2014): 2012 Update Report to the Study to quatify and anaöyse the VAT gap in the EU-27 Member States, 9.2014, http://ec.europa.eu/taxation_customs/resources/documents/common/publications/studies/vat_gap2012.pdf, 20.8.2015

Deutscher Bundestag, Plenarprotokoll der 39. Sitzung am 5.6.2014

Dieterich, H./Josten, R., Gutachten zur Einführung einer Bodenwertsteuer, in: Fragen der Freiheit 1998, S. 249

Die Senatorin für Finanzen, Freie Hansestadt Bremen, (Grundsteuer auf der Basis von Verkehrswerten, 2010): Grundsteuer auf der Basis von Verkehrswerten, Machbarkeitsstudie, 2010, http://www.finanzen.bremen.de/sixcms/media.php/13/Machbarkeitsstudie_lang__22.pdf, 24.8.2015

Ditz, X., (DBA, 2013): Art. 7 OECD-MA 2010, in: Schönfeld, J./Ditz, X. , (DBA, 2013): Doppelbesteuerungsabkommen, herausgegeben von Schönfeld, J., Ditz, X., Köln 2013

Ditz, X., (ISR 2013): Der „Authorised OECD Approach" wird Wirklichkeit, Kritische Analyse des § 1 Abs. 5 AStG i.d.F. AmtshilfeRLUmsG, in: Internationale Steuer-Rundschau 2013, S. 261-267

Ditz, X., (Verrechnungspreise international verbundener Unternehmen, 2014): Kapitel 6E Finanzierungsleistungen, in: Waseermeyer, F./Baumhoff, H., (Verrechnungspreise international verbundener Unternehmen, 2014): Verrechnungspreise international verbundener Unternehmen, herausgegeben von Wassermeyer, F., Baumhoff, H., Köln 2014

Ditz, X., (FR 2015): Die Grenzen des Fremdvergleichs – Zugleich Plädoyer für ein Festhalten am Fremdvergleichsgrundsatz, in: Finanz-Rundschau 2015, S. 119-125

Ditz, X./Quilitzsch, C., (FR 2012): Aktuelle Entwicklungen im Hinblick auf die Definition der Betriebsstätte, in: Finanz-Rundschau 2012, S. 493-501

Ditz, X./Luckhaupt, H., (ISR 2015): Betriebsättengewinnaufteilungsverordnung – Neues Gewinnaufteilungsrecht für Betriebsstätten, in: Internationale Steuer-Rundschau 2015, S. 1-10

Ditz, X./Schneider, M., (DStR 2010): Änderungen des Betriebsstättenerlasses durch das BMF-Schreiben vom 25.8.2009, in: Deutsches Steuerrecht 2010, S. 81-87

Ditz, X./Quilitzsch, C., (DStR 2015): Internationale Aspekte des Zollkodex-Anpassungsgesetzes, in: Deutsches Steuerrecht 2015, S. 545-552

Ditz, X./Quilitzsch, C., (DStR 2013): Die Änderungen im AStG durch das AmtshilfsRLUmsG – Quo vadis Außensteuergesetz?, in: Deutsches Steuerrecht 2013, S. 1917-1923

Ditz, X./Quilitzsch, C., (DStR 2014): Erweiterung von Offenlegungspflichten durch Country by Country Reporting, Steuerpolitischer Nutzen und verfahrensrechtliche Grenzen, in: Deutsches Steuerrecht 2014, S. 127-131

Dorenkamp, C., (Oestreicher, BEPS, 2015): BEPS – Druckpunkte aus Sicht eines deutschen Konzerns, in: Oestreicher, A. (Hrsg.) BEPS – Base Erosion and Profit Shifting, Herne 2015, S. 25-42

Ebber, B., (NWB infoCenter „Karussellgeschäfte"): Karussellgeschäfte, http://datenbank.nwb.de/Dokument/Anzeigen/123580/, [PAAAB-14440], 11.12.2015

Ebering, A./Simonovic, J., (Auftragsforschung im Fokus der indischen Finanzverwaltung, 2014): Auftragsforschung im Fokus der indischen Finanzverwaltung:

bemerkenswerte Verwaltungsanweisungen des indischen Finanzministeriums, Herne 2014

EG-Kommission (UR 2008): Mitteilung der Kommission an den Rat und an das Europäische Parlament über Maßnahmen zur Änderung des Mehrwertsteuersystems für die Betrugsbekämpfung, in: Umsatzsteuer-Rundschau 2008, S. 251-255

Eisgruber, T., (Oestreicher, BEPS, 2015): BEPS – aus Sicht der Finanzverwaltung, in: Oestreicher, A. (Hrsg.) BEPS – Base Erosion and Profit Shifting, Herne 2015, S. 91-103

Elbert, D./Wellmann, R./Münch, M., Verrechnungspreisdokumentation Reloaded? – Anmerkungen zur Guidance der OECD betreffend die Dokumentation von Verrechnungspreisen und das Country-by-Country-Reporting, in: Internationales Steuerrecht 2014, S. 800-806

Eriks, G., (DStR 2015): Der Entwurf zur Anpassung des ErbStG an das BVerfG-Urteil v. 17.12.2014 – „minimalinvasiv" oder „maximaladministrativ"?, in: Deutsches Steuerrecht 2015, S. 1409-1416

EU, (Verhaltenskodex zur Verrechnungspreisdokumentation für verbundene Unternehmen in der Europäischen Union , 28.7.2006): Verhaltenskodex zur Verrechnungspreisdokumentation für verbundene Unternehmen in der Europäischen Union, 28.7.2006, http://eur-lex.europa.eu/legal-content/DE/TXT/PDF/?uri=CELEX:42006X0728(01)&from=EN, 26.7.2015

EY, (Indirect tax, 2015): Indirect tax in 2015 A review of global indirect tax developments and issues, http://www.ey.com/Publication/vwLUAssets/ey-indirect-tax-developments-in-2015/$FILE/ey-indirect-tax-developments-in-2015.pdf, 2015, S. 1-113, 02.12.2015

FAZ, (23.7.2015): 23.7.2015, http://www.faz.net/agenturmeldungen/adhoc/laender-naehern-sich-bei-seit-jahren-strittiger-grundsteuer-reform-an-13667911.html, 23.7.2015

Forster, E., Schorer, E., (UR 2002): Anwendbarkeit der neu eingeführten Umsatzsteuerhaftung nach § 25d UStG auf Insolvenzfälle, in: Umsatzsteuer-Rundschau 2002, S. 361-363

Fuest, C./Spengel, C./Finke, K./Heckemeyer, J./Nusser, H., (StuW 2015): Eindämmung internationaler Gewinnverlagerung: Wo steht die OECD und was sind die Alternativen?, in: Steuer und Wirtschaft 2015, S. 90-97

Funktionsverlagerungsordnung vom 12.8.2008, BGBl I 2008, S. 1680

Fresch, A./Strunk, G., (AStG/DBA, 2015): Art. 5 OECD-MA, in: Strunk, G./Kaminski, B./Köhler, S., (AStG/DBA, 2015): Außensteuergesetz – Doppelbesteuerungsabkommen, Fortsetzungswerk, herausgegeben von Strunk, G., Kaminski, B., Köhler, S., Bonn 2015, Stand: Juni 2015

Gesetz über steuerliche Begleitmaßnahmen zur Einführung der Europäischen Gesellschaft und zur Änderung weiterer steuerlicher Vorschriften, BStBl I 2007, S. 4

Gesetz zu dem Abkommen vom 3.2.2011 zwischen der Bundesrepublik Deutschland und dem Königreich Spanien zur Vermeidung der Doppelbesteuerung und zur Verhinderung der Steuerverkürzung auf dem Gebiet der Steuern vom Einkommen und vom Vermögen, BGBl 2012 II, S. 18-42

Gesetz zur Änderung steuerlicher Vorschriften, BGBl I 2001, S. 3794

Gesetz zur Anpassung der Abgabenordnung an den Zollkodex der Union und zur Änderung weiterer steuerlicher Vorschriften, BGBl I 2014, S. 2417

Gesetz zur Anpassung des nationalen Steuerrechts an den Beitritt Kroatiens zur EU und zur Änderung weiterer steuerlicher Vorschriften, BGBl I 2014, S. 1266

Gesetz zur Reform der strafbefreienden Selbstanzeige vom 30.12.2014, BGBl I 2014, S. 2415

Gesetz zur Umsetzung der Amtshilferichtlinie sowie zur Änderung steuerlicher Vorschriften, BGBl I 2013, S. 1809

Gesetz zur Umsetzung von EU-Richtlinien in nationales Steuerrecht und zur Änderung weiterer Vorschriften, BGBl I 2004, S. 3310

Gosch, D. (Hrsg.), (KStG, 2015): Körperschaftsteuergesetz: KStG, Kommentar, herausgegeben von Gosch, D., 3. Auflage, München 2015

Gosch, D., (KStG, 2015): § 8b Beteiligung an anderen Körperschaften und Personenvereinigungen, in: Gosch, D. (Hrsg.), (KStG 2015): Körperschaftsteuergesetz: KStG, Kommentar, herausgegeben von Gosch, D., 3. Auflage, München 2015

Gräber, F. (Hrsg.), (FGO, 2010): Finanzgerichtsordnung, Kommentar, herausgegeben von Gräber, F., 7. Auflage, München 2010

Grebe, C., (UStB 2016): Abwicklung von Bauträgerfällen nach § 27 Abs. 19 UStG – Teil I, eine aktuelle Bestandsaufnahme, in: Der Umsatz-Steuer-Berater 2016, S. 88-96

Groß, B., (DB 2014 Beilage Nr. 5): Verrechnungspreisdokumentation, in: Der Betrieb 2014 Beilage Nr. 5, S. 10-13

Grube, F., (MwStR 2013): Darstellung der Rechtsprechung zum innergemeindschaftlichen Umsatzsteuerkarussell, in: Mehrwertsteuerrechte 2013, S. 8-12

Grüne Baden-Württenmberg, (Koalitionsvertrag von BÜNDNIS 90/DIE GRÜNEN Baden-Württemberg und SPD Baden-Württemberg für die 15. Legislaturperiode, Der Wechsel beginnt., 2011): Koalitionsvertrag von BÜNDNIS 90/DIE GRÜNEN Baden-Württemberg und SPD Baden-Württemberg für die 15. Legislaturperiode, Der Wechsel beginnt., http://www.gruene-bw.de/fileadmin/gruenebw/dateien/Koalitionsvertrag-web.pdf, S. 57, 24.8.2015

Grüne Hessen, (Koalitionsvertrag zwischen der CDU Hessen und BÜNDNIS 90/DIE GRÜNEN Hessen für die 19. Wahlperiode des hessischen Landtags 2014-2019, Verlässlich gestalten – Perspektiven eröffnen, 2014): Koalitionsvertrag zwischen der CDU Hessen und BÜNDNIS 90/DIE GRÜNEN Hessen für die 19. Wahlperiode des hessischen Landtags 2014-2019, Verlässlich gestalten – Perspektiven eröffnen, 2014, http://www.gruene-hessen. de/partei/files/2014/02/HE_Koalitionsvertrag_2014-2018_final.pdf, 24.8.2015

Haarman, W., (DB 2015): Steuerrecht 2014/2015 – eine Anamnese, in: Der Betrieb 2015, S. 22-32

Haase, F. (Hrsg.), (AStG/DBA, 2012): Außensteuergesetz/Doppelbesteuerungsabkommen, herausgegeben von Haase, F., 2. Aufl., Heidelberg 2012

Häck, N., (AStG/DBA, 2012): Kommentierung zu § 6 AStG, in: Haase, F., (AStG/DBA, 2012): Außensteuergesetz/Doppelbesteuerungsabkommen, herausgegeben von Haase, F., 2. Aufl., Heidelberg 2012

Halaczinsky, R., (Die Haftung im Steuerrecht, 2013): Die Haftung im Steuerrecht, 4. Auflage, 2013 Herne

Hannes, F., (ZEV 2015): Die Erbschaftsteuerentscheidung des BVerfG – Auswirkungen auf die Praxis der Unternehmensnachfolge, in: Zeitschrift für Erbrecht und Vermögensnachfolge 2015, S. 7-13

Hatch, O.G./Ryan, P.D., (Call on Treasury to Engage Congress on OECD International Tax Project – Letter to The Honorable Jacob Lew , 09.06.2015): Call on Treasury to Engage Congress on OECD International Tax Project – Letter to The Honorable Jacob Lew, 09. Juni 2015, http://www.finance.senate.gov/newsroom/chairman/release/?id=ff0b1d06-c227-44be-8d5a-5f998771188b, 11.6.2015

Haushaltsbegleitgesetz 2004, BGBl I 2003, S. 3076

Hechtner, F., (NWB 2014): Offene Fragen bei der „Rückabwicklung" von Bauleistungen nach § 13b UStG, in: NWB Steuer- und Wirtschaftsrecht 2014, S. 2234-2235

Hepers, L., (Entscheidungsnützlichkeit, 2005): Entscheidungsnützlichkeit der Bilanzierung von Intangible Assets in den IFRS, 1. Aufl., Köln 2005

Heuermann, B., (DB 1994): Der Lohnsteueranspruch gegenüber dem Arbeitgeber – Zur Durchsetzung des Lohnsteueranspruches gegenüber dem Arbeitgeber, in: Der Betrieb 1994, S. 2411-2416

Heuermann, B., (DStR 2015): Mit Italmoda auf den Schultern von Larenz, in: Deutsches Steuerrecht 2015, S. 1416-1420

Heinrichshofen, S., (wistra 2011): Zur Unternehmereigenschaft eines Strohmanns beim Umsatzsteuerkettengeschäft, in: Zeitschrift für Wirtschafts- und Steuerstrafrecht 2011, S. 310-311

Hey, J./Maiterth, R./Houben, H., (Hrsg.), (Zukunft der Vermögensbesteuerung, 2012): Zukunft der Vermögensbesteuerung, ifst-Schrift Nr. 483, Berlin 2012

Hey, J., (Hey/Maiterth/Houben, Zukunft der Vermögensbesteuerung, 2012): Die Zukunft der Besteuerung von Vermögen aus rechtlicher Perspektive, in: Hey, J./Maiterth, R./Houben, H., Zukunft der Vermögensbesteuerung, ifst-Schrift Nr. 483, Berlin 2012, S: 10-86

Hummel, D., (MWStR 2016): Vertrauensschutz aufgrund von Verwaltungsvorschriften im Steuerrecht – 100 Jahre Umsatzsteuer und immer noch kein Vertrauensschutz bei rechtswidrigen Verwaltungsvorschriften?, in: MehrwertSteuerrecht 2016, S. 4-14

Hummel, D., (MWStR 2016a): Anmerkung zum Urteil des FG Niedersachsen vom 29.10.2015 - 5 K 80/15, in: MehrwertSteuerrecht 2016, S. 172-179

Hummel, R./Knebel, A./Born, A., (IStR 2014): Doppelbesteuerung und BEPS, in: Internationales Steuerrecht 2014, S. 832-840

Hruschka, H., (DBA 2013): Art. 5 OECD-MA, in: Schönfeld, J./Ditz, X., (DBA, 2013): Doppelbesteuerungsabkommen, herausgegeben von Schönfeld, J., Ditz, X., Köln 2013

Huschens, F., (NWB 2015): Änderung in der Umsatzsteuer durch das ZollkodesAnpG und die Mantelverordnung 2014 – Reverse-Charge-Verfahren bei Metalllieferungen und Vorsteuer-Vergütungsverfahren, in: NWB Steuer- und Wirtschaftsrecht 2015, S. 747-757

Houben, H./Maiterth, R., (arqus-Working Paper 2010/102): Arbeitskreis Quantitative Steuerforschung Diskussionsbeitrag Nr. 102 ErbSiHM 0.1, April 2010, http://www.arqus.info/mobile/paper/arqus_102.pdf, 16.12.2015

Institut Finanzen und Steuern, (ifst-Stellungnahmen 1/2015): Gesammelte Positionen zu den Eckwerten der Erbschaftsteuerreform 2016, Berlin 2015

Jacobs, O.H., (Internationale Unternehmensbesteuerung, 2016): Internationale Unternehmensbesteuerung, deutsche Investitionen im Ausland, ausländische Investitionen im Inland, 8. Aufl., München 2016

Jahressteuergesetz 1997 vom 20.12.1996, BGBl. I 1996, S. 2049

Jahressteuergesetz 2010 vom 8.12.2010, BGBl. I 2010, S. 1768

Kahle,H./Mödinger, J., Die Neufassung des Art. 7 OECD-MA im Rahmen der Aktualisierung des OECD-MA, in: Internationales Steuerrecht 2010, S. 757-763

Kahle, H./Hiller, M./Eichholz, M., (DStR 2015): Anmerkungen zum Urteil des Bundesverfassungsgerichtes zur Erbschaft- und Schenkungsteuer, in: Deutsches Steuerrecht 2015, S. 183-189

Kaiser, D., (NWB 2014): Umsatzsteuerbetrug: Finanzverwaltung setzt Merkblatt zur Bekämpfung ein, in: NWB Steuer- und Wirtschaftsrecht 2014, S. 3056-3057

Kessler, W./Förster, G./Watrin, C. (Hrsg.), (Festschrift Herzig, 2010): Unternehmensbesteuerung: Festschrift für Norbert Herzig zum 65. Geburtstag, München 2010

Klenk, F., (UStG, 2014): § 27 – Allgemeine Übergangsvorschriften, in: Sölch, O./Ringleb, K., (UStG, 2014): Umsatzsteuergesetz, Kommentar, herausgegeben von Wagner, W., München 2014, Stand: September 2014

Korezkij, L., (DStR 2015): Erbschaftsteuerreform: Änderungen durch den Regierungsentwurf vom 8.7.2015, in: Deutsches Steuerecht 2015, S. 1649-1653

Kroppen, H.-K./Rasch, S., (ISR 2014): Country-by-Country Reporting: Die neue Sichtweise der OECD zur Verrechnungspreisdokumentation, in: Internationale Steuer-Rundschau 2014, S. 358-364

Kroppen, H.-K., (Kessler/Förster/Watrin, Festschrift Herzig, 2010): Der „Authorized OECD Approach" zur Gewinnaufteilung zwischen Stammhaus und Betriebsstätte, in: Kessler, W./Förster, G./Watrin, C. (Hrsg.), Unternehmensbesteuerung: Festschrift für Norbert Herzig zum 65. Geburtstag, München 2010, S. 1071-1094

Krüger, R., (EStG, 2015): § 42d Haftung des Arbeitgebers und Haftung bei Arbeitnehmerüberlassung, in: Schmidt (Hrsg.), (EStG 2015): Einkommensteuergesetz, Kommentar, herausgegeben von H. Weber-Grellet, 34. Auflage, München 2015

Kirchhoff, P., (Bundessteuergesetzbuch, 2011): Bundessteuergesetzbuch, ein Reformentwurf zur Erneuerung des Steuerrechts, Heidelberg 2011

Kühn, A., Winter, M., (UR 2001): Bekämpfung der Umsatzsteuerverkürzung, in: Umsatzsteuer-Rundschau 2001, S. 478 ff.

Lagarden, M., (ITPJ 2014): Intangibles in a Transfer Pricing Context: Where does the Road Lead?, in: International Transfer Pricing Journal 2014, S. 331-346

Lagarden, M., (IWB 2014): Immaterielle Wirtschaftsgüter und Verrechnungspreise – „Im Westen nichts Neues ...?!", in: Internationales Steuer- und Wirtschaftsrecht 2014, S. 719-731

Landsittel, R., (ZErb 2015): Das Urteil des BVerfG zum ErbStG vom 17. Dezember 2014 und seine Folgen, in: Zeitschrift für die Steuer- und Erbrechtspraxis 2015, Beilage 1

Langkau, D./Rubart, J., (IStR 2013): Base Erosion und Profit Shifting – Eine empirische Untersuchung der Gewinnverlagerung deutscher multinationaler Konzerne, in: Internationales Steuerrecht 2013, S. 660-663

Lemmer, A., (Zur Reform der Grundsteuer, 2004): Zur Reform der Grundsteuer, Köln 2004

Leonard, A., (UStG, 2015): § 25d Durchschnittsbeförderungsentgelt, in: Bunjes, J., (Hrsg.), (UStG, 2015): Umsatzsteuergesetz, Kommentar, herausgegeben von Bunjes J., München 2015

Liekenbrock, B., (DStR 2015): Beseitigung des § 50i EStG-Problems durch qualifizierten Anteilstausch, in: Deutsches Steurrecht 2015, S. 1535-1542

Linn, A., (IStR 2014): Zum Entwurf einer Betriebsausgabenbeschränkung im Zollkodex-Anpassungsgesetz, in: Internationales Steuerrecht 2014, S. 920-925

Lippross, O.-G., (NWB 2015): Umsatzbesteuerung von Bauleistungen nach § 13b UStG in sog. Altfällen, Rechtliche und praktische Fragen zur Auslegung und Anwendung des § 27 Abs. 19 UStG, in: NWB Steuer- und Wirtschaftsrecht 2015, S. 677-698

Mende, S., Huschens, F., (INF 2002): Überblick über die Änderung im Bereich der Umsatzsteuer durch das Steuerverkürzungsbekämpfungsgesetz, in: Information über Steuer und Wirtschaft 2002, S. 65 ff.

Moench, D./Weinmann, N., (Hrsg.), (ErbStG 2014): Erbschaft- und Schenkungsteuergesetz, Kommentar, herausgegeben von Moench, D., Weinmann, N., Freiburg 2012, Stand: April 2014

Müller-Gatermann, G., (FR 2012): Aktuelle deutsche Abkommenspolitik, in: Finanz-Rundschau 2012, S. 1032-1037

Nacke, A. T., (Haftung für Steuerschulden, 2012): Die Haftung für Steuerschulden. Beratung – Gestaltung –Verfahren, 3. Auflage, Köln 2012

Naumann, M./Groß, B., (IStR 2014): Die Dokumentation von Verrechnungspreisen, in: Internationales Steuerrecht 2014, S. 792-797

Nehls, D./Scheffler, W. (Grundsteuerreform, 2015): Grundsteuerreform: Aufkommens- und Belastungswirkungen des Äquivalenz-, Kombinations- und Verkehrswertmodells, ifst-Schrift Nr. 503, Berlin 2015

Nehls, D., (DG 2013): E-Government und Steuern: Die Reform der Grundsteuer als Anwendungsbeispiels für die Automatisierung des Besteuerungsverfahrens, in: Der Gemeindehaushalt 2013, S. 205-212

Nieskens, H., (UR 2002): Steueränderungsgesetz 2001 und Steuerverkürzungsbekämpfungsgesetz, in: Umsatzsteuer-Rundschau 2002, S. 53-74

Nolte, D., (DStZ 2015): Die neue "Diverted Profits Tax" - eine unilaterale britische Antwort auf BEPS, in: Deutsche Steuer Zeitung 2015, S. 364-375

OECD, (Action 13: Guidance on the Implementation of Transfer Pricing Documentation and Country-by-Country Reporting, 06.2.2015): Action 13: Guidance on the Implementation of Transfer Pricing Documentation and Country-by-Country Reporting, 06.02.2015, http://www.oecd.org/ctp/beps-action-13-guidance-implementation-tp-documentation-cbc-reporting.pdf, 15.5.2015

OECD, (BEPS 2014 Deliverables): BEPS 2014 Deliverables, http://www.oecd.org/tax/beps-2014-deliverables.htm, 18.5.2015

OECD, (BEPS Action Plan on Base Erosion and Profit Shifting, 2013): BEPS Action Plan on Base Erosion and Profit Shifting, http://dx.doi.org/10.1787/9789264202719-en, 08.2.2015

OECD, (Explanatory Statement, 2014): Explanatory Statement, www.oecd.org/tax/beps-2014-deliverables-explanatory-statement.pdf, 18.5.2015

OECD, (Guidance on Transfer Pricing Documentation and Country-by-Country Reporting, 16.09.2014): Guidance on Transfer Pricing Documentation and Country-by-Country Reporting, 16.09.2014, http://dx.doi.org/10.1787/9789264219236-en, 15.5.2015

OECD, (Guidance on Transfer Pricing Aspects of Intangibles, 16.09.2014): Guidance on Transfer Pricing Aspects of Intangibles, 16.9.2014, http://dx.doi.org/10.1787/9789264219212-en, 15.5.2015

OECD, (Hybrid Mismatch Arrangements, 16.9.2014): Neutralising the Effects of Hybrid Mismatch Arrangement, 16.9.2014, http://www.oecd-ilibrary.org/taxation/neutralising-the-effects-of-hybrid-mismatch-arrangements_9789264218819-en, 19.8.2015.

OECD, (Neutralising the Effects of Hybrid Mismatch Arrangements, Action 2 – 2015 Final Report, 5.10.2015): Neutralising the Effects of Hybrid Mismatch Arrangements, Action 2 – 2015 Final Report, 5.10.2015

OECD, (Permanent Establishments, 22.7.2010): 2010 Report on the Attribution of Profits to Permanent Establishments, 22.7.2010, http://www.oecd.org/ctp/transfer-pricing/45689524.pdf, 19.8.2015

OECD, (Preventing the Artificial Avoidance of Permanent Establishment Status, Action 7 – 2015 Final Report, 5.10.2015): OECD, Preventing the Artificial Avoidance of Permanent Establishment Status, Action 7 – 2015 Final Report, 5.10.2015.

OECD, (Transfer Pricing Documentation and Country-by-Country Reporting, Action 13 - 2015 Final Report, 5.10.2015): Transfer Pricing Documentation and Country-by-Country Reporting, Action 13 - 2015 Final Report, 5.10.2015

OECD, (Interpretation and Application of Article 5, 12.10.2011-10.2.2012): Interpretation and Application of Article 5 (Permanent Establishment) of the OECD Model Tax Convention, 12.10.2011-10.2.2012, http://www.oecd.org/tax/treaties/48836726.pdf, 19.8.2015

OECD, (OECD Model Tax Convention, 19.10.2012-31.1.2013): OECD Model Tax Convention: Revised Proposals Concerning the Interpretation and Application of Article 5 (Permanent Establishment), 19.10.2012-31.1.2013, http://www.oecd.org/ctp/treaties/PermanentEstablishment.pdf, 19.8.2015

OECD, (Revised Discussion Draft-BEPS Action 7, 15.5.2015-12.6.2015): Revised Discussion Draft, BEPS Action 7: Preventing the Artificial Avoidance of PE Status, 15.5.2015-12.6.2015, http://www.oecd.org/tax/treaties/revised-discussion-draft-beps-action-7-pe-status.pdf, 19.8.2015

OECD, (OECD-Wirtschaftsberichte: Deutschland 2014, 5.2014): OECD-Wirtschaftsberichte: Deutschland 2014, 5.2014, http://www.oecd.org/berlin/Wirtschaftsbericht-Deutschland-2014-Zusammenfassung.pdf, 25.8.2015

Oestreicher, A., (DB 2014 Beilage Nr. 5): Verhinderung von „Base Erosion and Profit Shifting" durch Verrechnungspreisdokumentation, in: Der Betrieb 2014 Beilage Nr. 5, S. 1-3

Oestreicher, A., (Hrsg.) (BEPS, 2015): BEPS – Base Erosion and Profit Shifting, Herne 2015

Oppel, F., (IStR 2015): Die neue diverted profits tax in Großbritannien – Unilaterale Alternativen zu BEPS oder wahlkampfbedingter Schnellschuss?, in: Internationales Steuerrecht 2015, S. 333-341

o. V., (FAZ 05.1.2015): Deutsche Konzerne zahlen ihre Steuern, in: Frankfurter Allgemeine Zeitung 05.1.2015, S. 15.

o.V., (Grundsteuer: Zeitgemäß!): Grundsteuer: Zeitgemäß!, Ein bundesweiter Aufruf zur Grundsteuerreform, www.grundsteuerreform.net, 24.8.2015

Piltz, D. J., (DStR 2015): Das Erbschaftsteuerurteil des BVerFG – Steine oder Brot?, in: Deutsches Steuerrecht 2015, S. 97-104

Piltz, D.J., (IStR 2013): Base Erosion and Profit Shifting (BEPS): Die ganze Wahrheit?, in: Internationales Steuerrecht 2013, S. 681-682

Presse- und Informationsamt der deutschen Bundesregierung, (Deutschlands Zukunft gestalten – Koalitionsvertrag zwischen CDU, CSU und SPD – 18. Legislaturperiode, 17.12.2013): Deutschlands Zukunft gestalten – Koalitionsvertrag zwischen CDU, CSU und SPD – 18. Legislaturperiode, 17.12.2013, http://www.bundesregierung.de/Content/DE/_Anlagen/2013/2013-12-17-koalitionsvertrag.pdf?__blob=publicationFile&v=2, 08.2.2015

Raber, H.G., (Oestreicher, BEPS, 2015): Ausgewählte Reformansätze im Steuerpolitischen Kontext aus Unternehmenssicht, in: Oestreicher, A. (Hrsg.), BEPS – Base Erosion and Profit Shifting, Herne 2015, S. 153-166

Rau/Dürrwächter, (UStG, 2014): Kommentar zum Umsatzsteuergesetz, begründet von G. Rau, E. Dürrwächter, H. Flick und R. Geist, Köln 2014, Stand: April 2014

Rau, G./Dürrwächter, E. (Hrsg.), (UStG, 2015): Umsatzsteuergesetz, Kommentar, herausgegeben von Rau, G., Dürrwächter, E., München 2015, Stand: März 2016

Reich, M., (BB 2015): Das Urteil des Bundesverfassungsgerichtes vom 17.12.2014 zur Unternehmenserbschaftsteuer und seine Konsequenzen für die Beratungspraxis, in: Betriebs-Berater S. 148-157

Reiser, H./Cortez, B., (IStR 2013): Betriebsstättenbegriff im Wandel, zur veränderten Bedeutung des Kriteriums der Verfügungsmacht, in: Internationales Steuerrecht 2013, S. 6-15

Reiß, W., (Umsatzsteuerrecht, 2015): Umsatzsteuerrecht, Münster 2013

Richter, L./Heyd, S., (UbG 2013): Neujustierung der Betriebsstätten – Gewinnabgrenzung durch die Implementierung des Authorized OECE Approach, in: Die Unternehmensbesteuerung 2013, S. 418-424

Richter, W.F./Heckmann, J., (StuW 2011): Die nicht umlagefähige Mietsteuer als Modell für eine Reform der Grundsteuer, in: Steuer und Wirtschaft 2011, S. 331-341

Rödder, T., (DB 2015): Der neue § 50i EStG muss entschärft werden, in: Der Betrieb 2015, S. 1422-1431

Ruban, R., (FGO, 2010): § 118 Revisionsgründe, in: Gräber, F. (Hrsg.), (FGO, 2010): Finanzgerichtsordnung, Kommentar, herausgegeben von Gräber, F., 7. Auflage, München 2010

Schaumburg, H., (IStR 2013): Grenzüberschreitende Einkünftekorrektur bei Betriebsstätten, Verfassungs- und europarechtliche Aspekte, in: Internationale Steuer-Rundschau 2013, S. 197-202

Scheipers, T./Linn, A., (IStR 2013): Zur Unionswidrigkeit des § 14 Abs. 1 Nr. 5 KStG n.F., in: Internationales Steuerrecht 2013, S. 139-14

Schönfeld, J./Ditz, X. (Hrsg.), (DBA, 2013): Doppelbesteuerungsabkommen, herausgeben von Schönfeld, J., Ditz, X., Köln 2013

Schmidt, L., (Hrsg.), (EStG, 2015): Einkommensteuergesetz, Kommentar, herausgegeben von H. Weber-Grellet, 34. Auflage, München 2015

Schnitger, A., (IStR 2013): Änderungen des § 1 AStG und Umsetzung des AOA durch das JStG 2013, in: Internationales Steuerrecht 2013, S. 633-645

Schuska, F., (MwStR 2015): Die gesamtschuldnerische Haftung nach § 25d UStG, in: Mehrwertsteuerrecht 2015, S. 323-329

Schulemann, O., (Reform der Grundsteuer, 2011): Reform der Grundsteuer, Handlungsbedarf und Reformoptionen, Heft 109 der Schriftenreihe des Karl-Bräuer-Instituts des Bundes der Steuerzahler e.V., Berlin 2011

Schreiber, R., (DB 2014 Beilage Nr. 5): Dokumentation internationaler Verrechnungspreise, in: Der Betrieb 2014 Beilage Nr. 5, S. 3-9

Schlie, I./Malke, C., (DB 2013): Country by Country Reporting im Hinblick auf Steuerzahlungen multinationaler Unternehmen, in: Der Betrieb 2013, S. 2467-2470

Sechstes Gesetz zur Änderung von Verbrauchsteuergesetzen, BGBl. I 2011, S. 1090

Seer, R., (GmbHR 2015): Überprivilegierung des Unternehmensvermögens durch §§ 13a, 13b ErbStG, in: GmbH-Rundschau 2015, S. 113-121

Seer, R., (Tipke/Lang, Steuerrecht, 2015): § 16 Grund-/Vermögensteuer, in: Tipke. K./Lang, J. (Hrsg.), Steuerrecht, 22. Auflage, Köln 2015, S. 869-888

Sölch/Ringleb, (Hrsg.), (UStG, 2015): Umsatzsteuergesetz, Kommentar, herausgegeben von Mößlang, G., München 2015, Stand: September 2015

Spatscheck, R./Alvermann, J., (UStB 2002): Die Steuerschuldnerschaft des Leistungsempfängers, in: Der Umsatzsteuerberater 2002, S. 54-57

Stadie, H.,(Rau/Dürrwächter, 2014): Kommentierung zu § 13b nF, in: Rau/Dürrwächter, begründet von G. Rau, E. Dürrwächter, H. Flick und R. Geist, Köln 2014, Stand: April 2014

Stadie, H., (UStG 2015): § 25d Haftung für die schuldhaft nicht abgeführte Steuer, in: Rau, G./Dürrwächter, E. (Hrsg.), (UStG, 2015): Umsatzsteuergesetz, Kommentar, herausgegeben von Rau, G., Dürrwächter, E., München 2015, Stand: März 2016

Stadie, H., (UStG, 2015a): Umsatzsteuergesetz; Kommentar, 3. Auflage, Köln 2015

Städte- und Gemeindebund Nordrhein-Westfalen, (Mitteilung 552/2014 vom 27.8.2014 IV/1 931-02, 27.8.2014): Mitteilungen – Finanzen und Kommunalwirtschaft, StGB NRW-Mitteilung 552/2014 vom 27.8.2014, 27.8.2014, http://www.kommunen-in-nrw.de/mitgliederbereich/mitteilungen/detailansicht/dokument/reform-der-grundsteuer-aktueller-sachstand.html?cHash=d10c4ccd7d5c7b2d390e1e3cd4c0902d, 25.8.2015

Stadt Nürnberg, (Statistisches Jahrbuch der Stadt Fürth 2014, 2015): Statistisches Jahrbuch der Stadt Fürth 2014, 2015, http://www.nuernberg.de/imperia/md/statistik/dokumente/veroeffentlichungen/tabellenwerke/jahrbuch_fuerth/jahrbuch_fuerth_2014.pdf, 25.8.2015

Stahl, R., (KÖSDI 2002): Veräußerung von Mitunternehmeranteilen, in: Kölner Steuerdialog, S. 13205

Stalleiken, J./Kotzenberg, J., (GmbHR 2015): Der Referentenentwurf zur Änderung des ErbStG – Inhalt und kritische Analyse, in: GmbH-Rundschau 2015, S. 673-679

Statistisches Bundesamt, (Bevölkerung auf Grundlage des Zensus 2011, 10.4.2014): Bevölkerung auf Grundlage des Zenus 2011, 10.4.2014, https://www.destatis.de/DE/ZahlenFakten/GesellschaftStaat/Bevoelkerung/Bevoelkerungs-stand/Tabellen/Zensus_Geschlecht_Staatsangehoerigkeit.html, 23.7.2015

Statistisches Bundesamt, Finanzen und Steuern, vierteljährliche Kassenergebnisse des öffentlichen Gesamthaushalts, 1.-4. Vierteljahr 2013, in: Fachserie 14 Reihe 2 2014, S. 1-73

Statistisches Bundesamt, Finanzen und Steuern, Steuerhaushalt 2013, in: Fachserie 14 Reihe 4 2014, S. 1-28

Steger, C./Königer, S., (BB 2015): Erbschaftsteuer "3.0" – erneuter Reparaturauftrag an den Gesetzgeber, in: Betriebs-Berater 2015, S. 157-165

Sterzinger, C., (UR 2014): Änderungen des Umsatzsteuergesetzes durch das Kroatien-Steuerrechtanpassungsgesetz, in: Umsatzsteuer-Rundschau 2014, S. 797-813

Steueränderungsgesetz 2015 vom 05.11.2015, BGBl. I 2015, S. 1834

Strunk, G./Kaminski, B./Köhler, S. (Hrsg.), (AStG/DBA, 2015): Außensteuergesetz – Doppelbesteuerungsabkommen, Fortsetzungswerk, herausgegeben von Strunk, G., Kaminski, B., Köhler, S., Bonn 2015, Stand: Juni 2015

Spengel, C./Nusser, H., (Oestreicher, BEPS, 2015): Handlungsoptionen gegen aggressive Steuerplanung – was könnte getan werden?, in: Oestreicher, A. (Hrsg.), BEPS – Base Erosion and Profit Shifting, Herne 2015, S. 125-152

Spengel, C./Heckemeyer, J./Zinn, B., (DB 2011): Reform der Grundsteuer: Ein Blick nach Europa, in: Der Betrieb 2011, S. 10-14

Spitzenverbände der deutschen Wirtschaft, (Diskussionsvorschlag an das BMF, 11.02.2015): Diskussionsvorschlag Nachjustierungen im Erbschaft- und Schenkungsteuergesetz,
https://www.google.de/url?sa=t&rct=j&q=&esrc=s&source=web&cd=1&ved =0ahUKEwigk9S70-DJAhUDXg8KHa3ZAUoQFgggMAA&url=http%3A%2F%2 Fwww.dihk.de%2Fthemenfelder%2Frecht-steuern%2Frechtspolitik%2Fnatio nale-stellungnahmen%2Fdihk-positionen-zu-nationalen-gesetzesvorhaben %2Fverbaende-erbschaftsteuer%2Fat_download%2Ffile%3Fmdate%3D142 3816569540&usg=AFQjCNG-xtgkiwmh7RVgjWuK7KCGtu_SNg&sig2= pPUyiClqf8HoUZI4kj7yzA&cad=rja, S. 1-6

Ting, A., (BIT 2015): The Politics of BEPS – Apple's International Tax Structure and the US Attitude towards BEPS, in: Bulletin for International Taxation 2015, (Volume 69), No 6/7

Treiber, A., (MwStR 2015): Die Bekämpfung von Steuerhinterziehung als Rechtfertigungsgrund für die Einschränkung nationaler umsatzsteuerrechtlicher Vorschriften, in: Mehrwertsteuerrecht 2015, S. 626-636

Treiber, A., (UStG, 2015): § 6a Innergemeinschaftliche Lieferung, in: Sölch/Ringleb, (Hrsg.), (UStG, 2015): Umsatzsteuergesetz, Kommentar, herausgegeben von Mößlang, G., München 2015, Stand: September 2015

Thomas, M.-I., (DStR 1995): Die Ermittlung der Haftungsschuld bei unterbliebenem Lohnsteuerabzug, in: Deutsches Steuerrecht 1995, S. 273

Thöne, M., (Regionalisierung von Steuern, 10.2014): Regionalisierung von Steuern, eine vbw Studie, 10.2014, http://www.vbw-bayern.de/Redaktion/Freizugaengliche-Medien/Abteilungen-GS/Wirtschaftspolitik/2014/Downloads/141024-vbw_FiFo_Steuerregionalisierung_FINAL.pdf, 24.8.2015

Tipke, K., (Die Steuerrechtsordnung, 2003): Die Steuerrechtsordnung, Steuerrechtsfertigungstheorie, Anwendung auf alle Steuerarten, sachgerechtes Steuersystem, 2. Auflage, Köln 2003

Tipke, K./Lang, J., (Hrsg.), (Steuerrecht, 2015): Steuerrecht, 22. Auflage, Köln 2015

UN (United Nations Practical Manual on Transfer Pricing for Developing Countries, 2013): United Nations Practical Manual on Transfer Pricing for Developing Countries, United Nations, 2013, http://www.un.org/esa/ffd/documents/UN_Manual_TransferPricing.pdf, 03.6.2015

van Lislaut,I./Hanning, T. R., (FR 2016): Zwangsrealisation nach § 50i Abs. 2 EStG wird durch BMF-Schreiben v. 21.12.2015, FR 2016, 96 entschärft, in: Finanz-Rundschau Ertragsteuerecht 2016, S. 50-57

Verordnung zur Anwendung des Fremdvergleichsgrundsatzes auf Betriebsstätten nach § 1 Abs. 5 AStG (Betriebsstättengewinnaufteilungsverordnung – BsGaV) vom 13.10.2014, BGBl. I 2010, S. 1603

Vogel, K., in: Vogel, K/Lehner, M., DBA, 2008, Einleitung des OECD-MA, Rz. 181a, DBA Doppelbesteuerungsabkommen, herausgegeben von Vogel, K., Lehner, M., 6. Auflage, München 2015

Vogel, K./Lehner, M. (Hrsg.), (DBA, 2015): DBA Doppelbesteuerungsabkommen, herausgegeben von Vogel, K., Lehner, M., 6. Auflage, München 2015

Wachter, T., (DB 2015): Referentenwurf zur Reform des ErbStG, in: Der Betrieb 2015, S. 1368-1376

Wachstumsbeschleunigungsgesetz, BGBl I 2009, S. 3950

Wassermeyer, F./Baumhoff, H. (Hrsg.), (Verrechnungspreise international verbundener Unternehmen, 2014): Verrechnungspreise international verbundener Unternehmen, herausgegeben von Wassermeyer, F., Baumhoff, H., Köln 2014

Wäger, C., (UR 2006): Versagung der Vorsteuerabzuges eines Leistungsempfängers bei seiner möglichen Kenntnis von der Einbeziehung des Eingangsumsatzes in eine Mehrwertsteuerhinterziehung des Leistenden, in: Umsatzsteuer-Rundschau 2006, S. 594-601

Wäger, C., (UR 2015): Der Kampf gegen die Steuerhinterziehung, in: Umsatzsteuer-Rundschau 2015, S. 81-99

Wassermeyer, F., (IStR 2012): Die abkommensrechtliche Aufteilung von Unternehmensgewinnen zwischen den beteiligten Vertragsstaaten, in: Internationales Steuerrecht 2012, S. 277-282

Wassermeyer, F. (Hrsg.), (DBA, 2015): Doppelbesteuerung: DBA, herausgegeben von Wassermeyer, F., 129. Auflage, München 2015

Wassermeyer, F., (DBA, 2015): Vor Art. 6-22 Rz. 13,15, in: Wassermeyer, F., (DBA, 2015): Doppelbesteuerung: DBA, herausgegeben von Wassermeyer, F., 129. Auflage, München 2015

Wichmann, M., (FR 2011): Anmerkungen zur deutschen Abkommenspolitik, in: Finanz-Rundschau 2011, S. 1082-1086

Wirtschaftsprüfungsgesellschaft PSP (UR 2005): Machbarkeitsstudie zur systembezogenen Änderung bei der Umsatzsteuer "Generelle Ist-Versteuerung mit Cross-Check" - Verfahrensbeschreibung, in: Umsatzsteuer Rundschau 2005, S. 661-662

Wirtschaftsprüfungsgesellschaft PSP (UR 2005): Planspiel zur systembezogenen Änderung bei der Umsatzsteuer „Reverse-Charge-Verfahren" – Verfahrensbeschreibung, in: Umsatzsteuer Rundschau 2005, S. 660-661

Wirtschaftsprüfungsgesellschaft PSP (UR 2005): Planspiele zur systembezogenen Änderung bei der Umsatzsteuer „Generelle Ist-Versteuerung mit Cross-Check" und „Reverse-Charge-Verfahren", in: Umsatzsteuer Rundschau 2005, S. 659-660

Wissenschaftlicher Beirat beim Bundesministerium der Finanzen, (Reform der Grundsteuer, 12.2010): Reform der Grundsteuer, Stellungnahme des Wissenschaftlichen Beirats beim Bundesministerium der Finanzen, 12.2010, http://www.bundesfinanzministerium.de/Content/DE/Standardartikel/Ministerium/Geschaeftsbereich/Wissenschaftlicher_Beirat/Gutachten_und_ Stellungnahmen/Ausgewaehlte_Texte/2011-01-11-reform-der-grundsteuer-anl.pdf?__blob=publicationFile&v=3, 24.8.2015

Wissenschaftlicher Beirat beim Bundesministerium der Finanzen, Gutachten zur Reform der Gemeindesteuern in der Bundesrepublik Deutschland, in: Sammelband 1982, S 1974-1987

Rechtsprechungsverzeichnis

Gericht	Datum	Aktenzeichen	Fundstelle
BFH	26.8.1992	VII R 50/91	BStBl 1993 II, S. 8
BFH	24.8.1994	XI R 94/92	BStBl II 1995, S. 188
BFH	25.4.1995	VII R 99-100/94	GmbHR 1996, S. 387
BFH	2.12.2003	VII R 17/03	BFHE 2004, S. 380
BFH	22.2.2005	VII B 213/04	BFH/NV 2005, S. 2005
BFH	19.7.2006	II R 81/05	BStBl II 2006, S. 767
BFH	15.9.2006	VII S 16/05	BFH/NV 2007, S. 455
BFH	4.12.2007	VII R 18/06	GmbHR 2008, S. 386
BFH	24.1.2008	V R 3/05	BStBl 2012 II, S. 267
BFH	28.2.2008	V R 44/06	BStBl II 2008, S. 586
BFH	17.7.2008	I R 77/06	BStBl II 2009, S. 464
BFH	12.2.2009	VI R 40/07	BStBl 2009 II, S. 478
BFH	22.4.2009	I R 57/06	BStBl 2011 II, S. 66
BFH	29.7.2009	XI B 24/09	BFH/NV 2009, S. 1567
BFH	12.8.2009	XI R 48/07	BFH/NV 2010, S. 259
BFH	28.10.2009	I R 27/08	BStBl 2011 II, S. 229
BFH	28.10.2009	I R 99/08	IStR 2010, S. 103
BFH	28.4.2010	I R 81/09	BFHE 229, S. 252
BFH	19.5.2010	XI R 78/07	BFH/NV 2010, S. 2132
BFH	30.6.2010	II R 12/09	BStBl II 2011, S. 48
BFH	30.6.2010	II R 17/09	BFH/NV 2010, S. 2028

BFH	30.6.2010	II R 18/09	BFH/NV 2010, S. 2028
BFH	30.6.2010	X I R 47/07	BFH/NV 2010, S. 2023
BFH	30.6.2010	II R 60/08	BStBl II 2010, S. 897
BFH	5.8.2010	V R 13/09	BFH/NV 2011, S. 81
BFH	18.1.2011	II B 74/10	[NWB Dok-ID: NAAAD-80007]
BFH	17.2.2011	V R 30/10	BStBl 2011 II, S. 769
BFH	4.5.2011	II R 51/09	BFHE 233, S. 517
BFH	25.5.2011	I R 95/10	BFHE 234, S. 63
BFH	11.8.2011	V R 50/09	BStBl 2012 II, S. 151
BFH	28.8.2011	I R 46/10	BFHE 234, S. 339
BFH	14.12.2011	XI R 33/10	BFH/NV 2012, S. 1009
BFH	24.2.2012	II B 110/11	[NWB Dok-ID: RAAAE-02629]
BFH	18.4.2012	X R 5/10	BStBl II 2013, S. 785
BFH	18.4.2012	X R 7/10	BStBl II 2013, S. 791
BFH	26.9.2012	VII R 3/11	BFH/NV 2013, S. 337
BFH	27.9.2012	II R 9/11	BStBl II 2012, S. 899
BFH	28.5.2013	XI R 35/11	BStBl 2013 II, S. 879
BFH	22.8.2013	V R 37/10	BStBl II 2014, S. 128
BFH	11.12.2013	XI R 21/11	BStBl II 2014, S. 425
BFH	18.12.2013	I R 71/10	IStR 2014, S. 302
BFH	5.2.2014	V B 2/14	BFH/NV 2014, S. 738
BFH	26.2.2014	I R 56/12	IStR 2014, S, 567
BFH	5.6.2014	V R 19/13	[NWB Dok-ID: IAAAE-71567]
BFH	22.8.2014	V R 37/10	BStBl I 2014, S. 233
BFH	28.8.2014	V R 7/14	BFH/NV, S. 131

Rechtsprechungsverzeichnis

BFH	12.9.2014	VII B 99/13	[NWB Dok-ID: VAAAE-80506]
BFH	22.10.2014	I R 16/13	BStBl II 2014, S. 957
BFH	4.3.2015	IV R 30/12	BB 2015, S. 1365
BFH	10.9.2015	V R 17/14	BFH/NV 2016, S. 80
BFH	17.12.2015	XI B 84/15	DB 2016, S. 390
BFH	27.1.2016	V B 87/15	DStR 2016, S. 470
BFH		XI R 31/14	anhängig
BGH	8.2.2011	1 StR 24/10	BFH/NV 2011, S. 1103
BGH	20.11.2008	1 StR 354/08	BFH/NV 2009, S. 699
BGH	22.7.2015	1 StR 447/14	[NWB Dok-ID: RAAAE-99497]
BVerfG	22.6.1995	2 BvL 37/91	BStBl II 1995, S. 655
BVerfG	22.6.1995	2 BvR 552/91	BStBl II 1995, S. 671
BVerfG	7.11.2006	1 Bvl 10/02	BStBl II 2007, S. 192
BVerfG	17.12.2013	1 BvL 5/08	BFH/NV 2014, S. 653
BVerfG	17.12.2014	1 Bvl 21/12	BStBl II 2015, S. 50
EuGH	11.5.2006	C-384/04	BFH/NV 2006, S. 1290
EuGH	6.7.2006	C-439/04	[NWB Dok-ID: NAAAB-90242]
EuGH	6.7.2006	C-440/04	[NWB Dok-ID: NAAAB-90242]
EuGH	22.1.2009	C-377/07	BStBl 2011 II, S. 95
EuGH	7.12.2010	C-285/09	BStBl 2011 II, S. 846
EuGH	28.2.2012	C-168/11	IStR 2013, S. 275
EuGH	21.6.2012	C-80/11	DB 2012, S. 1484
EuGH	21.6.2012	C-142/11	DB 2012, S. 1484
EuGH	23.1.2014	C-164/12	IStR 2014, S. 106
EuGH	18.12.2014	C-131/13	[NWB Dok-ID: VAAAE-83351]

EuGH	18.12.2014	C-163/13	[NWB Dok-ID: VAAAE-83351]
EuGH	18.12.2014	C-164/13	[NWB Dok-ID: VAAAE-83351]
FG Berlin-Brand.	17.11.2014	7 V 7295/14	[NWB Dok-ID: VAAAE-82648]
FG Berlin-Brand.	3.6.2015	5 V 5026/15	UR 2015, S. 592
FG Düsseldorf	20.1.2010	2 K 4581/07 F	EFG 2010, S. 1775
FG Düsseldorf	15.2.2013	1 K 943/10 U	BeckRS 2014, S. 94446
FG Düsseldorf	31.8.2015	1 V 1486/15 A (U)	EFG 2015, S. 2131
FG Hamburg	26.10.2010	3 V 85/10	BB 2011, S. 1686
FG Hamburg	6.9.2012	2 K 232/11	[NWB Dok-ID: GAAAE-25285]
FG Hamburg	11.2.2014	3 V 241/13	BeckRS 2014, S. 94903
FG Köln	1.9.2015	9 V 1376/15	EFG 2015, S. 2005
FG München	25.11.2014	2 K 40/12	[NWB Dok-ID: JAAAE-83517]
FG Münster	15.3.2016	15 K 3669/15 U	[NWB Dok-ID: JAAAF-73230]
FG Münster	21.9.2015	5 V 2152/15 U	EFG 2015, S. 2129
FG Münster	12.8.2015	15 V 2153/15 U	EFG 2015, S. 1863
FG Münster	15.3.2016	15 K 1553/15 U	[NWB Dok-ID: MAAAF-73229]
FG Nieders.	20.7.2015	16 V 135/15	BeckRS 2016, S. 94045
FG Nieders.	3.7.2015	16 V 95/15	BeckRS 2015, S. 95382
FG Nieders.	29.10.2015	5 K 80/15	EFG 2016, S. 338
FG Nürnberg	26.8.2015	2 V 1107/15	EFG 2015, S. 2135
FG Sachsen	22.9.2015	4 V 1014/15	BeckRS 2015, S. 95992
LG Köln	30.10.2015	7 O 103/15	BeckRS 2015, S. 18284

Erlasse, Schreiben und (Rund-)Verfügungen der Finanzverwaltung

BMF-Schreiben vom 20.3.2013 IV D 2 – S 7100/07/10050-06, BStBl I 2013, S. 444

BMF-Schreiben vom 5.2.2014 IV D 3 – S 7279/11/10002-03, BStBl. I 2014, S. 823

BMF-Schreiben vom 5.2.2014 IV D 3 – S 7279/11/10002, BStBl. I 2014, S. 233

BMF-Schreiben vom 4.6.2014 IV B 5-S1341/07/10009, BStBl I 2014, S. 843

BMF-Schreiben vom 31.7.2014 IV A 3 – S 0354/14/10001, BStBl. I 2014, S. 1073

BMF-Schreiben vom 31.7.2014 IV D 3 – S 7279/11/10002, BStBl. I 2014, S. 1073

BMF-Schreiben vom 26.9.2014 IV D 3 – S 7279/14/10002, BStBl. I 2014, S. 1297

BMF-Schreiben vom 5.12.2014 D 3 S 7279/14/10002, BStBl. I 2014, S. 1618

BMF-Schreiben vom 22.1.2015 IV D 3 – S 7279/14/10002-02, BStBl. I 2015, S. 123

BMF-Schreiben vom 28.7.2015 III C 3 – S 7279/14/10003, BStBl. I 2015, S. 623

BMF-Schreiben vom 21.12.2015 IV B 5-S 1300/14/10007, BStBl. I 2016, S. 7

Entwurf eines BMF-Schreibens vom 15.4.2014. IV C 2 - S 2745a/09/10002, [NWB Dok-ID: CAAAE-63041]

Oberste Finanzbehörden der Länder, Gleichlautende Erlasse von 19.4.2012 2012/0202480, BStBl. 2012 I, S. 490

Bundestags- und Bundesratsdrucksachen

Antwort der Bundesregierung auf die Kleine Anfrage der Abgeordneten Dr. Thomas Gambke, Bärbel Höhn, Kerstin Andreae, weiterer Abgeordneter und der Fraktion BÜNDNIS 90/DIE GRÜNEN, BT-Drs. 18/568

Empfehlungen der Ausschüsse zu Punkt ... der 924. Sitzung des Bundesrates am 11. Juli 2014, BR-Drs. 257/14

Empfehlung der Ausschüsse zu Punkt ... der 927. Sitzung des Bundesrates am 7. November 2014, BR-Drs. 432/1/14

Entwurf eines Gesetzes zur Anpassung der Abgabenordnung an den Zollkodex der Union und zur Änderung weiterer steuerlicher Vorschriften, BT-Drs. 18/3017

Entwurf eines Gesetzes zur Anpassung der Abgabenordnung an den Zollkodex der Union und zur Änderung weiterer steuerlicher Vorschriften, BR-Drs. 432/1/14

Entwurf eines Gesetzes zur Anpassung der Abgabenordnung an den Zollkodex er Union und zur Änderung weiterer steuerlicher Vorschriften, BR-Drs. 432/14 (B)

Entwurf eines Gesetzes zur Anpassung des nationalen Steuerrechts an den Beitritt Kroatiens zur EU und zur Änderung weiter steuerlicher Vorschriften, BT-Drs. 18/1995

Entwurf eines Gesetzes zur Umsetzung der Protokolländerung zum Gesetz zur Anpassung der Abgabenordnung an den Zollkodex der Union und zur Änderung weiterer steuerlicher Vorschriften vom 13.5.2015, BT-Drs. 18/4902

Entwurf eines Gesetzes zur Rückholung der Gesetzgebungskompetenz bei Grundsteuer für die Länder, BR-Drs. 306/01

Entwurf eines Jahresteuergesetzes 2013, BT-Drs. 17/13033

Kleine Anfrage der Abgeordneten Dr. Thomas Gambke, Bärbel Höhn, Kerstin Andreae, Britta Haßelmann, Lisa Paus, Oliver Krischer, Dr. Julia Verlinden, Harald Ebner, Dieter Janecek, Sven-Christian Kindler, Dr. Tobias Lindner, Peter Meiwald, Markus Tressel und der Fraktion BÜNDNIS 90/DIE GRÜNEN, BT-Drs. 18/427

Regierungsentwurf eines Gesetzes zur Umsetzung der Protokollerklärung zum ZollkodexAnpG (ProtokollerklärungsG), BT-Drs. 121/15

Verordnung zur Anwendung des Fremdvergleichsgrundsatzes auf Betriebsstätten nach § 1 Absatz 5 des Außensteuergesetzes (Betriebsstättengewinnaufteilungsverordnung – BsGaV), BR-Drs. 401/14

Richtlinien und Vorschläge auf EU-Ebene

Durchführungsverordnung (EU). NR 282/2011 des Rates vom 15.3.2011 zur Festlegung von Durchführungsvorschriften zur Richtlinie 2006/112/EG über das gemeinsame Mehrwertsteuersystem

Empfehlung 2014/C 247/05 des Rates vom 8.7.2014 zum nationalen Reformprogramm Deutschlands 2014 mit einer Stellungnahme des Rates zum Stabilitätsprogramm Deutschlands 2014

Empfehlung für eine Empfehlung des Rates zum nationalen Reformprogramm Deutschlands 2015 mit einer Stellungnahme des Rates zum Stabilitätsprogramm Deutschlands 2015, KOM(2015) 256 final vom 13.5.2015

Mitteilung der Kommission an den Rat und an das Europäische Parlament über Maßnahmen zur Änderung des Mehrwertsteuersystems für Betrugsbekämpfung, EG-Kommission vom 22.2.2008, KOM (2008) 109 endgültig, UR 2008, S. 251

Richtlinie 67/227/EWG des Rates vom 11.4.1967 zur Harmonisierung der Rechtsvorschriften der Mitgliedstaaten über die Umsatzsteuer, ABl. EU vom 14.4.1967, Nr. 071, S. 1301-1303

Richtlinie 77/388/EWG des Rates vom 17.5.1977 zur Harmonisierung der Rechtsvorschriften der Mitgliedstaaten über die Umsatzsteuern – Gemeinsames Mehrwertsteuersystem: einheitliche steuerpflichtige Bemessungsgrundlage, ABl. EU vom 13.6.1977, Nr. L 145, S. 1-40

Richtlinie 2006/112/EG des Rates vom 28.11.2006 über das gemeinsame Mehrwertsteuersystem, ABl. EU vom 11.12.2006, Nr. L 347, S. 1

Richtlinie 2013/61/EU des Rates vom 17.12.2013 zur Änderung der Richtlinien 2006/112/EG und 2008/118/EG hinsichtlich der französischen Regionen in äußerster Randlange, insbesondere Mayotte, ABl. EU vom 28.12.2013, Nr. L 353/5

Vorschlag einer Richtlinie des Rates zur Änderung der Richtlinie 2011/16/EU bezüglich der Verpflichtung zum automatischen Austausch von Informationen im Bereich der Besteuerung, COM(2016) 25

Vorschlag einer Richtlinie des Euroräischen Parlaments und des Rates zur Änderung der Richtlinie 2013/34/EU im Hinblick auf die Offenlegung von Ertragsteuerinformationen durch bestimmte Unternehmen und Zweigniederlassungen, COM(2016) 198

Stichwortverzeichnis

A

Abschmelzmodell 48, 62

Abzugsverfahren 81, 82

Advance Pricing Agreements (APAs) 133

Alles-oder Nichts-Regelung 43, 44

Anrechnungshöchstbetrag 122

Äquivalenzmodell 3, 6, 10, 11, 12

Äquivalenzprinzip 5

Arbeitnehmer-Pauschbetrag 155

Arbeitszimmer-Pauschbetrag 156

Auffangklausel 118

Aufkommenswirkung 13, 15

Auftragsforschung 191, 207, 208, 209, 210

Ausgangslohnsumme 25, 26, 46, 47, 48

Authorised OECD Approach (AOA) 125

Automatisierungshemmnisse 18

B

Bauträger-Urteil 93

Bedarfsverschonung 50

Bedürftigkeitsprüfung 42, 45, 46

Bedürfnisprüfung 22, 27, 63, 66, 166

Bedürfnisprüfungsgrenze 63

Begünstigungsfähiges Vermögen 28

Belastungswirkung 6, 13, 16, 19

Bemessungsgrundlageneffekt 13, 15

BEPS-Aktionsplan 129, 130, 132, 191, 192

BEPS-Projekt 68, 71, 117, 137, 197

Betriebsstättengewinnaufteilungsverordnung (BsGaV) 127, 232, 241

Bewertungsregel 3, 10

Buffer 102, 103, 104, 114, 160

Bußgeldverfahren 145, 146, 178

C

Cash-GmbH 52, 62, 152, 166

Country-by-Country Report 70, 132, 186, 197, 200

Cum/ex-Geschäfte 153

D

Deduction/No Inclusion 129, 130

Doppelbesteuerung 40, 125, 131, 195, 197

Double Deduction 129, 130

E

Einheitsbewertung 7, 8, 168

Einheitswert 8, 10, 11, 12, 168

Entstrickung 122, 123, 124, 128

Erbanfallsteuer 27

Ermittlung der Erbschaftssteuer 39

Erstattungsantrag 91

Erstattungszinsanspruch 92

Ertragswertverfahren 8, 10, 11

Europäischer Binnenmarkt 79

F

F + E-Zentren 206

FATCA-System 171

Finanzmittelregelung 30

Fremdvergleichsgrundsatz 127, 133, 135, 201, 203

Funktionsverlagerungsverordnung 135

G

Gebäudenormalherstellungskosten 8, 9, 10

Gleichheitsgrundsatz 8, 22, 42

Gleitender Abzugsbetrag 25

Großerwerb 27, 31, 32, 43, 47

H

Haftung 82, 107, 108, 109, 110

Harmonisierung 79, 80, 215, 242

Hauptfeststellungszeitpunkt 9

Hybride Gestaltungen 71, 158, 185

I

IP Dokumentation 205

K

Karussellgeschäfte 99, 101, 104, 105, 110

Koalitionsvertrag 4, 62, 74, 96, 97

Kombinationsmodell 3, 6, 11, 12, 13

Kommunalisierung 12

Konzernklausel 157, 173, 174, 175, 187

L

Leistungsfähigkeitsprinzip 5, 131

Lieferung von Metallen 93

Lizenzschranke 131, 132

Lohnsummenregelung 22, 42, 43, 46, 47

M

Master-File Konzept 202

Mehrebenen-Modell 202

Merhwertsteuersystemrichtlinie (MwStSystRL) 80, 81, 149

Mindestlohnsumme 25, 26, 167

Mindeststeuerfreistellung 48

Missing trader 103

Modernisierung der Grundsteuer 4

N

Nachhaltige Bauleistungen 89, 90

Nettobetriebsvermögen 45

Niedrigtarifmodell 38, 53, 54, 55, 56
Nullregelung 82

O

Objektives Nettoprinzip 129
OECD Transfer Pricing Guidelines 191
Optionsregelung 80, 81
Optionsverschonung 22, 25, 26, 28, 29
Ort der Leistung 81
Ortsbestimmungsregeln 86, 87
Outsourcing 209

P

Private Equity Unternehmen 44
Private-Equity-Fonds 158
Produktives Vermögen 44, 55

R

Referentenentwurf 24, 38, 42, 43, 45
Regelverschonung 24, 25, 26, 29, 31
Regionalisierung der Grundsteuer 5
RETT-Blocker 164
Reverse Charge-Verfahren 76, 80, 81, 83, 84

S

Sachwertverfahren 8, 10, 11, 168
Schiedsverfahren 131, 135
Schnellreaktionsmechanismus 74, 81, 94, 96, 97
Schuldenbremse 143, 171, 172
Selbstanzeige 71, 72, 144, 177, 178
StEKO-Rechtsprechung 149
Steuerbefreiung der innergemeinschaftlichen Lieferung 105, 107
Steuerbefreiung von unternehmerischen Vermögen 39
Steuergerechtigkeit 144, 145, 161
Steuergesetzgebung 142, 169

Steuerlastquote 58, 59
Steuersatzeffekt 13, 15
Steuervereinfachung 42, 43, 55, 74, 117
Steuerzins 89, 91, 92
Strafverfahren 144
Streubesitzbeteiligungen 175, 176
Streubesitzdividenden 175, 176
Streubesitzveräußerungen 175, 176
Stundung 34, 60, 122
Substanzsteuer 7

T

Teilabzugsverbot 118, 119
Teileinkünfteverfahren 119, 120, 176
Teleologische Reduktion 106
Transfer Pricing Dokumentation 203
Transparenz 70, 117, 121, 134, 187
Treaty Override 123

U

Umsatzsteuerbetrug 74, 83, 87, 97, 101
Umsatzsteuer-Schecks 75, 76
UN Transfer Pricing Manual 197
Unternehmensübertragungen 40, 41, 53, 56, 57

V

Verbundsvermögensaufstellung 31
Verfassungsmäßigkeit der Grundsteuer 7
Verfügbares Vermögen 33, 34, 47
Verfügungs- und Entnahmebeschränkungen 46
Vergleichswertverfahren 11
Verhältnismäßigkeitsprüfung 41, 42
Verkehrswertmodell 11, 15

Verlagerung der Steuerschuldnerschaft bei Bauleistungen 88

Verschonungsabschlag 23, 31, 48

Verschonungsbedarfsprüfung 32, 43, 47

Verschonungssystem 22, 23

Verständigungsverfahren 135, 194, 213

Verwaltungsvermögen 23, 29, 42, 66, 167

Verwendungszusammenhang 90

Vorsteueranspruch 104

Vorsteuererstattungsanspruch 103

W

Wachstumsbeschleunigungsgesetz 157, 173

Wegzugsbesteuerung 181

Weiße Einkünfte 69, 157

Wertgrenze 25, 85, 95

Wertminderungen 9